Heinz Ryborz

DIE ELEGANTE ART ZU ÜBERZEUGEN

Heinz Ryborz

DIE ELEGANTE ART ZU ÜBERZEUGEN

Wie Sie gewinnen ohne zu kämpfen

ARISTON

Die Deutsche Bibliothek – CIP-Einheitsaufnahme
Ryborz, Heinz:
Die elegante Art zu überzeugen : Wie Sie gewinnen ohne zu kämpfen /
Heinz Ryborz. – 5. Aufl. – Kreuzlingen ; München : Heinrich Hugendubel
Verlag, 2001
(Ariston)
ISBN: 3-7205-2257-1

5. Auflage 2001
Umschlaggestaltung: Zembsch'Werkstatt, München
Produktion: Maximiliane Seidl
Satz: SatzTeam Berger, Ellenberg
Druck und Bindung: GGP Media, Pößneck
Printed in Germany

ISBN: 3-7205-2257-1

Meiner Frau
Ingeborg gewidmet

Inhalt

8

Warum die Kunst zu überzeugen so wichtig ist und was Ihnen dieses Buch geben kann

Es ist heute allgemein erwiesen: Fast neunzig Prozent des beruflichen Erfolges – selbst in einem technischen Beruf – hängen davon ab, wie ein Mensch mit anderen umzugehen vermag. Es gibt viele ehrgeizige, fleißige und begabte Menschen, die nur deshalb nicht zu Erfolg gelangen, weil sie die Kunst der Menschenführung nicht beherrschen. Solche Menschen strengen sich zwar an, mit ihren falschen Verhaltensweisen erreichen sie jedoch nichts. Viele haben daher schon resigniert und es aufgegeben, sich durchsetzen und ihre Ziele erreichen zu wollen; ihr Selbstvertrauen und Selbstbewußtsein sind auf den Nullpunkt gesunken.

Daher werden am Anfang dieses Buches Methoden und Techniken dargelegt, wie Sie ein dauerhaftes und beständiges Selbstbewußtsein aufbauen können, das nicht so leicht zu erschüttern ist. So verlieren Sie die Angst vor sich selbst und vor anderen. Sie werden die Initiative ergreifen, die wichtigste Voraussetzung in Ihrem Bestreben, andere Menschen zu überzeugen.

Um es Ihnen leichter zu machen, sich von falschen Verhaltensweisen gegenüber anderen zu trennen, werden wir für Sie die Verhaltensweisen Ihrer Mitmenschen beschreiben. Der bekannte Psychologe und Psychoanalytiker Erich Fromm schreibt in seinem Buch *Die Seele des Menschen* mit dem Untertitel »Ihre Fähigkeit zum Guten und zum Bösen«: »Der Mensch ist weder gut noch böse. Glaubt man an die Gutheit der Menschen als sein einziges Potential, so wird man unausweichlich die Tatsachen in einem irreführenden Licht sehen und schließlich bitter enttäuscht sein. Glaubt man an das andere Extrem, so wird man als

Zyniker enden und für die vielen Möglichkeiten zum Guten in sich und anderen blind werden. Eine realistische Auffassung sieht in beiden Möglichkeiten reale Potentiale...«

Die in diesem Buch dargelegten Überzeugungstechniken bauen auf beiden Potentialen des Menschen auf. Es gelingt Ihnen damit, sich wirklichkeitsgerecht zu verhalten, ohne von Bitterkeit und Groll gegen Ihre Mitmenschen erfüllt zu werden.

Sie erfahren, wie Sie die Sicherheit Ihres Auftretens verstärken. Nur wer von sich überzeugt ist, wird auch andere zu überzeugen vermögen. Sie sollten aber nicht in den Fehler verfallen, arrogant zu werden, denn Überheblichkeit hat ihre Wurzel immer in mangelndem echtem Selbstbewußtsein. Sie lernen, wohlwollende Distanz zu anderen zu halten. Das bedeutet: Sie signalisieren dem Mitmenschen, daß Sie Verständnis für ihn haben und seine Interessen achten; Sie verstehen es aber auch, sich zu behaupten und für Ihr Recht zu kämpfen. Sie lernen echte Begeisterung ausstrahlen und damit Vertrauen gewinnen.

Dieses Buch versetzt Sie in die Lage, jene seelischen Voraussetzungen zu schaffen, die den Mitmenschen in den Vordergrund Ihres Interesses rücken. Dabei geht es wohlgemerkt nicht darum, die eigenen Interessen zu vernachlässigen, sondern darum, sich geschickt auf den anderen einzustellen, um ihn leichter zu überzeugen. Wenn Sie diese Voraussetzungen schaffen – dazu bietet Ihnen das Buch einfache Techniken an –, werden auch Sie mit Hilfe der dreizehn goldenen Regeln Ihre Mitmenschen zu überzeugen vermögen.

Hierbei ist eines besonders wichtig: Sie müssen die Mitte zwischen Verständnis und Wohlwollen für den anderen und Ihrer Selbstbehauptung finden. Zwischen diesen beiden Polen spielt sich unser Leben ab. Wer sich nur für einen davon entschließt, geht fehl. Der nur auf sich bezogene egoistische Mensch wird zwar kurzfristig Einfluß auf andere gewinnen. Aber auf die Dauer stößt er auf Widerstand und wird von allen Menschen abgelehnt. Wer nun seine Persönlichkeit entfalten und seine Ziele verwirklichen will – und das ist die Aufgabe jedes Menschen –, der muß auch lernen, sich zu behaupten. Leider gibt es viele Menschen, die ständig nachgeben und sich ausnutzen lassen und diese Schwäche dann auch noch mit Nächstenliebe verwechseln. Nächstenliebe ist zwar ein wesentlicher Faktor des menschlichen Lebens, doch immer nachzugeben und sich sein Recht nehmen zu lassen darf damit nicht verwechselt werden.

Nun ist es eine Erfahrung, die jeder schon gemacht hat oder machen kann: Nicht nur Sie werden versuchen, andere zu überzeugen, auch Ihre Mitmenschen werden Sie für ihre Zwecke zu beeinflussen versuchen. Es ist außerdem wissenschaftlich erwiesen: Die meisten Menschen sind leicht beeinflußbar wie Kinder. Sie meinen zwar, eine eigene Meinung zu haben, doch sie sind sich ihres Manipuliertwerdens durch andere gar nicht mehr bewußt. Daher ist es wichtig, die Wirkung der Manipulation nicht länger zu unterschätzen und vielmehr ihre Techniken zu kennen.

Selbst wenn Sie also andere die meiste Zeit zu überzeugen vermögen und sich nur ein einziges Mal hereinlegen lassen, können Sie dabei mehr verlieren, als Sie in Jahren gewinnen. Daher bietet Ihnen dieses Buch nicht nur die Techniken der Menschenführung und -beeinflussung an, sondern zeigt auch die Möglichkeiten der Manipulation auf, mit denen Sie von anderen ausgenutzt und zu Ihrem Nachteil beeinflußt werden könnten. Mit diesem Wissen vermögen Sie nachteiliger Fremdmanipulation leichter zu entgehen.

Sie werden erfahren, wie Sie für Ihr Recht kämpfen können, ohne ein Querulant zu werden und sich dabei aufzureiben. Sie wollen andere Menschen ändern, Sie wollen sie überzeugen. Daher gibt Ihnen das Buch auch Techniken zur Hand, wie Sie das Verhalten anderer ändern können, ohne sich Feinde zu schaffen. Es zeigt Ihnen aber auch, wie Sie Haß und Feindschaft beenden sollen und sich bei Angriffen und zwischenmenschlichen Konflikten zu verhalten haben. Sie lernen, wie Sie Kontakte zu anderen schaffen, ohne sich dabei anzubiedern, und wie Sie Freunde für sich gewinnen.

Das Buch verhilft Ihnen auch dazu, sich vom Routineverhalten in der Ehe zu lösen, Familienstreit zu beenden und die geheimen Wünsche Ihrer Frau oder Ihres Mannes zu erfüllen und ein besserer Ehepartner zu werden. Ihre Liebesfähigkeit wird wachsen, und der Partner wird Ihnen aus Liebe schenken, was Sie vielleicht sonst nicht einmal unter großen Anstrengungen erreichen konnten.

All die in diesem Buch dargelegten einfachen Techniken werden an einer großen Anzahl von Beispielen veranschaulicht, die auf Alltagssituationen aufbauen. Dabei finden Sie die Erfahrungen von vielen Seminaren verwertet, die vom Autor vor einem Publikum aus allen Bevölkerungskreisen durchgeführt wurden. Der große Andrang zu diesen Seminaren beweist, wie groß das Bedürfnis nach Lebenshilfe auf dem Gebiet der in diesem Buch behandelten Thematik ist. Wissen und Kenntnisse werden zwar auf vielen Gebieten vermittelt, doch in dem so wichtigen Bereich des Umgangs mit den Mitmenschen fehlt es an praxisnaher Information.

In dem vorliegenden Buch werden die Regeln des Umgangs mit Menschen nicht nur an vielen Beispielen aus dem täglichen Leben verdeutlicht; es werden auch Hinweise und Anleitungen gegeben, wie Sie diese Techniken in Ihrem Leben konkret anwenden können. Wie bei jedem Training kommt es auch hier darauf an, die Techniken nicht nur gelernt und verstanden zu haben; Sie müssen sie sich zu eigen machen. Das tun Sie, indem Sie die Regeln anwenden und an sich selbst und anderen erproben. Dann sind die erlernten Methoden für Sie kein entliehenes oberflächliches Wissen mehr, sie werden für Sie zur ganz persönlichen Erfahrung. Nur wenn Sie so verfahren, werden Sie das richtige Gespür dafür bekommen, die für jede Situation optimale Überzeugungstechnik anzuwenden. Dazu sind Übung und Erfahrung unablässige Voraussetzungen. Verwenden Sie daher dieses Buch als tägliche Anleitung. Die Fortschritte, die Sie machen, werden Sie ermuntern, auf dem Weg weiterzuschreiten. Vergessen Sie nie: Selbst das beste Kochbuch ist kein Ersatz für noch so schlechtes Essen. Beschränken Sie sich daher nicht nur auf das Lesen. Nehmen Sie das Buch jeden Abend oder wenigstens dreimal in der Woche zur Hand. Bemühen Sie sich, jeden Tag mindestens fünf der dreizehn goldenen Regeln der Menschenüberzeugung anzuwenden.

Die hier dargelegten Techniken, die die seelische Voraussetzung für die Menschenführung schaffen, erschöpfen sich in ihrer Bedeutung keineswegs allein darin, daß Sie Ihre Mitmenschen leichter zu überzeugen vermögen. Sie schaffen damit für sich selbst die Voraussetzungen, ein Optimist zu werden, zu Ruhe und Gelassenheit zu finden und sich niemals von Haß und Zorn leiten zu lassen. Indem es Ihnen gelingt, sich der Manipulation durch andere zu entziehen, vermögen Sie ein selbständigeres Leben zu führen.

Nutzen Sie daher das Buch als Übungsbuch. Sein Inhalt ist so gestaltet, daß Sie für sehr viele Situationen des Alltags das richtige Verhalten ableiten können. Und bitte vergessen Sie nie: Wenden Sie das Gelesene an. Sonst verfallen Sie wieder in Ihre alten Fehler: Sie strengen sich an und erreichen doch nichts.

Die Anwendung der dargelegten Regeln wird keineswegs Ihre Freiheit einschränken. Indem Sie sich von falschen Verhaltensweisen trennen, bleibt Ihnen für tiefere und befriedigendere Gefühle gegenüber Ihren Mitmenschen mehr Raum. Sie werden von der Not anderer leichter berührt werden, ohne sich selbst aufzugeben. Ihr Herz wird sich nicht verhärten, und Sie werden intensiver leben. Sie entfalten mehr Liebe Ihrer Familie gegenüber, entwickeln Ihre Persönlichkeit, erlangen Erfolg, und inneres Glück wird Ihnen beschieden sein.

Kapitel 2

Selbstbewußtsein als Voraussetzung, andere Menschen zu überzeugen

1. Die Macht des Selbstvertrauens

Bei meinen vielen Seminaren, Vorträgen und Diskussionen in der Öffentlichkeit ist mir am Lebensverlauf so mancher Ratsuchender immer wieder deutlich geworden, welchen entscheidenden Einfluß das Selbstvertrauen auf das Leben eines Menschen hat. Immer wieder hat sich erwiesen, daß ein Mensch, der nicht an sich glaubt, nie seine Ziele erreichen wird.

Sehr viele Menschen haben nun leider eine schlechte Meinung von sich selbst. Natürlich gibt es auch Menschen mit einem übertriebenen Selbstbewußtsein. Doch sie sind in der Minderheit. Die meisten Menschen neigen eher dazu, ihre Fähigkeiten zu unterschätzen und zu unterdrücken.

Wem es nun aber an gesundem Selbstvertrauen mangelt, wer ständig zeigt, wie wenig er von sich selbst überzeugt ist, dem wird es nie gelingen, andere zu überzeugen. Nur wenn Sie das notwendige Selbstvertrauen besitzen, werden Sie aus der nie versiegenden Kraftquelle Ihres Innern schöpfen können, um Ihre Ziele zu verwirklichen. Und nur wenn Sie Selbstvertrauen haben, entwickeln Sie Mut und Kraft, auf andere Menschen zugehen und sie überzeugen zu können.

Ein Mann, dessen Selbstvertrauen durch niemanden zu erschüttern war, war der spätere deutsche Bundeskanzler Adenauer. Im Oktober 1945 war er noch Oberbürgermeister von Köln. Da er sich geweigert hatte, einige Befehle des damaligen britischen Militärgouverneurs auszuführen, wurde er zum Hauptquartier des Brigadier Baraclough bestellt. Als der damals neunundsechzigjährige Adenauer das Zimmer Baracloughs betrat, erwiderte keiner der anwesenden Offiziere seinen Gruß. Niemand bot ihm einen Stuhl an. Adenauer mußte stehen, und man las ihm einen Brief vor, mit dem ihm seine Entlassung wegen Unfähigkeit mitgeteilt wurde. So mancher hätte sich nach einer solchen Erfahrung aus dem öffentlichen Leben zurückgezogen. Doch keineswegs Adenauer. Er besaß echtes und tiefes Selbstvertrauen und ließ sich nicht von seinem Weg abbringen.

Bundeskanzler Adenauers Selbstbewußtsein und Selbstvertrauen mußten auch später oft noch Belastungsproben aushalten. So zum Beispiel, als ihm das von den »Hohen Kommissaren« genehmigte Grundgesetz mit dem Besatzungsstatut überreicht werden sollte. Dazu wurde er auf den Petersberg bei Bonn bestellt. Von den Chefs des Protokolls war folgendes vorgesehen: Adenauer sollte vor den drei Hochkommissaren stehen, doch nicht auf dem Teppich wie sie, sondern auf dem blanken Boden. »Als der Botschafter François-Poncet mit seiner Rede zu Ende war«, so berichtete Adenauer, »trat er auf mich zu, um mir die Hand zu drücken. Aber schnell schoß ich ihm entgegen, und es gelang mir auch, auf den Teppich zu kommen, als wir uns die Hand drückten. Ich wollte jedenfalls auch auf dem Teppich sein. So neckische Demütigungen haben die damals oft mit uns versucht.«

Wofür Sie andere Menschen auch immer überzeugen wollen: nur wenn Sie über echtes und tiefes Selbstvertrauen verfügen, wird es Ihnen gelingen, im Leben »auf den Teppich zu kommen« und nicht ins Abseits gedrängt zu werden. Haben Sie also Selbstbewußtsein! Oder mangelt es Ihnen daran? Ist Ihr Selbstbewußtsein so schwach, daß Sie sich sogar vor den anderen fürchten oder sich von ihnen Angst einjagen lassen? Mangelndes Selbstvertrauen kann sich auf verschiedene Art zeigen. Kontaktschwäche, Erröten und Stottern sind nur einige Beispiele dafür. Ja sogar Impotenz und Süchtigkeit sind oft der Ausdruck eines mangelnden Selbstvertrauens. Mit Selbstvertrauen verschwinden derartige Symptome bald. Nur wer selbstbewußt wirkt, kann sich im Umgang mit anderen behaupten und durchsetzen. Und der weniger Selbstbewußte wird nicht für voll genommen und vermag andere nicht zu überzeugen. Bauen Sie also zunächst Ihr Selbstvertrauen auf. So verlieren Sie Ihre Unsicherheit, und Ihre Mitmenschen behandeln Sie dann von selbst so, daß Sie noch selbstsicherer werden. Sie vermögen besser zu überzeugen und werden in Ihrem Selbstvertrauen weiter bestärkt.

Kehren wir zu der Frage zurück, ob Sie genügend Selbstvertrauen besitzen. Nehmen wir einmal an, ein Freund berichtet Ihnen, er habe eine Unterhaltung anderer über Sie gehört. Wie würden Sie sich verhalten? Negative Äußerungen würden Sie nicht erschüttern? Nun, dann beweisen Sie Selbstsicherheit. Scheuen Sie jedoch davor zurück, Einzelheiten des Gesprächs zu erfahren, oder unterbrechen Sie sogar Ihren Freund, um nur ja nichts Nachteiliges zu erfahren, dann zeigen Sie deutlich mangelndes Selbstbewußtsein und Angst. Wollen Sie jedoch alle Äußerungen der anderen genau wissen, dann beweisen Sie damit, daß Sie auf eine gute Meinung der Mitmenschen hoffen, um auf solche Art Ihr zu geringes Selbstbewußtsein zu stärken.

Nur wenn Sie Selbstbewußtsein haben, wird man Sie nicht verunsichern wollen. Ihre Mitmenschen spüren Ihre Unsicherheit ganz genau. Und das ist auch der Grund, warum immer dieselben Menschen zu Fall kommen. Selbstvertrauen ist eben nicht nur der Schlüssel zur Menschenführung, sondern auch die Gewähr, daß Sie von anderen nicht zu Ihrem eigenen Nachteil beeinflußt und manipuliert werden können. Denn eigene Unsicherheit wird immer die Angriffe der anderen provozieren.

Hier ein Beispiel für echtes Selbstbewußtsein: Herr Müller ist Vertreter. Er ist zu einer Gesellschaft bei Bekannten eingeladen. Dort trifft er auf den Studenten Klein, der ihn zu provozieren versucht. Klein besitzt kein besonderes Selbstvertrauen und versucht dies mit besonders forschem Auftreten zu überspielen. Müller ist dagegen innerlich ruhig und gelassen und an den Erzählungen der anderen interessiert. Nun entwickelt sich folgende Unterhaltung.

Klein: »Warum reden Sie so wenig, Herr Müller?«

Müller: »Ich höre zu.«

Klein: »Sie reden doch sonst so viel. Wie ich höre, sind Sie Vertreter.«

Müller: »Ja, ich berate Menschen.«

Klein: »Gehören Sie auch zu denen, die andere reinlegen?«

Jetzt könnte sich Müller ärgern. Hätte er kein Selbstbewußtsein, würde er losschimpfen, sich schämen oder nie mehr zu einer Gesellschaft gehen.

Doch Müller antwortet gelassen: »In jedem Beruf gibt es schwarze Schafe, kein Beruf ist davor sicher.«

Klein: »Ja, jeder Berufsstand sollte sich vor solchen Menschen schützen.«

Nun greift Klein Herrn Müller nicht mehr direkt an. Und eine sachliche Diskussion ist möglich geworden.

Vielleicht sind Sie aber der Meinung, Herr Müller hätte es Herrn Klein zurückzahlen sollen. Nun, wer innerlich unsicher ist, den verlangt es danach, über andere zu triumphieren. Und wer Macht über andere demonstrieren will, zeigt damit nur, wie sehr es ihm an Selbstbewußtsein mangelt.

Herr Müller kann jedoch auf ein solches Verhalten verzichten. Denn er besitzt echte Selbstsicherheit. Und weil der Angriff des anderen bei ihm keine Reaktion auslöst, beweist er allen, wie wenig sein eigenes Wertgefühl durch das Verhalten eines anderen Menschen zu erschüttern ist.

Vielleicht denken Sie: Das Selbstbewußtsein des Herrn Müller möchte ich haben. Aber leider gehöre ich nicht zu denen, die mit einem solchen Selbstvertrauen geboren wurden.

Nun, jeder Mensch verfügt über die Anlagen zu einem gesunden Selbstvertrauen. Jeder hat ein Gefühl dafür, daß in ihm ein göttlicher Funke steckt. Leider wird oft durch negative Einflüsse der Funke fast zum Erlöschen gebracht. Tiefere Einsicht in den Sachverhalt soll Ihnen der folgende Abschnitt geben. Schon jetzt sei aber festgehalten:

Sie vermögen das kleine Fünkchen Ihres Selbstvertrauens wieder zu einer lodernden Flamme zu entfachen. Und Sie gewinnen jene Sicherheit, die Sie so unbedingt brauchen, um andere zu überzeugen. Die geeigneten Techniken werden Sie in diesem Kapitel kennenlernen. Arbeiten Sie danach, und Sie werden Unsicherheit, Gehemmtheit und Ängstlichkeit verlieren – und natürlich auch die Aggressionslust, die Ihnen im Umgang mit den Mitmenschen nur schadet. Mit der neugewonnenen Selbstsicherheit werden Sie alles nicht mehr persönlich nehmen und den Schwächen Ihrer Mitmenschen Toleranz entgegenbringen. Mit Ihrer Gelassenheit werden Sie aggressiven Menschen den Wind aus den Segeln nehmen. Sie vermögen sich besser mit rechthaberischen Menschen auseinanderzusetzen, weil Sie sich durch ihre Wutausbrüche nicht verunsichern oder sogar anstecken lassen. So stehen Sie über den Dingen und vermögen Ihren Mitmenschen mehr Verständnis und Achtung entgegenzubringen. Denn Ihre Selbstsicherheit kommt aus der Tiefe Ihres Wesens und ist keine oberflächliche Arroganz, mit der Sie mangelnde Sicherheit übertünchen wollen. Natürlich braucht es einige Zeit, sich innerlich zu wandeln. Doch Sie müssen sich nur regelmäßig darum bemühen. Dann ist der Erfolg bald greifbar. Sie können aber auch in der alten, gewohnten Weise auf Ihren Mitmenschen herumhacken wie bisher. Doch dann wird sich gar nichts ändern, und Sie werden sich weiter so unglücklich fühlen wie zuvor.

Bemühen Sie sich also, sich zunächst selbst zu ändern. Sie werden erstaunt sein, wie leicht Sie dann Ihre Mitmenschen zu überzeugen vermögen.

2. Die große Bedeutung des Unterbewußtseins für das Selbstvertrauen

Schon in meinen beiden Büchern *Die geheime Kraft Ihrer Wünsche* und *Wie Sie die universellen Kräfte Ihrer Psyche nutzen* habe ich auf die Arbeitsweise des Unterbewußtseins hingewiesen. Die große Bedeutung des Unterbewußtseins auch für das Selbstvertrauen wurde mir vor einigen Jahren in meiner eigenen Familie sehr deutlich vor Augen geführt. Das kam so:

Meine damals zehnjährige Tochter gab mir ihre Mathematikarbeiten zur Durchsicht. Als ich sie anschaute, stellte ich einige Flüchtigkeitsfehler fest. Da das bereits mehrmals vorgekommen war, sagte ich verärgert: »Karin, aus dir wird wohl nie eine gewissenhafte Mathematikerin werden.« Vierzehn Tage vergingen, und es gab für mich in dieser Zeit keinen Grund, an ihren Hausarbeiten etwas auszusetzen. Um meine Tochter zu loben, sagte ich daher: »Karin, du hast sogar schwierige Aufgaben immer richtig gelöst. Du hast ja das Talent, eine gute Rechnerin zu werden.« Ungläubig schaute mich meine Tochter an. Ich wiederholte mein Lob. Doch an ihrem Gesichtsausdruck konnte ich erkennen, daß das Lob sie nicht überzeugte. Ich versuchte den Grund ihres für mich unerklärlichen Verhaltens zu erfahren. Erst nach einigem Zögern erwiderte meine Tochter: »Papa, du hast doch neulich gesagt, aus mir werde nie eine gute Mathematikerin.«

Ich hatte meine damalige Äußerung schon längst vergessen, doch meine Tochter nicht, auch wenn sie sich erst nach einigem Nachdenken daran erinnerte. Meine Bemerkung von damals war jedenfalls die Ursache ihres Zweifels an der Aufrichtigkeit meines Lobs. Deutlicher konnten mir die Folgen meiner leichtfertigen Äußerung nicht vor Augen geführt werden.

Was auch immer auf einen Menschen einwirkt, es versinkt in den
Tiefen des Unterbewußtseins. »Unterbewußtes« wird es deshalb
genannt, weil sich der Mensch später bei normalem Wachbewußtsein
nur noch in den seltensten Fällen daran erinnert. Alles wird jedoch im
Unterbewußtsein registriert, selbst scheinbar schon längst Vergessenes
ist dort gespeichert.

An dieser Stelle wollen wir uns zunächst für die Auswirkungen
interessieren, die die Inhalte des Unterbewußtseins auf unser tägliches
Leben haben. Denn es ist wichtig, die Wechselwirkungen zwischen
Bewußtsein und Unterbewußtsein zu erkennen.

Was immer man denkt oder erlebt, hinterläßt Spuren im Unterbewußtsein. Das Unterbewußtsein ähnelt gleichsam einem Acker, auf den
der Samen eines Erlebnisses oder eines Gedankens fällt. Gelangen
Vorstellungen positiven Inhalts ins Unterbewußtsein, wachsen auf ihm
nützliche Pflanzen, und wir werden von unserem Unterbewußtsein
positiv gelenkt. Vorstellungen und Erlebnisse negativen Inhalts, wie
zum Beispiel solche der Angst und des Zweifels, wirken sich negativ aus.
Das kommt daher, weil das Unterbewußtsein nicht zwischen positiven
und negativen Erlebnissen zu unterscheiden vermag. Sowohl gute wie
schlechte Saat vermag in ihm zu gedeihen. Wenn Lehrer oder Eltern
einem Kind unaufhörlich erzählen, es sei dumm und unbegabt, ist das
Unterbewußtsein des Kindes bald so programmiert, daß es selbst an
seine Unbegabtheit glaubt und tatsächlich keinerlei Fähigkeiten entwik-
kelt. In solchen und ähnlichen negativen Beeinflussungen liegen die
Ursachen der Minderwertigkeitsgefühle vieler Menschen.

Mangelndes Selbstvertrauen ist also keineswegs gottgegeben, sondern
nur durch eine von den Gesetzmäßigkeiten der Seele nicht informierte
Umwelt in einem Menschen erzeugt worden. Selbstsicherheit hat nichts
mit Intelligenz zu tun. Sehr oft ist gerade das Gegenteil der Fall. Ich hatte
einen Studienkameraden, der alle Prüfungen mit Auszeichnung bestand
und trotzdem ein höchst unsicherer Mensch war. Seine Unsicherheit
bestand darin, daß er aufgrund falscher Erziehung nicht mit den
Problemen des Alltags fertig zu werden vermochte – und das machte ihn
unsicher.

Intelligenz und schöpferische Leistungen werden sehr durch den
Glauben an sich selbst gefördert. Dazu nur ein kurzes Beispiel. Als der
Komponist Rachmaninow ein öffentliches Klavierkonzert eines seiner
Werke gab, fiel er beim Publikum völlig durch. Der Mißerfolg war

offensichtlich. Dieses Erlebnis war für ihn so deprimierend und enttäuschend, daß er beschloß, nie wieder zu komponieren. Erst als er lernte, wieder an sich selbst zu glauben, und ein neues Vertrauen in seine Fähigkeiten aufbaute, begann er wieder zu komponieren. Und er schuf eines seiner erfolgreichsten Werke, das zweite Klavierkonzert in d-moll.

Die Worte Christi »Euer Glaube hat euch geholfen« gelten auch für die Ausbildung eines gesunden Selbstvertrauens, denn Selbstvertrauen ist ja der Glaube an sich selbst.

Minderwertigkeitsgefühle können in einem Menschen auf die verschiedenste Art erzeugt werden, und ihr Feld ist unendlich weit. Einem Mädchen wurde zum Beispiel von Eltern und Geschwistern eingeredet, es sei dick und häßlich. Es entwickelte sich später zu einer besonders hübschen Frau. Trotzdem litt sie weiter unter ihrem Häßlichkeitskomplex. Das ist möglich und geschieht, weil die Macht des Unterbewußtseins so groß ist und sich nur zu oft gegen eine noch so vernünftige Einsicht zu behaupten weiß. Und wer Minderwertigkeitskomplexe in seinem Unterbewußtsein birgt, ist anderen Menschen immer unterlegen und wird diese nie überzeugen können.

Mein Schulkamerad Hartmut hatte einmal eine Freundin, die er nicht heiraten wollte. Als ihr das klar wurde, wandte sie sich enttäuscht von ihm ab, nicht aber ohne ihm vorher eingeredet zu haben, was an ihm und vor allem an seinem Aussehen alles zu tadeln sei. Hartmut, der recht gut aussah, nahm sich ihre Vorwürfe so zu Herzen, daß er im Umgang mit dem weiblichen Geschlecht erheblich gehemmt wurde. Und er trug die Komplexe noch mit sich herum, als ihn die Dame schon längst vergessen hatte.

Minderwertigkeitsgefühle sind oft auch die Ursache, warum viele Menschen vor einer großen Gruppe nicht frei und ungehemmt reden können. Nur zu oft hat dieses Versagen die Ursache darin, daß der Betreffende in der Schule vom Lehrer einmal lächerlich gemacht wurde, nur weil er Fragen vor der Klasse nicht beantworten konnte.

Erkennen Sie nun, wie wichtig es ist, sich von Minderwertigkeitsgefühlen zu trennen? Doch vielleicht gehören Sie zu jenen Menschen, die nicht darunter leiden. Die körperlichen Symptome – wie schneller Atem, beschleunigter Herzschlag, ein Ansteigen des Blutdrucks und Schweißtropfen auf der Stirn – sind Ihnen unbekannt. Vielleicht haben Sie sogar keine Angst oder kein beklemmendes Gefühl, wenn Sie zu Ihrem Chef gerufen werden. Doch das allein ist noch kein Grund, nicht an der Steigerung Ihres Selbstvertrauens zu arbeiten. Denn ob Sie es nun wollen oder nicht – negativen Umwelteinflüssen vermag niemand ständig aus dem Wege zu gehen. Und es wirken nun einmal mehr negative als positive Umwelteinflüsse auf jeden von uns ein. Denn wer ist schon daran interessiert, Ihr Selbstvertrauen und Ihre Selbstsicherheit aufzubauen? Das Gegenteil ist schon eher der Fall. Auch für mich selbst gilt diese Tatsache, und die Lebenserfahrung beweist dies ständig aufs neue.

Sie brauchen nur einmal Ihren Bekannten zu erzählen, was Sie sich vorgenommen haben. »Was, das willst du erreichen?« wird in den meisten Fällen die Antwort sein. Natürlich ist es besser, nicht über seine Pläne zu reden. Und das sollten Sie auch beherzigen, sofern nicht besondere Umstände das Gegenteil nötig machen. Und selbst wenn Mitmenschen nicht wissen was Ihnen zuzutrauen ist, wird man Sie – absichtlich oder häufig auch unbewußt – durch abwertende Gesten, durch einen zweifelnden Gesichtsausdruck oder durch sonstige negative Verhaltensweisen zu verunsichern suchen.

Lassen Sie also die negative Saat durch die verschiedensten Arten der Fremdbeeinflussung nicht in Ihrem Unterbewußtsein groß werden. Arbeiten Sie systematisch an der Entfaltung Ihrer inneren Sicherheit und Ihres Selbstvertrauens. Entwickeln Sie den Funken Ihres Selbstvertrauens zu einer leuchtenden Flamme. Andere Menschen vermögen Ihnen dann Ihre Sicherheit nicht mehr zu nehmen. So verfügen Sie über die wichtigste Voraussetzung, andere Menschen für sich einzunehmen und zu überzeugen: ein gesundes Selbstbewußtsein.

3. Die systematische Steigerung Ihres Selbstvertrauens

In den letzten Jahren ist versucht worden, mit Hilfe des sogenannten Formelvorsatzes im Zuge des autogenen Trainings, einer Methode selbstkonzentrativer Entspannung und Selbstbeeinflussung, Menschen bei der Überwindung von Schwächen zu helfen. Im Falle mangelnden Selbstvertrauens sagt dabei der Betreffende am Ende der Übung ein- oder zweimal zu sich: »Ich habe starkes Selbstvertrauen!«

In meinem Buch *Die universellen Kräfte Ihrer Psyche* habe ich schon auf die Nachteile des autogenen Trainings hingewiesen und möchte mich daher an dieser Stelle nicht wiederholen. Ich will mich hier nur auf eine Kritik des sogenannten Formelvorsatzes beschränken.

Mit einem oder zwei formelhaften Sätzen in Ergänzung zu den Übungen des autogenen Trainings erhofft also der Befürworter dieser Methode, das Unterbewußtsein wie einen Computer füttern und den Menschen so von seinen Schwächen befreien zu können. Doch diese Technik bleibt oft wenig ergiebig, weil sie nur selten auch das menschliche Gefühl anspricht. Doch gerade darauf kommt es an. Wer die Worte nur einfach spricht, ohne gleichzeitig selbst von einem wenn auch noch so schwachen Gefühl des Selbstvertrauens durchdrungen zu werden, braucht nicht auf eine Änderung im Verhalten zu hoffen. Denn allein die stärksten Gedanken und die echten Gefühle prägen sich dem Unterbewußtsein dominant ein.

Mit Gefühl besetzte Gedanken vermögen Sie jedoch nur dann zu entfalten, wenn Sie die Macht Ihrer Vorstellungen entwickeln. Die Vorstellungskraft ist eine der größten Gaben, über die jeder Mensch verfügt. Und jede Praktik der suggestiven Selbstbeeinflussung, die die Macht der Vorstellungen übergeht, beraubt sich des stärksten Mittels, die menschliche Natur zu wandeln.

Nutzen daher auch Sie die in Ihnen verborgene Vorstellungskraft (Phantasie oder auch Imagination). Geben Sie sich ganz der Vorstellung hin, von einem starken Selbstvertrauen durchdrungen zu sein.

Damit nun der in Ihnen glimmende Funke des Selbstvertrauens entfacht werden kann, ist es nötig, sich in der nachfolgend beschriebenen Übung etwa zwei bis drei Minuten oder länger ganz den Vorstellungen von Sicherheit und Selbstvertrauen hinzugeben. Bejahen Sie so das vielleicht vorläufig noch nur schwach vorhandene Selbstvertrauen, so wird es sich immer besser zu entfalten vermögen.

Wie ist jedoch bei der Übung vorzugehen? Und wie vermag man das Gefühl des Selbstvertrauens in sich aufzubauen?

Lernen Sie dazu den folgenden Text auswendig. Entspannen Sie sich. Schließen Sie die Augen und sprechen Sie die Worte in Gedanken. Geben Sie sich ganz der Wirkung der Gedanken hin. Denn Sie wissen ja nun: Es ist entscheidend wichtig, daß die Gedanken in Ihnen auch entsprechende Gefühle auslösen. Der Text wird nicht nur Ihr Selbstvertrauen stärken, sondern auch dazu beitragen, Ihre verborgenen Fähigkeiten zu entwickeln. Jeder Mensch verfügt über ganz besondere Begabungen, die er meistens gar nicht kennt. Doch das ist nicht Thema dieses Buches, darauf soll hier nicht weiter eingegangen werden. Es folgt nun der »Selbstbejahungstext« zur Erzielung einer Steigerung Ihrer inneren Sicherheit und Ihres Selbstvertrauens.

SELBSTBEJAHUNGSTEXT ZUR ENTFALTUNG IHRER INNEREN SICHERHEIT UND IHRES SELBSTVERTRAUENS

»Ich verfüge über verborgene Möglichkeiten. Ich verfüge über große Kräfte. Deshalb vertraue ich auf mich. Je mehr ich an meine Möglichkeiten glaube, desto besser vermögen sich meine Fähigkeiten zu entfalten. Daher vertraue ich auf mich. Ich fühle, wie mein Selbstvertrauen und meine innere Sicherheit immer mehr wachsen – immer mehr – immer mehr. Daher vertraue ich auf mich und meine Fähigkeiten. Mit meinem Selbstvertrauen vermag ich immer besser zu überzeugen. Ich vertraue auf mich. Ich vertraue ganz stark auf mich. Durch mein Selbstvertrauen entfalten sich meine Kräfte und Fähigkeiten immer mehr – immer mehr. Daher vertraue ich auf meine Kräfte. Daher vertraue ich auf meine Fähigkeiten. Alles, was ich unternehme, baut auf den Gesetzen erfolgreicher Menschenbehandlung auf. Niemand vermag sich ihnen auf Dauer zu entziehen. Es gelingt mir immer besser, andere Menschen von mir zu überzeugen. Gewissenhaft führe ich jeden Vorsatz aus. All dies gibt mir große Sicherheit. Daher vertraue ich auf mich. Ein Gefühl großen Vertrauens und innerer Sicherheit durchpulst mich. (Hier geben Sie sich ganz dem Gefühl hin.) Ich vertraue auf mich. Ich vertraue ganz stark auf mich. Mit meinem Selbstvertrauen und meiner inneren Sicherheit vermag ich immer besser zu überzeugen – immer besser – immer besser. Das gibt mir große innere Ruhe und Gelassenheit. Mein Selbstvertrauen wird immer größer. Meine innere Sicherheit wird immer größer. Mein Selbstvertrauen wird ganz vollkommen. Meine innere Sicherheit wird ganz vollkommen. Ich vertraue auf mich. Ich vertraue ganz fest auf mich – ganz fest – ganz fest. Mein Vertrauen wird vollkommen – ganz vollkommen – ganz vollkommen.«

Natürlich können Sie auch einen eigenen Text entwickeln. Sie müssen nur die Ziele nennen, die Sie erreichen wollen und nicht etwa das, was Sie vermeiden möchten. Würden Sie zum Beispiel in Gedanken sprechen: »Ich bin frei von Unsicherheit«, so würde Ihr Unterbewußtsein von dem Wort Unsicherheit negativ beeinflußt. Es »hört« nur »Unsicherheit«, »Unsicherheit« – und das ohnehin schwache Selbstvertrauen wird sich noch mehr verringern.

Um ein deutlich spürbares Anwachsen Ihres Selbstvertrauens zu
bewirken, müssen Sie die Übung dreimal täglich machen, in jedem Fall
aber vor dem Aufstehen und vor dem Einschlafen, denn dann ist das
Unterbewußtsein besonders zugänglich. Sie werden dann nicht so
schnell abgelenkt, und es fällt Ihnen leichter, die Gefühle des Selbstvertrauens und der inneren Sicherheit in sich zu wecken.

Die Übung in der Pause am Arbeitsplatz durchzuführen ist nur dann
sinnvoll, wenn Sie während der Übung unbeobachtet sind und auch
nicht mit Störungen rechnen müssen. Haben Sie jedoch nicht die
Möglichkeit, ungestört zu sein, führen Sie die Übung besser am späten
Nachmittag zu Hause durch.

Halten wir fest: Es handelt sich bei der dargelegten Übung nicht
darum, sich irgendwelchen Spinnereien oder Phantastereien hinzugeben. Die Entwicklung von Selbstsicherheit und Selbstvertrauen ist auch
in Ihnen angelegt und nur durch negative Umwelteinflüsse bisher
unterdrückt worden. Doch indem Sie die Macht Ihrer Vorstellungen
entfalten, schaffen Sie die Möglichkeit für Ihr Selbstvertrauen, sich
endlich voll entfalten zu können.

Um einen dauerhaften Erfolg zu erzielen, müssen Sie die Übung
regelmäßig während mindestens vier Wochen betreiben. In den meisten
Fällen werden Sie schon nach etwa vierzehn Tagen einen merklichen
Zuwachs an Selbstvertrauen spüren. Aber auch vereinzelte Rückschläge
können am Anfang vorkommen. Lassen Sie sich davon nicht entmutigen. Sie werden es schaffen! Sie müssen nur die Übung konsequent
durchführen.

Wenn mir Seminarteilnehmer in wenigen Fällen berichten, mit dieser
Technik keinen Erfolg gehabt zu haben, so wurde nach einer offenen
Aussprache sehr schnell der Grund deutlich: Sie hatten die Übung
bereits nach dem dritten oder vierten Mal abgebrochen und waren dann
enttäuscht, wenn die Wirkung nicht angehalten hatte.

Führen Sie also die Übung vier Wochen lang dreimal täglich durch.
Danach können Sie den Aufwand verringern. Häufig reicht dann eine
einmalige Übung pro Tag oder später sogar nur dreimal pro Woche aus.

Menschen jeden Alters haben mit dieser Methode schon Erfolg
gehabt. Vor wenigen Wochen kam nach einem Vortrag Frau Schneider
(der Name wurde selbstverständlich geändert) zu mir. Sofort erinnerte
ich mich an sie. Sie hatte an einem Wochenendseminar in Gummersbach
teilgenommen. Sie ist Versicherungsvertreterin und erzählte mir, es sei

ihr schon immer schwergefallen, Menschen zu überzeugen, die eine bessere Schulbildung hatten als sie selbst. Ähnliche Schwierigkeiten hatte sie auch mit Menschen, die ihr an körperlicher Größe überlegen waren. »Es liegt einfach daran, daß ich solchen Menschen gegenüber Minderwertigkeitsgefühle habe«, hatte sie damals gemeint. – Jetzt dagegen war sie vollkommen sicher und überzeugt auf mich zugetreten. Und sie war sich ihres »Wertes« durchaus bewußt. »Wissen Sie«, erzählte sie mir, »durch die Übung bin ich ein vollkommen neuer Mensch geworden; ich habe in meinem Beruf Karriere gemacht und eine verantwortungsvollere Aufgabe zugewiesen erhalten.«

Ganz anders lag die Situation bei einem zwölfjährigen Mädchen aus der Schweiz. Es hatte zwischen den Büchern ihrer Mutter mein Buch *Die geheime Kraft Ihrer Wünsche* gefunden und neugierig darin gelesen. Seine Eltern wußten nichts davon. Zu jener Zeit hatte der Lehrer des Mädchens gerade die Eltern unterrichtet, er hielte es für ausgeschlossen, daß es das Klassenziel erreichen werde. Die Kleine entwickelte nun für sich ohne Wissen der Eltern einen eigenen Selbstbejahungstext. Er schloß mit den Worten: »Gott steht mir bei!« Natürlich arbeitete das Mädchen auch kräftig an der Verbesserung seiner schulischen Leistungen. Was niemand mehr erwartet hatte, geschah: sie wurde versetzt. Und erst jetzt gab sie ihren Eltern das Erfolgsgeheimnis preis.

Beschränken wir uns auf diese beiden Beispiele. Wir werden in einem anderen Abschnitt dieses Kapitels noch darauf zurückkommen, welche Bedeutung eine religiöse Einstellung für das Selbstvertrauen hat.

Zum Abschluß dieses Abschnitts noch einige Hinweise, wie Sie die Übung noch verbessern können. Sicherlich haben Sie schon selbst festgestellt, wie förderlich für Ihr Gesamtbefinden und für Ihre Selbstentwicklungspläne ein entspannter Zustand ist. In meinem Buch *Die universellen Kräfte Ihrer Psyche* habe ich eine einfache Entspannungsmethode dargelegt, mit der man bereits in drei Minuten selbst starke Verspannungen lösen kann. Die Methode hat sich in der Praxis sehr bewährt. Und bisher konnte sich jeder nach dieser Methode gut entspannen. Sie können die Technik selbst erlernen und werden sie schon nach wenigen Tagen gut beherrschen.

Entspannen Sie sich also zunächst mit der erwähnten Technik. Dann beginnen Sie mit dem Selbstbejahungstext. Der Nutzen ist für Sie dann gleich mehrfacher Art: Sie schalten besser ab, und die Ihrer Gesundheit abträglichen Spannungen und Verkrampfungen werden abgebaut. Sie werden innerlich ruhiger und ausgeglichener. Und die Selbstbejahung zur Steigerung Ihres Selbstvertrauens kann um so besser wirken.

4. Selbstbeobachtung und Selbsterkenntnis sind wichtig

Sie haben im vorangegangenen Abschnitt eine Methode kennengelernt, wie Sie von der Tiefenschicht Ihres Unterbewußtseins her mehr Selbstvertrauen aufzubauen vermögen. Die in diesem Abschnitt dargelegte Methode, echte persönliche Schwächen durch Selbsterkenntnis wahrzunehmen, stellt eine sehr hilfreiche und auch wichtige Ergänzung für die vorstehend beschriebene Technik dar. Denn aufgrund der Selbsterkenntnis vermögen Sie ein individuelles Programm aufzustellen, um Ihre Fehler zu korrigieren und mehr Selbstbewußtsein zu gewinnen.

Lassen Sie mich am Beispiel des Herrn Hoffmann, eines neunundzwanzigjährigen Industrieangestellten, erläutern, wie Sie verfahren müssen. Machen Sie es wie er: schreiben Sie Ihre Beobachtungen auf. Nur dann verdrängen oder vergessen Sie Ihre Erkenntnisse nicht und vermögen ein Programm zur Steigerung Ihrer Selbstsicherheit aufzustellen. Die Notizen des Herrn Hoffmann sahen wie folgt aus:

Montag:

1. Ich wurde heute wieder aufgefordert, Kaffee für die Leute unserer Abteilung zu kochen. Dabei hatte ich es schon gestern getan, und es war festgelegt worden, daß jeder unserer zwölf Kollegen im Turnus von zwölf Tagen an der Reihe ist. Ich war wütend auf mich selbst, als ich wieder Kaffee kochte; doch ich vermochte mich nicht zu wehren.

2. Als mich der Chef anrief, um eine Auskunft von mir zu erhalten, war ich ängstlich, und ich schämte mich meiner Unsicherheit.

3. Am Abend rief mich mein Freund an. Und obwohl ich mir vorher vorgenommen hatte, mich heute weiterzubilden, wagte ich nicht, ihm klarzumachen, er solle mich an einem anderen Abend besuchen kommen.

Dienstag:

1. Der Dachdecker hatte die Dachrinne des Hauses nicht einwandfrei repariert. Ich hatte Hemmungen, ihm die Reklamation mitzuteilen. Nach dem Telefonanruf ärgerte ich mich auch darüber, daß ich mich noch für die Störung entschuldigt hatte.

2. Als ich heute die Räume der Firma betrat, sprachen mich gleich zwei Kollegen darauf an, daß ich nach dem Friseurbesuch »so verändert«

aussähe. Ich bekam einen roten Kopf und ärgerte mich, nicht genügend Gelassenheit zeigen zu können.

Brechen wir hier ab. In dieser Art schrieb nun Herr Hoffmann all seine Erlebnisse auf, die während einer Woche seine Selbstsicherheit ins Wanken brachten. Seine Erkenntnisse formulierte er schließlich in sieben Wünschen, aus denen hervorging, was er in Zukunft besser machen wollte. Er ordnete seine Wünsche so, daß der für ihn am schwersten zu verwirklichende am Ende und der am leichtesten zu realisierende am Anfang der Liste stand. Die Rangfolge der Liste des Herrn Hoffmann sah dann so aus:

Wunschliste des Herrn Hoffmann für das Selbstbewußtsein:

1. Ärger im Büro nicht auf sich selbst beziehen.
2. Sich nicht zu etwas überreden lassen, was man selbst nicht will.
3. Nicht daran denken, was die anderen von mir halten könnten.
4. Meiner Familie gegenüber liebevoller sein.
5. Anderen Menschen gegenüber sicher auftreten.
6. Selbstsicherheit im Umgang mit dem Chef beweisen.
7. Kollegen gegenüber das rechte Wort zur rechten Zeit gebrauchen.

Das ist – wohlgemerkt – die Liste des Herrn Hoffmann. Stellen Sie nun Ihre eigene Liste auf. Zeichnen Sie aber zuvor in der beschriebenen Art alle Ereignisse auf, die Ihnen wichtig erscheinen. Vergessen Sie nicht: Die Liste soll Sie nicht dazu bringen, Ihre letzte Sicherheit ganz zu verlieren. Das Gegenteil ist der Fall. Nur so schaffen Sie die Grundlage zur Änderung Ihrer Persönlichkeit und fangen an, sich mit Ihren Schwierigkeiten bewußter zu beschäftigen.

Beginnen Sie zunächst mit Punkt eins Ihrer Liste. Bei diesem Punkt sollte es Ihnen am leichtesten fallen, Ihr Verhalten zu ändern. Haben Sie dabei erste Erfolge errungen, so beschäftigen Sie sich mit Punkt zwei Ihrer Liste usw. Schreiben Sie auf, wenn es Ihnen gelungen ist, selbstbewußter zu werden. Und halten Sie auch Ihre Einsichten kurz schriftlich fest. Denn so lernen Sie immer besser, die Zusammenhänge zu verstehen und Ihr Verhalten zu ändern.

In den folgenden Abschnitten dieses und der beiden nächsten Kapitel erhalten Sie eine Reihe von Hinweisen, wie Sie in Ihrem ganz besonderen Fall Ihr Selbstbewußtsein zu stärken vermögen. Arbeiten Sie daher erst dieses und die nächsten beiden Kapitel durch, bevor Sie Ihr individuelles Programm zur Verwirklichung Ihrer Wünsche entwikkeln. Je besser es Ihnen gelingt, die Techniken der Überzeugung anderer Menschen anzuwenden, desto mehr stärken Sie auch Ihr Selbstbewußtsein und umgekehrt.

Was im vorangegangenen Abschnitt erwähnt wurde, gilt auch hier: Rückfälle bei der Stärkung Ihres Selbstbewußtseins können durchaus vorkommen. Lassen Sie sich davon nicht entmutigen. Sehen Sie Rückfälle als natürliche Vorkommnisse auf dem Weg zu mehr Selbstbewußtsein an. Sehr oft ist der Erfolg gerade dann nahe, wenn man ihn am wenigsten erwartet. Glauben Sie daher an das hier dargelegte Verfahren. Es ist hilfreich und erspart Ihnen auch die Abhängigkeit von einem Therapeuten.

Voraussetzung ist jedoch, daß Sie sich jeden Abend in der dargelegten Weise mit sich selbst beschäftigen. Im Augenblick, da Sie Situationen erkennen, in denen Sie zu geringes Selbstbewußtsein gezeigt haben, vermögen Sie auch ein Programm zur Änderung Ihrer Persönlichkeit zu entwickeln. Es ist zwar nicht möglich, geringes Selbstvertrauen von heute auf morgen in ein großes zu verwandeln. Sie werden dazu schon einige Wochen oder im Extremfall sogar Monate brauchen. Daher sind Geduld und Ausdauer notwendig. Doch jeder anfängliche kleine Erfolg wird Sie veranlassen, weiter mit Freuden an der Entwicklung Ihrer Persönlichkeit zu arbeiten.

Hierbei läßt es sich vermutlich nicht vermeiden, Ihren vielleicht umfangreichen Fernsehkonsum zu reduzieren. Wenn Sie ehrlich sind, werden Sie sich eingestehen: Mit der Flucht vor den Bildschirm haben Sie oft Ihre eigene Wirklichkeit zu verdrängen versucht. Die Entfaltung Ihrer Persönlichkeit wird Ihnen mehr Glück bescheren, als der gesamte Programmvorrat des Fernsehens zu bescheren vermag.

5. Angst und Sorge töten jedes Selbstbewußtsein

Ein guter Bekannter von mir ist Betriebsleiter in der chemischen Industrie und arbeitet in seinem Bereich mit viel Selbstbewußtsein. Das war jedoch nicht immer so. Einmal war er mit seiner Sicherheit sogar völlig am Boden gewesen. Er schien seinen Aufgaben überhaupt nicht mehr gewachsen zu sein. Und das war so gekommen:

Mein Bekannter hatte neben dem Betrieb eine kleine Versuchsanlage aufgebaut, mit der es ihm gelang, ein neues Produkt in allerdings nur geringen Mengen herzustellen. Nach diesem Erfolg entschloß sich die Direktion der Unternehmung, das Produkt in großer Menge herzustel-

len und eine großtechnische Anlage dafür bauen zu lassen. Doch
zunächst mußte die große Anlage geplant werden. In diesem Zusammenhang ergaben sich eine ganze Reihe von Fragen. Wie groß mußten,
zum Beispiel, die Reaktionsbehälter gewählt und wie oft mußte das
Endprodukt gereinigt werden, damit die gewünschte Qualität sichergestellt wäre, und dergleichen Fragen mehr. Nun kann man zwar aus der
Arbeitsweise einer Kleinanlage sehr viele Rückschlüsse darauf ziehen,
wie eine Großanlage konstruiert werden muß; doch man hat nie die
vollkommene Sicherheit: gewisse Risiken müssen in Kauf genommen
werden. Das liegt in der Natur der Sache. Jede Überführung einer
Produktion vom kleinen Maßstab in eine großtechnische Anlage hat mit
diesen Schwierigkeiten zu kämpfen. Der Betriebsleiter wußte um die
ganze Problematik, und sie hatte ihn vorher auch nicht gestört. Doch als
er nun mitverantwortlich mit der Abteilung Konstruktion die neue
Anlage planen sollte, schien er völlig überfordert zu sein. Das Essen
schmeckte ihm nicht mehr. Er bekam Kopf- und Darmbeschwerden
und litt unter Schlafstörungen.

»Bald erkannte ich«, so berichtete er mir, »daß ich mit meinen Sorgen
und Ängsten meine ganze Konzentrationsfähigkeit einbüßte. Meine
ständige Furcht, ob denn auch alles gut gehen würde, zermürbte meine
Arbeitskraft, und ich stellte fest, daß ich zu keiner vernünftigen Arbeit
mehr fähig war. Mein Selbstbewußtsein war vollkommen zerstört, und
ich befürchtete sogar, meine Arbeitsstelle zu verlieren. Schließlich
wurde mir klar: So kann es nicht weitergehen. Gäbe ich mich weiter der
Angst und Sorge um die Zukunft hin, so würde ich mich bald
vollkommen fertigmachen. Daher dachte ich über meine Situation nach
und suchte nach einem Rezept, meine Schwierigkeiten zu meistern und
wieder zu echtem Selbstvertrauen zu finden.

1. Ich hielt mir meine Situation ganz genau vor Augen und stellte mir
   vor, was schlimmstenfalls eintreten könnte. Dabei sagte ich mir:
   Jeder weiß, mit welchen Unsicherheiten die Überführung einer
   Kleinanlage in eine Großanlage behaftet ist. Das Schlimmste, was
   eintreten könnte, wäre, daß einer der Apparate der Anlage nicht
   funktionstüchtig wäre, was einen finanziellen Verlust für die Firma
   zur Folge hätte. Das würde noch nicht meine Stellung kosten,
   allerdings die Karrierechancen auch nicht erhöhen. Nachdem ich
   diese Möglichkeit innerlich auf mich genommen hatte, trat etwas
   Unerwartetes ein: Ich fühlte mich entspannt, innerlich frei und

gelassen, so wie ich es schon seit Wochen nicht mehr gewesen war. Ich hatte aufgehört, mir übertriebene Sorgen zu machen.

2. Nachdem ich innerlich zur Ruhe gekommen war, versuchte ich zu verhindern, was schlimmstenfalls hätte eintreten können. Ich führte eingehende Gespräche mit den Konstrukteuren unserer Firma, und es ergab sich, daß noch einige Versuche notwendig waren, die auch durchgeführt wurden. Sie kosteten zwar unser Werk einige tausend Mark. Aber das war nichts Außergewöhnliches, fallen doch beim Versuchsbetrieb immer unvorhergesehene Ausgaben an. Doch mit diesem zusätzlichen Aufwand konnte später die neue Anlage ohne große Schwierigkeiten und finanzielle Verluste in Betrieb genommen werden.

Das hätte ich allerdings nie erreicht, hätte ich mich weiter von meinen Sorgen auffressen lassen. Geben wir hingegen unsere Sorgen auf, schaffen wir die Voraussetzungen, uns auf das Problem zu konzentrieren und es somit auch zu lösen.«

Beenden wir hier die Geschichte meines Bekannten. Sie beweist sehr deutlich, wohin übertriebene Sorge, die nichts ändert, führen kann und was möglich ist, wenn man sich von seinen Ängsten trennt.

Natürlich muß man für die Zukunft planen. Aber mit Angst schadet man nur sich selbst. Genau das tun Sie aber, wenn Sie sich ständig Gedanken und Sorgen darüber machen, welche Katastrophen morgen oder übermorgen eintreten könnten.

Man weiß heute: Solche Befürchtungen und Sorgen hinterlassen Spuren im Unterbewußtsein. Sie prägen das Unterbewußtsein mit negativen Mustern und führen zwangsläufig zu negativen Reaktionen des Unterbewußtseins. Die ihm eingeprägten negativen Inhalte drücken sich nun sehr bald in den äußeren Lebensumständen aus: Wer sich immer davor fürchtet, einen Fehler zu machen, wird ihn prompt begehen. Wer sich ständig um den Verlust des Arbeitsplatzes sorgt, begeht auch bald die Fehler, die zu seiner Entlassung führen. Und wer zum Beispiel meint, seine Frau könnte ihm davonlaufen, behandelt sie prompt so, daß sie es bald tatsächlich tut.

Angst und Sorgen sind also negative Einflüsse, die Ihr Unterbewußtsein schwächen. Es gilt, sich davon freizuhalten. Je mehr Sie hingegen von positiven Vorstellungen durchdrungen sind, desto weniger erliegen Sie dem Einfluß negativer Gedankenbilder und Gefühle wie Sorgen und

Ängste. Doch vom Einfluß des positiven Denkens auf Ihr Selbstvertrauen soll erst im folgenden Abschnitt berichtet werden.

Wie kann man sich nun davor schützen, nicht von unnötigen Sorgen gequält zu werden? Nun, Angst und Sorge treten immer dann auf, wenn wir darüber nachdenken was in Zukunft alles Negative eintreten und passieren könnte. Sie sitzen vielleicht beim Mittagessen, machen einen Spaziergang oder lauschen einer bezaubernden Melodie. Ihre Gedanken gleiten ab. Und Sie beschäftigen sich mit dem, was alles in Ihrem Leben schiefgehen könnte. Aus Erfahrung wissen Sie: Von solchen Befürchtungen und Sorgen sind bisher die allerwenigsten Wirklichkeit geworden. Dennoch beschäftigt sich der Mensch mit ihnen, obwohl er ganz genau weiß, daß solches Denken sogar seiner Gesundheit schaden kann. Mehr als die Hälfte der Menschen, die einen Arzt aufsuchen, leiden an den körperlichen Auswirkungen seelischer Belastungen. Magen- und Darmerkrankungen, Herz- und Kreislaufschwächen, Zuckerkrankheit usw. sind die Folge. Und der gesündeste Mensch wird sein Selbstbewußtsein verlieren und erkranken, wenn er sich ständig sorgt, ärgert oder Groll mit sich herumträgt.

Wie kann man sich aber vor dem verhängnisvollen Karussell der eigenen Gedanken und Sorgen wirksam schützen? Die Antwort liegt nach den vorstehenden Ausführungen schon auf der Hand. Beschäftigen Sie sich nur mit dem, was Sie gerade tun, und »wühlen« Sie nicht in der Zukunft oder der Vergangenheit. Bemerken Sie, daß Ihre Gedanken abgleiten, dann kehren Sie sofort zu Ihrer augenblicklichen Beschäftigung zurück. Wenn Sie die heutige Arbeit so gut wie möglich tun, dann ist das die beste Art, für die Zukunft zu sorgen. Das wiederum aber setzt voraus, daß Sie achtsam bei der Arbeit und achtsam auch auf sich selbst sind. Nur so vermögen Sie sich Ihrer Gedanken der Furcht und Sorge bewußt zu werden, damit aufzuhören und das Ängstekarussell zum Stillstand zu bringen. Mit der Selbstbeobachtung können Sie sofort beginnen. Ständige Achtsamkeit bringt Sie dazu, in der Gegenwart zu leben.

Leider neigen die meisten Menschen dazu, ihr Bemühen um mehr Achtsamkeit auf morgen und dann immer weiter zu verschieben. So sagte schon Epiktet vor über zweitausend Jahren: »Doch die Sache liegt nun einmal so, daß du mir sagst: ›Morgen werde ich damit beginnen, achtsam zu leben!‹ Gestatte mir, dir offen zu sagen, daß dies mit anderen Worten bedeutet: ›Heute will ich niederträchtig sein, heute sollen andere Menschen die Macht haben, mich in Aufregung zu versetzen, heute will ich Ärger hegen und Neid.‹ Wenn es morgen heilsam ist, achtsam zu sein, so erst recht heute, damit du nämlich fähig wirst, das Gute auch morgen zu tun, und es nicht wieder auf den folgenden Tag verschiebst.«

Üben Sie daher Ihre Achtsamkeit. Sie vermögen sich quälender Gedanken schnell bewußt zu werden und sie abzuschalten.

Ereilt Sie vielleicht einmal ein wirkliches Unglück und die quälenden Gedanken werden immer stärker, so verfahren Sie einfach so, wie es im vorangehend dargelegten Beispiel der Betriebsleiter getan hat.

Zum Abschluß dieses Abschnitts möchte ich Ihnen darum für solche Situationen zwei besonders wirksame Verhaltensweisen ans Herz legen:

1. Die Erde ist ein Planet im Milchstraßensystem. Das Zentrum unserer Milchstraße ist zweitausendfünfhundert Lichtjahre von uns entfernt. Ein Lichtjahr stellt die Entfernung von neuneinhalb Billionen Kilometer dar. Es ist dies die Strecke, die ein Lichtstrahl in einem Jahr zurücklegt, wobei die Geschwindigkeit dreihunderttausend Kilometer pro Sekunde beträgt. Das nächste Sternensystem ist zwei Millionen Lichtjahre von uns entfernt. Es gibt sogar Spiralnebel in Entfernungen von fünfundzwanzig Milliarden Lichtjahren. Beschaffen Sie sich nun eine Fotografie des gesamten Weltalls. Wenn Sie wieder quälende Sorgen befallen, dann schauen Sie sich die vielen Lichtpunkte auf dem sonst schwarzen Foto an. Betrachten Sie es einige Minuten lang. Wenn Sie nun bedenken, welche Größenordnungen Sie vor sich haben, werden selbst Ihre größten Sorgen zusammenschrumpfen – und auch die Menschen, vor denen Sie eventuell Furcht haben könnten. Die hier empfohlene »kosmische« Bewußtseinserweiterung wird Sie davon abhalten, neben dem All und sich selbst niemanden mehr als aufregend zu empfinden. Sollte Ihnen wider Erwarten diese Technik nicht den gewünschten Erfolg bescheren und Ihr Selbstbewußtsein immer noch von Sorgen und Ängsten zerfressen werden, dann verfahren Sie nach folgendem Rezept:

2. Wenn Sie ganz ernste Sorgen quälen, machen Sie sich bewußt, daß wir alle sterblich sind – angesichts des möglichen Todes rücken die Dinge wieder in die richtige Bedeutung. Sie werden erkennen, daß nichts wirklich schlimm ist, so lange Sie leben und die Kraft haben, zu arbeiten und Ihr Bestes zu geben. Aus der Perspektive des Todes

werden Sie den Dingen jenen Wert beimessen, der ihnen tatsächlich
zukommt. Der quälende Druck um Ihr Herz wird weichen, und Sie
leben länger.

6. Der Selbstbewußte ist immer Optimist

Im letzten Abschnitt haben Sie erfahren, wohin Angst und Sorge führen.
Schon Epiktet sagte:»Menschen werden weniger durch Tatsachen
beunruhigt als vielmehr durch ihre Vorstellungen.« Tatsächlich dauert
es meistens gar nicht lange, bis das Befürchtete dann auch eintritt.
    Stellen Sie sich also darauf ein, am nächsten Tag nur Positives zu
erwarten. Denn Sie wissen ja, wie sehr Ihr Denken den Lauf der
Geschehnisse bestimmt. Beschränken Sie sich jedoch nicht nur auf
Erwartungen. Es ist auch nötig, sich den nächsten Tag konkret zu
überlegen. Machen Sie sich also einen Tagesplan, handeln Sie aber auch
danach. Nehmen Sie eine positive Einstellung und gute Taten in Ihren
Plan auf. So wird der Tag für Sie befriedigend verlaufen. Sind Sie von
Vorstellungen positiven Inhalts durchdrungen, bleiben Sie gefeit gegen
Angst und Sorge. Negative Vorstellungen vermögen nicht von Ihnen
Besitz zu ergreifen und Ihr Selbstbewußtsein zu schwächen. Und wo ein
froher Gedanke ist, kann keine pessimistische Stimmung aufkommen.
    Wenn Sie so Ihre positiven Gedanken vermehren, werden Sie
außerdem die negativen Gedanken anderer Menschen, die durch Reden,
Fernsehen und Presse auf Sie einwirken, um so leichter abschütteln und
sich abträglicher Fremdbeeinflussung entziehen können.
    Denken Sie stets an den Spruch des weisen Marc Aurel:»Das Leben
eines Menschen wird durch seine Gedanken bestimmt.« Und bei Vergil
finden Sie die Worte:»Diejenigen werden siegen, die daran glauben, daß
sie es können.«
    Zu den besonders positiven Menschen, die ich kenne, gehört der
erfolgreiche Schweizer Unternehmer W. Sieber. Er ist geradezu von der
Kraft des positiven Denkens durchdrungen. »Natürlich weiß ich selbst
sehr genau, daß das Leben nicht aus ständiger Heiterkeit und
Sonnenschein besteht«, sagte er einmal zu mir, als wir uns unterhielten.
»Ein positiver Mensch ist einer, der die Schwierigkeiten sieht, aber
deshalb noch lange nicht mutlos wird. Er weiß, daß alles Schlechte auch
eine positive Seite hat, und er bemüht sich darum, das Gute zu erkennen.
Der positive Mensch läßt sich durch keinerlei Schwierigkeiten in Angst

und Schrecken versetzen. Er weiß: Stellt sich ein Problem ein, so vermag er bisher ungeahnte Fähigkeiten auszuschöpfen. Daher ist eine positive Lebenseinstellung von ausschlaggebender Bedeutung. Wer so seine Probleme anpackt, der wird sie auch immer meistern.«

Die Menschen werden nicht durch Tatsachen erdrückt, sondern einzig allein durch eine negative und ängstliche Einstellung. Mir berichtete einmal eine vierzigjährige Flughafenhosteß, sie müsse sich unbedingt einen anderen Beruf suchen. »Ich hänge zwar sehr an meinem Beruf«, sagte sie, »doch ich muß einen Beruf finden, bei dem ich nicht so schnell entlassen werden kann.« Als ich mich mit ihr über den von ihr erwähnten Punkt einer möglichen Entlassung unterhielt, ergab sich, daß dafür eigentlich gar kein Grund vorlag. Weder existierte in ihrem Anstellungsvertrag eine Altersklausel, noch verfuhr die Flughafengesellschaft nach den Befürchtungen der attraktiven Dame. Ganz im Gegenteil. »Ich habe sogar eine Kollegin, die noch älter ist als ich«, versicherte sie mir. Ich legte ihr klar, sie würde ihre Angst nicht loswerden, wenn sie den Beruf wechselte. »Wenn Sie sich vor der Entlassung fürchten«, sagte ich ihr, »begehen Sie bald jenen Fehler, vor dem Sie sich fürchten. Ihre Angst und Unsicherheit werden auch anderen Menschen und Ihren Vorgesetzten nicht verborgen bleiben. Die Flughafengäste und die Reisenden werden Ihnen unbewußt aus dem Wege gehen, und die Direktion wird Sie für Ihre Tätigkeit nicht mehr für geeignet halten.«

Jetzt begriff die Flughafenhosteß. »Ich würde am Ende nur deshalb meinen Job verlieren, weil ich dabei bin, mich selbst zu entlassen?« meinte sie noch unsicher. Ich nickte, und sie versprach, ab sofort ihre ängstliche Einstellung abzulegen.

Versuchen Sie einmal, über sich selbst nachzudenken. Hat nicht oft genug eine negative Einstellung irgendwelchen Dingen des Lebens gegenüber Ihr Selbstbewußtsein zerstört? Es besteht deshalb kein Grund, in Klagen auszubrechen, in Selbstmitleid zu zerfließen oder sich entmutigen zu lassen. Trauen Sie sich ruhig viel zu! Doch schütteln Sie die Fessel Ihrer negativen Einstellung sofort ab. Denken Sie über Ihr Verhalten nach und ändern Sie Ihr Denken. Beginnen Sie damit schon heute und nicht erst morgen. Sie werden an sich selbst erfahren, wie Ihr Selbstbewußtsein wächst.

Stellen Sie sich dem, was Ihnen Angst macht. Ganz gleich, ob es sich um Redeangst, um die Furcht, auf andere zuzugehen, oder worum immer handelt, es kostet Sie weniger Mühe, sich mit den Schwierigkeiten auseinanderzusetzen, als ständig vor ihnen davonzulaufen.

Wenn Ihr Selbstbewußtsein dauerhaft sein soll, müssen Sie sich auch die richtige Einstellung Rückschlägen und Enttäuschungen gegenüber aneignen. Sie gehören mit zum täglichen Leben, und kein Mensch ist vor solchen Erfahrungen sicher. Selbst die erfolgreichsten Menschen mußten sich mit Rückschlägen auseinandersetzen.

Ist Ihnen einmal ein Fehlschlag unterlaufen, dann stärken Sie Ihr Selbstbewußtsein nach folgendem Programm:

1. Denken Sie nicht negativ über sich selbst. Denn Sie verfügen über unerschöpfliche Fähigkeiten. Ein Fehlschlag signalisiert Ihnen nur einen Fehler, den Sie begangen haben. Suchen Sie diesen zu erkennen.
2. Verfallen Sie nicht in Selbstmitleid. Denken Sie an das, was Sie schon erreicht und wie oft Sie schon Menschen für sich überzeugt haben.
3. Grübeln Sie nicht darüber nach, was hätte möglich sein können. Überlegen Sie vielmehr, was jetzt zu tun ist, und stellen Sie einen Plan auf, wie Sie Ihr Ziel erreichen wollen, sobald Sie den Fehler gefunden haben.

Sie wissen nun: Minderwertigkeitsgefühle und Pessimismus gehören genauso zueinander wie Selbstbewußtsein und Optimismus. Nutzen Sie die Kraft des positiven Denkens. Lassen Sie sich von positiven Gedanken begleiten. So werden Sie selbstbewußter, überzeugen andere und vermögen mehr zu erreichen. Sie bleiben immun gegenüber unerwünschter Beeinflussung durch Dritte. Und Ihnen wird mehr Lebensfreude zuteil.

7. Dauerhaftes Selbstbewußtsein erwächst nur der Selbstverwirklichung

Zu einem dauerhaften Selbstbewußtsein werden Sie erst dann gelangen, wenn Sie sich entfalten können. Die Entfaltung der Persönlichkeit darf aber nicht einseitig geschehen. Außer Intelligenz, Konzentrationsfähigkeit und Kreativität müssen auch die Sensibilität (Empfindungsvermögen) und die Fähigkeit zur Herstellung zwischenmenschlicher Kontakte entwickelt werden.

Die meisten Menschen sind in der Entwicklung ihrer Persönlichkeit dadurch behindert, daß sie nicht an ihre Geisteskraft glauben. Mit der Behauptung »Nur wenige sind begabt« bemüht sich eine kleine

Minderheit, jene Vorteile für sich zu sichern, die sie schon hat. Lassen Sie sich deshalb von niemandem einreden, Sie seien nicht begabt. Nun ist zwar nicht in jedem Menschen ein Einstein, ein Raffael oder ein Goethe verborgen. Doch es stecken in jedem Menschen mehr Fähigkeiten, als gemeinhin angenommen wird. Und es sind nach meinen Erfahrungen höchstens fünfundzwanzig Prozent aller Lehrer fähig, die Begabung eines Kindes optimal zu entfalten. Auch die Vererbung spielt für die Intelligenz des Kindes keine entscheidende Rolle; Umwelteinflüssen muß ein viel größerer Wert beigemessen werden.

Bemühen Sie sich, die in Ihnen schlummernden Fähigkeiten dadurch zu entfalten, daß Sie alles tun, um Ihre Wünsche zu verwirklichen. Zu diesem Zweck müssen Sie sich aber zunächst einmal bewußtmachen, welche Ziele Sie verwirklichen möchten, und zwar nur Sie selbst und nicht jemand anderer. Unterdrücken Sie Ihre Wünsche jedoch weiterhin, dann verhindern Sie die Entfaltung Ihrer Fähigkeiten und die Ausbildung eines dauerhaften Selbstbewußtseins.

Ihr Unterbewußtsein wird Ihnen dabei helfen, Ihre verborgensten und lange unterdrückten Wünsche aufzuspüren.

Nehmen Sie ein Blatt Papier und einen Bleistift zur Hand. Schreiben Sie sieben Wünsche auf, deren Erfüllung Ihnen besonders am Herzen liegt. Haben Sie schon einige Wünsche aufgeschrieben? Es sei noch einmal gesagt: Notieren Sie nur das, was Sie möchten und nicht, was jemand anderer von Ihnen erwartet. Denn nur auf Ihre eigenen ganz persönlichen Wünsche kommt es an. Zählen Sie nicht nur materielle Dinge auf, die Sie sich wünschen. Nehmen Sie in die Liste auch Charaktereigenschaften auf. Nur mit Geduld, mit Verständnis für andere und mit der Ausstrahlung innerer Ruhe vermögen Sie andere zu überzeugen. Daher sind diese Eigenschaften für die Kunst der Überzeugung anderer von großer Wichtigkeit. Setzen Sie sich eigene Ziele. Lassen Sie sich nicht von Autoritäten, seien es nun Eltern, Lehrer, Vorgesetzte oder seien es andere Menschen, zu etwas drängen. Ihre verborgenen Wünsche sind Signale für Ihre Fähigkeiten, die entfaltet werden müssen.

Sie können nun nicht erwarten, daß Ihre tiefsten Wünsche Ihnen auf Anhieb einfallen. Denken Sie stets daran: Eine einseitige Entfaltung macht nicht glücklich. Um Menschen von sich zu überzeugen, sind bestimmte Charaktereigenschaften notwendig. Mit einfachen Tricks kann man auf Dauer niemanden wirklich für sich gewinnen. Überarbei-

ten Sie Ihre Wunschliste mehrmals und schreiben Sie sie jedesmal wieder
sauber ab. Von einer unsauber geschriebenen Liste werden Sie nicht zu
weiterer Zielklarheit angeregt.

Setzen Sie sich zunächst Nahziele. Ordnen Sie Ihre Wünsche nach
Schwierigkeitsgrad, sie zu verwirklichen. Wenn Sie nach der Technik
der kleinen Schritte arbeiten – und das regelmäßig – werden Sie erstaunt
sein, wie schnell Sie auch große Ziele zu verwirklichen vermögen. Was
schon Laotse sagte, hat auch heute noch seine Gültigkeit:

Plane das Schwierige, wo es noch leicht ist,
Tue das Große, wo es noch klein ist,
Alles Schwere auf Erden beginnt stets als Leichtes,
Alles Große beginnt stets als Kleines.

Eine große Hilfe, zu Ihren verborgenen Wünschen vorzustoßen, ist
die richtige Methode der Meditation. Verfahren Sie wie folgt:

1. Führen Sie die bereits erwähnte Entspannungsübung aus. Setzen Sie
   sich auf einen Stuhl und lehnen Sie sich nach hinten an. Oder nehmen
   Sie, noch besser, den sogenannten »bequemen« Sitz ein: Sie setzen
   sich auf eine auf dem Fußboden ausgebreitete Decke und lehnen sich
   an eine Wand an, denn frei zu sitzen bereitet vielen Menschen
   Schwierigkeiten. Zum bequemen Anlehnen kann auch zwischen
   Rücken und Wand ein Kissen geschoben werden. Dann strecken Sie
   die Beine flach aus. Das linke Bein wird angewinkelt, und die Zehen
   des linken Fußes werden an die rechte Kniekehle geschoben. Die
   Knie müssen fest auf dem Boden liegen. Sollte Ihnen der bequeme
   Sitz nicht möglich sein, so führen Sie die Meditation auf einem Stuhl
   aus. Achten Sie darauf: Die Körperhaltung muß aufrecht und gerade
   sein. Die linke Hand ruht mit der Außenfläche auf dem Schoß. Auf
   diese wird die rechte Hand gelegt. Außen- und Innenfläche der
   Hände berühren einander. Der Kopf wird leicht gesenkt, und die
   Augen sind geschlossen.

2. Nun richten Sie Ihre Aufmerksamkeit auf den Luftstrom in der Nase.
   Zweck der Übung ist es jedoch nicht, eine Regulierung des Atems
   vorzunehmen. »Es« atmet Sie, ohne daß Sie es wollen. Achten Sie also
   als Unbeteiligter gleichsam darauf, wie »es« in Ihnen atmet. Der
   Rhythmus des Atems ergibt sich gleichsam von selbst und wird vom
   Willen her nicht beeinflußt. Suchen Sie sich im rechten oder linken
   Nasenflügel einen Punkt, in dem Sie den Luftstrom registrieren
   können. Nehmen Sie die Druckempfindung wahr, die Sie im

Nasenflügel haben. Es wird vielleicht einige Minuten dauern, bis Sie den Luftstrom in der Nase registrieren können. Auch wird die Einatmung manchmal besser wahrgenommen als die Ausatmung – oder umgekehrt. Seien Sie sich aber auch der der Ausatmung folgenden Pause bewußt. Haben Sie dieses Pausenerlebnis nicht, so ist das ein Zeichen dafür, daß Sie Ihren Atem regulieren. Und das sollen Sie nicht. Ich kann an dieser Stelle nicht auf die vielfältigen Aspekte der Meditation eingehen und verweise daher interessierte Leser auf mein Buch über *die universellen Kräfte Ihrer Psyche*. Hier sei nur noch auf Folgendes hingewiesen:

3. Meditation ist etwas, dessen man sich mit Begeisterung unterzieht. Meditation trägt zwar sehr dazu bei, Ihre Intelligenz, die Sensibilität und das Wahrnehmungsvermögen zu erhöhen; doch je mehr Sie das mit Absicht anstreben, desto mehr verhindern Sie durch Ihre Willensanstrengung gerade das, was Sie erreichen wollen: einen befreiten, für tiefere Regungen empfangsbereiten Geist, einen Zustand der Ruhe und innerer Sammlung. Fällen Sie keinerlei Urteile über das, was Sie bei sich selbst wahrnehmen. Versuchen Sie nicht, Ihre Gedanken zu unterdrücken. Sonst verfahren Sie wie jemand, der versucht, mit einer Walze eine unruhige Wasseroberfläche zu glätten; das Wasser würde um so unruhiger werden. Achten Sie gelassen auf die Gedanken, die sich von selbst einstellen. Sind sie wieder verschwunden, so richten Sie die Achtsamkeit erneut auf den Luftstrom in der Nase.

4. Im Zuge der Meditation nimmt die Klarheit Ihres Geistes zu. Ihr Geist kann mit einer Wasseroberfläche verglichen werden, auf der sich die Wellen Ihrer Gedanken allmählich glätten. Ihr Geist wird ruhig; in ihm spiegeln sich wie in einer unbewegten Wasseroberfläche die Dinge unverzerrt, und Sie sehen sie so, wie sie sind. In einer solchen unerzwungenen inneren Sammlung dringen Sie in die tiefste Wirklichkeit und die verborgensten Schichten Ihres Wesens vor.

5. Meditation trägt auch dazu bei, daß Sie immer bewußter und aufmerksamer werden. Auf die große Bedeutung der Achtsamkeit in der Kunst, andere zu überzeugen, wird noch an späterer Stelle eingegangen.

Entfalten Sie also Ihre Fähigkeiten. Verdrängen Sie nicht Ihre tiefsten Hoffnungen und Wünsche. Lauschen Sie den Signalen aus dem Unterbewußtsein. Lassen Sie sich nicht mehr von anderen nach deren egoistischen Zielsetzungen beeinflussen. Verfolgen Sie die Ziele, mit denen Sie selbst sich identifizieren. Fangen Sie heute damit an. Die Ihnen innewohnende Kraft wird Ihnen helfen. Und verfolgen Sie Ihre Ziele mit Konsequenz, so werden sich Ihr Selbstbewußtsein und Ihre innere Sicherheit entfalten können.

Bauen Sie jedoch Ihr Selbstbewußtsein nicht nur auf beruflichem Erfolg und materieller Sicherheit auf. Während eines Seminars sagte einmal ein Diplomingenieur, der schon über hundert Patente entwickelt hatte: »Beruflichen und materiellen Erfolg habe ich. Sie sind zwar sehr schön; aber wirklich glücklich geworden bin ich damit nicht. Glücklich bin ich erst, seit ich mich um die Dinge bemühe, die mir einen tieferen Lebensinhalt geben.« Nicht selten versuchen gerade jene, denen es an einem gesunden Selbstbewußtsein fehlt, ihre Minderwertigkeitsgefühle durch große Anstrengungen im Beruf zu kompensieren. Jeder Mensch braucht zwar Geld, um zu leben. Doch Geld gibt längst nicht die innere Sicherheit, auf die es im Leben ankommt.

Wenn Sie ein gesundes, unerschütterliches Selbstbewußtsein entwikkeln möchten – und darauf kommt es in der Kunst, andere zu überzeugen, entscheidend an – müssen Sie sich nicht nur bemühen, Ihre ureigenen Ziele zu verwirklichen, sondern auch Ihren inneren Reichtum mehren und in Ihrem Leben ausbreiten.

8. Die Quelle tiefsten Selbstvertrauens

Geistig-seelische Erkrankungen entstehen, weil der Mensch nicht an die Bedürfnisse seiner Seele denkt. »Der Mensch lebt nicht vom Brot allein« steht schon in der Bibel – eine alte Weisheit. Und natürlich fehlt es an tiefem Selbstvertrauen, wenn der Mensch innerlich gestört, nicht gesund ist.

Nun kann man allerdings auch ein Selbstbewußtsein rein oberflächlicher Art aufbauen. Zugegeben: man wird auch so diesen oder jenen Menschen von seinen Ansichten, zumindest für einige Zeit, überzeugen können. Es gibt jedoch ein Selbstvertrauen, das aus unserem tiefsten Wesen kommt. Und dieses Selbstvertrauen wird jeder Belastungsprobe standhalten. Darum geht es in diesem Abschnitt.

»Kommen Sie mir nur nicht mit der Religion!« sagte mir einmal eine junge Frau. »Im übrigen steht, was Sie über die großen Möglichkeiten des Menschen darlegen, im Gegensatz zur Forderung des Christentums, demütig zu sein.« Nun, Demut vor Gott schließt nicht in sich, anderen Menschen gegenüber immer nur seine eigene Nichtigkeit und Ohnmacht zu demonstrieren. Erkennen Sie das Göttliche im Menschen. Eine solche positive Einstellung wird Ihnen helfen. »Das Himmelreich Gottes ist inwendig in euch«, so heißt es in der Bibel. Und in unserem Jahrhundert sagt der große christliche Philosoph und Naturwissenschaftler Teilhard de Chardin: »Mit vollem Recht ist in der Menschheit das Bewußtsein ihrer Kraft und ihrer Möglichkeiten erwacht. Es geht nicht darum, die großartige Verantwortung und den herrlichen Drang, uns selbst zu schaffen, zu vermindern, sondern die menschlichen Anstrengungen zu vergöttlichen.«

Wenn der Mensch an die unfaßbare Größe des Weltalls und seine begrenzte irdische Existenz denkt, dann wird er zwar demütig werden. Doch diese Demut ist keine Selbsterniedrigung. Und es liegt ein großer Unterschied darin, ob jemand seine Grenzen anerkennt oder sich in sklavischer Abhängigkeit fühlt.

Auch nach der buddhistischen Lehre muß der Mensch seine Begrenztheit anerkennen; für den Buddhisten besteht aber das Erreichen des Nirwana darin, die höchste Entfaltung menschlicher Fähigkeiten zu erreichen. Die christlichen Mystiker haben den Bibelsatz »Der Mensch ist nach dem Ebenbild Gottes geschaffen« ebenfalls als Beweis für die vollkommene Einheit des Menschen mit Gott verstanden. Und der humanistische Sozialkritiker, Psychotherapeut und Philosoph Erich Fromm sagt: »Gott ist nicht das Symbol der Macht über den Menschen, sondern das Sinnbild der Kraft, die der Mensch in sich selber spürt.«

Stellt man hingegen das Sündhafte des Menschen ständig in den Vordergrund, so trennt man den Menschen von sich und seinen Möglichkeiten ab. Je sündiger sich der Mensch fühlt, desto weniger vermag er zu sich zu finden. Der Mensch glaubt nicht an sich selbst und auch nicht an andere. Er fühlt sich schwach und hilflos. Mangelndes Selbstbewußtsein hat oft seine Wurzel in falsch verstandener Religion. Es ist daher zu hoffen, daß unsere geistlichen Lehrer wie auch die weltlichen Erzieher endlich einsichtig genug sein werden, die zu ihnen aufschauenden Menschen in ihren positiven Eigenschaften zu bestärken, anstatt ihnen ein Sündenbewußtsein einzurichten.

Ich habe eine Reihe von Menschen kennengelernt, die sich aufgrund ihrer Schuldgefühle ständig Vorwürfe machen. Doch indem die Gedanken dauernd um das Schlechte kreisen, wird dieses immer größer

und der Unglückliche immer ohnmächtiger. Anstatt sich selbst zu
verachten, sollte ein durch Schuldgefühle geplagter Mensch seine ganze
Kraft darauf richten, Gutes zu tun. Er wird erstaunt sein, zu welch
tiefem Selbstbewußtsein er gelangt, hat er einmal diesen Weg einge-
schlagen.

Viele Minderwertigkeitskomplexe haben ihre Ursache in einem tiefen
Schuldgefühl, das aus Angst vor der Kirche, der öffentlichen Meinung
oder einer anderen autoritätgebietenden Instanz entspringt. Untersucht
man die Schuldgefühle genauer, so stellt man fest, daß darunter auch
noch das Schuldgefühl dem eigenen Gewissen gegenüber verborgen ist.
Und der Mensch erkennt, daß er sich selbst schadet, wenn er seine Kraft
vergeudet. Dies ist die eigentliche Sünde. Viele Menschen vermögen
allerdings die Schuldgefühle gegenüber dem eigenen Gewissen nicht zu
erkennen und stellen nur ihre schlechte Laune, mangelnde Freude an
allem und ständige Unlust an der Arbeit fest. Durch Vergnügungen und
den Drang zu oberflächlicher Geselligkeit versuchen sie dann, sich selbst
zu entfliehen. Doch niemand kann einem Menschen die Mühe
abnehmen, das zu erspüren, was in seinem Innern vor sich geht. Nur wer
auf die Stimme seines eigenen Gewissens lauscht und ihr folgt, gelangt
zu innerer Stärke und Sicherheit, die durch nichts zu erschüttern ist.

Es geht hier nicht darum, oberflächliche Moral zu predigen. Ich
möchte Sie vielmehr für ein Erlebnis öffnen, das dem Menschen in
seinem Leben das Wunderbarste und seinen besten Teil überhaupt
eröffnet. Ich versuche, Sie auf die Möglichkeit religiösen Erlebens und
Erfahrens hinzuweisen, indem Sie die Schranken Ihres eigenen Ich
durchbrechen und so zu größerer Individualität und Persönlichkeit
erwachen.

Ein derartiges Erlebnis hatte zum Beispiel einer meiner Seminarteilnehmer. Doch lassen wir ihn (er ist Tierarzt) selbst berichten:

»Nach einer ereignislosen Zugreise kam ich nach Hause und
berichtete noch am selben Abend meiner Familie kurz von den
Erlebnissen im Seminar. Die Wendung kam für mich, als ich nach
frühem und unruhigem Erwachen am nächsten Morgen meditierte.
Kurz darauf breitete sich in mir eine erstaunliche Entspannung aus. Ein
tiefes Schluchzen ergriff mich und eine weitere, nicht geahnte freudige
Entspannung. Der unmißverständliche Gedanke erfüllte mich: Ich bin,
der ich bin; so einfach ist das. Bildlich sah ich einen schmalen
Lichtkorridor, der mich selbst darstellte, sich zum großen Licht Gottes

verbreiterte und seitlich zu anderen Menschen hin ausstrahlte. – Mit Ungeduld habe ich die Zeit abgewartet, bis ich das meiner Frau erzählen konnte. Sie sollte es als erste wissen: ihr ungeduldiger Mann wird von jetzt an anders sein.

Mein lieber Freund, Sie sehen: Ich habe das gefunden, was ich ungeduldig immer gesucht habe, dem ich so lange nachgejagt bin und was ich jedem Menschen von Herzen gönne: Ich durfte es erleben, es ist nicht gelernt, nicht gelesen. Ich erlebte mich selber. Mein Leben hat nun neu begonnen. Ich habe mich denen angeschlossen, die die unendliche Liebe Gottes verwirklichen wollen.«

Das ist, wohlgemerkt, ein individuelles Erlebnis. Ihr eigenes Erleben wird sich anders vollziehen. Natürlich sollen Sie nun nicht bloß um solcher Erfahrungen willen meditieren. Sie können tiefgreifende Erlebnisse auch haben, wenn Sie sich bemühen, ein besserer Ehemann und Vater, eine bessere Frau und Mutter zu werden. Meditierend eröffnet sich Ihnen Ihr Selbst; Sie sind vom Gefühl des eigenen Wertes nicht nur überzeugt, sondern auch tief durchdrungen, und Sie erlangen dadurch Selbstachtung und eine innere Sicherheit, die nicht vom Beifall anderer Menschen abhängt. Innere Leere gibt es nicht mehr. Sie haben sich selbst gefunden und brauchen nicht mehr Romanhelden, Fernsehidole oder andere Klischeefiguren zu überbieten, um Ihr Selbstbewußtsein zu bestärken. Das führt ohnehin nicht zu innerer Sicherheit und einem wahren Selbstwertgefühl. Stoßen Sie bis zum Kern Ihres Wesens vor, so haben Sie für immer Hilflosigkeit und Unsicherheit abgelegt.

Eine echte religiöse Einstellung ist das beste Fundament, jene Gelassenheit und innere Sicherheit zu erlangen, die im Umgang mit den Mitmenschen notwendig sind. Viele große und bedeutende Menschen haben ihr Selbstbewußtsein und ihre Kraft zur Menschenführung aus jener inneren Quelle bezogen. So war zum Beispiel Konrad Adenauer ein tief religiöser Mensch, obwohl sein Verhältnis zur hohen Geistlichkeit durchaus nicht immer spannungslos war.

Meine Mutter war ihr ganzes Leben lang von einem tiefen Gottvertrauen erfüllt. Das gab ihr die Kraft, mit den schwersten Situationen fertig zu werden. Selbst auf dem Sterbebett dachte sie noch mehr an uns als an ihr schmerzliches Sterben.

Das in diesem Abschnitt Gesagte stellt nun für Sie keine Aufforderung dar, in die nächstbeste Kirche zu laufen, um dort Ihre innere Leere aufzufüllen. Sich nur oberflächlich zu einer Religion zu bekennen, wird

Ihnen nicht die innere Sicherheit bringen, die Sie erstreben. So einfach ist das nicht. Nur wenn es Ihnen um das innere Erlebnis und nicht um äußerliche Worte geht, werden Sie die durch nichts zu erschütternde innere Sicherheit erlangen. Das setzt aber voraus, daß Sie den Regungen Ihres eigenen Gewissens und Ihres tiefsten Wesens immer geöffnet bleiben.

Nach einem solchen inneren Erlebnis wird Ihre Persönlichkeit gestärkt, und Ihre Fähigkeiten vermögen endlich zum Durchbruch zu gelangen. Natürlich ist das Geöffnetsein gegenüber dem eigenen Wesen nicht auf Anhieb zu erreichen. Es ist vielmehr das Ergebnis eines Prozesses, den Sie das ganze Leben lang mitmachen sollten.

Zu leben bedeutet aber nicht, ein Leben lang nachgeben zu müssen. Wer den Nächsten liebt, aber nicht sich selbst, unterwirft sich dem anderen nur, weil er sich selbst nicht achtet und kein Gefühl für den eigenen Wert hat. Mit den in diesem Buch dargelegten Techniken gelangen Sie aus der Tiefe Ihres Wesens zu innerer Sicherheit, die den meisten Menschen fehlt. So vermögen Sie andere Menschen nachhaltig und um so besser und tiefer zu überzeugen. Ihre Überzeugungskraft bedient sich nicht nur angelernter Techniken, sondern sie kommt dann aus der Tiefe Ihres Wesens.

ZUSAMMENFASSUNG

1. Selbstvertrauen ist die wichtigste Voraussetzung, andere Menschen zu überzeugen.

2. Lassen Sie sich ganz von der Macht der Vorstellung durchdringen, immer selbstbewußter zu werden.

3. Entwickeln Sie Ihr Selbstvertrauen, indem Sie die »Selbstbejahungsübung« ausführen.

4. Bemühen Sie sich, die Kunst, andere Menschen zu überzeugen, regelmäßig anzuwenden. Wenn Sie erleben, wie Sie andere beeinflussen, wächst Ihr Selbstvertrauen.

5. Trennen Sie sich von Angst und Sorge, indem Sie Ihre Gedanken auf Positives und Erfreuliches richten.

6. Achtsamkeit unterbricht die Kette negativer Gedanken.

7. Bemühen Sie sich, Ihre geheimen Wünsche zu verwirklichen. Selbst der kleinste Erfolg wird Ihr Selbstvertrauen stärken.

8. Schreiben Sie auf, in welchen Situationen es Ihnen an Selbstbewußtsein gemangelt hat. Entwickeln Sie ein Programm, wie Sie sich das nächste Mal den Schwierigkeiten besser stellen.

9. Bemühen Sie sich um Selbsterkenntnis. Doch verurteilen Sie nicht, was Sie in Ihrem Innern finden. Freuen Sie sich, selbst darauf zu stoßen, und ändern Sie dann Ihr Verhalten entsprechend. Auch ein Kapitän ist froh, wenn er ein Leck an seinem Schiff findet. Er kann dann den Schaden rechtzeitig beheben und vermeidet die Gefahr.

10. Versuchen Sie, meditierend immer tiefer in sich einzudringen. Sie erfahren die Kraft Gottes in sich selbst. Sie finden innere Ruhe und Gelassenheit und vermögen Ihre Mitmenschen aus der Tiefe Ihres Wesens heraus zu überzeugen.

Kapitel 3

Die typischen Verhaltensweisen der Menschen

1. Warum es so wichtig ist, die Eigenarten anderer Menschen zu beachten

Anfang 1958 verbrachte ein sehr bekannter Mann mit seiner Familie und einigen Freunden in Vence (nahe Nizza) an der Côte d'Azur einen sechswöchigen Sommerurlaub. Bei den täglichen Spaziergängen wurde er nicht nur vom Kater des Hotels begleitet, häufig begegnete er auch einem Esel. Beim Anblick des Spaziergängers begann der Esel immer laut zu schreien oder, besser, zu krächzen und zu röhren. Mit großer Stimmfertigkeit ahmte nun der alte Herr die Schreie des Esels in gleicher Lautstärke nach und antwortete so gleichsam in der Eselsprache. Beobachter der Szene hatten an diesem Schauspiel und Duett die allergrößte Freude. Und niemand hätte den ausgelassenen alten Herrn für einen bedeutenden Staatsmann gehalten, wenn sein Gesicht nicht so bekannt gewesen wäre. Auf die Fragen von Spaziergängern, wie es ihm glücke, so gute Beziehungen zu Eseln zu schaffen, antwortete er amüsiert lächelnd: »Wissen Sie, meine Damen und Herren, mir sind in meinem Leben so viele Esel über den Weg gelaufen, daß ich im Laufe der Zeit herausgefunden habe, daß es am besten ist, mich jedem von ihnen in seiner eigenen Sprache zu nähern.«

Vielleicht ahnen Sie schon, wer jener alte Mann war: es war Bundeskanzler Konrad Adenauer, dem es nach dem Zweiten Weltkrieg gelang, dem angeschlagenen Deutschland wieder zu internationalem Ansehen zu verhelfen. Adenauers Bemerkungen sollten nicht als Zeichen der Geringschätzung der Mitmenschen ausgelegt werden. Was ich aber mit der Geschichte zum Ausdruck bringen will, ist dies: Wenn Sie einen Menschen beeinflussen wollen, wenn Sie die Absicht haben, mit ihm gut auszukommen, so müssen Sie den anderen so nehmen, wie er ist. Es hat gar keinen Zweck, von ihm Eigenschaften und Handlungen zu erwarten, die er nicht besitzt bzw. zu denen er nicht fähig ist. Es ist nun einmal so: Sie müssen die menschliche Natur des anderen akzeptieren, wie sie ist, und nicht so, wie Sie sie sich wünschen. Erst wenn Sie den Menschen so nehmen, wie er ist, wird es Ihnen auch gelingen, andere zu ändern, und zwar ohne sich diese zu Feinden zu machen.

Um andere Menschen zu beeinflussen, ist also unbedingt dies wichtig: Sie müssen sich zunächst auf den anderen einstellen, erst dann werden Sie ihn auch zu beeinflussen vermögen. Sie müssen sich deshalb zunächst selbst ändern. Dazu ist es nie zu spät. Es spielt keine Rolle, wie jung oder alt Sie sind. Gewiß kennen Sie Abraham Lincoln, den in der Geschichte der Vereinigten Staaten von Amerika wohl berühmtesten Präsidenten. Nicht nur als junger Mann, sondern auch noch als erfolgreicher Anwalt griff Lincoln seine Gegner persönlich an und verspottete sie. In jungen Jahren ließ er sogar seine Streitschriften auf der Straße oder in Bibliotheken liegen, damit seine Spötteleien von möglichst vielen Menschen gelesen wurden. Lincoln beleidigte viele Menschen, und nur mit viel Glück wurde er nicht das Opfer eines Duells. Aus all seinen Mißerfolgen zog er in einer stillen Stunde den Schluß, sich selbst zu ändern. Er tat es auch – und schrieb von Stunde an keine beleidigenden Briefe mehr. Nur seinem inneren Wandel ist es zu verdanken, daß er später der erste Mann der Vereinigten Staaten und einer der großen Präsidenten wurde.

Wer also Menschen beeinflussen will, muß sich auf ihre Eigenarten einstellen. Wenn Sie das nicht tun, gleichen Sie jemandem, der mit dem Kopf durch die Wand will, sich dabei nur Verletzungen holt und sein Ziel doch nicht erreicht. Dabei wäre es – um im Bild zu bleiben – einfach, um die Mauer herumzulaufen. Ich kann Ihnen das so deutlich beschreiben, weil ich selbst solche traurigen Erfahrungen machte. Wie seinerzeit mir, geht es unzähligen anderen Menschen auch. Das Schlimmste aber ist: Es geht ihnen noch heute und in Zukunft so, und sie werden daher nie das erreichen, was sie wollen.

Nur, wenn Sie sich einem Menschen so nähern, wie es seinen Eigenarten entspricht, werden Sie ihn ändern können. Stellen Sie sich auf den anderen ein, so werden Sie ihn zu überzeugen vermögen. Natürlich hat jeder Mensch ganz besondere Merkmale. Doch in einigen Punkten sind alle Menschen gleich. Und davon soll in den nächsten Abschnitten die Rede sein.

2. Jeder denkt nur an seine Interessen

Wenn jeder die Interessen des anderen achtete und man sich mit seinen Mitmenschen sozusagen auf halbem Wege in der Mitte träfe, wären, um zu überzeugen, Techniken gar nicht nötig. Doch leider trifft das nicht zu. Daher ist es für Sie so wichtig zu lernen, wie man andere Menschen beeinflußt. Schon vor zweitausend Jahren schrieb der römische Kaiser und Philosoph Marc Aurel in sein Tagebuch: »Heute werde ich mich mit Leuten treffen, die zuviel reden, die egoistisch und undankbar sind. Aber das soll mich weder erstaunen noch in schlechte Stimmung bringen, denn eine andere Welt gibt es nicht.«

Bis heute hat sich daran nichts geändert. Wo auch immer Sie es mit Menschen zu haben: Jeder ist nur an seinen ganz persönlichen Anliegen und Wünschen interessiert. Ständig wird Ihnen das vor Augen geführt. Selbst unverbindliche Höflichkeit und Freundlichkeit täuschen über diese Tatsache nicht hinweg. Beispiele können wir uns ersparen, nachdem das Leben Ihnen täglich neue Erfahrungen in dieser Hinsicht bescheren wird.

Nun muß natürlich jeder an seine Wünsche und Interessen denken, denn sonst sind Selbstentfaltung und Selbstverwirklichung nicht möglich. Es ist sogar die Pflicht jedes Menschen, auch an sich zu denken. Und schon in der Bibel steht: »Liebe deinen Nächsten wie dich selbst.« Doch leider denken die meisten Menschen ausschließlich an sich selbst und nicht im geringsten an den anderen.

Wenn Sie andere Menschen für Ihre Interessen gewinnen wollen, müssen Sie von der Tatsache ausgehen: Der andere ist immer mehr an sich als an mir interessiert. Das alte Sprichwort »Das eigene Hemd ist jedermann am nächsten« charakterisiert diesen Tatbestand. Vergessen Sie daher nie: Wollen Sie den anderen überzeugen, muß Ihr Mitmensch immer das Gefühl haben, daß seinem Interesse gedient wird. Von diesem Eigeninteresse des anderen muß ausgegangen werden.

Nun gibt es allerdings Menschen, die aus einer falsch verstandenen Gutmütigkeit heraus glauben, immer nur anderen, aber nicht sich selbst verpflichtet zu sein. Häufig ist eine solche Einstellung bei Menschen zu finden, die kein Selbstwertgefühl besitzen. Sie tun nur das, was andere von ihnen erwarten. Für sich selbst legen sie die Hände in den Schoß. Nur zu oft ermuntern sie andere noch durch ständige Versprechungen, von ihnen noch mehr zu verlangen. Ein solches Verhalten hat mit Nächstenliebe nichts zu tun, denn es erwächst nur aus Schwäche, und Gutmütige dieser Art betrügen sich selbst, wenn sie dem eigenen Fehlverhalten noch den Mantel der Tugend umhängen. Selbstentfaltung ist ohne Selbstbehauptung undenkbar.

Abgesehen also von solchen »Gutmütigen wider ihren Willen« müssen Sie von der Tatsache ausgehen: Jeder Mensch ist nur für das empfänglich, was seine eigenen Angelegenheiten zu fördern scheint. Und natürlich ist er allem abgeneigt, was seinen Interessen schadet.

3. Die Sehnsucht nach Anerkennung und Bedeutung

Neben dem Interesse am eigenen Erfolg, an Gesundheit und Sexualität verspürt jeder Mensch eine tiefe Sehnsucht nach Anerkennung und Bedeutung. Alle Wünsche erfüllen sich leichter als der nach Anerkennung und Geltung. Dabei ist es so leicht, einem Mitmenschen Anerkennung zukommen zu lassen. Um wieviel glücklicher wären zum Beispiel die meisten Ehen, wenn der Mann der Frau (oder umgekehrt) etwas Anerkennung schenkte. Das Verlangen nach Geltung äußert sich in allen Bereichen des menschlichen Lebens. Die Anstrengungen der Menschen im Berufsleben haben nicht nur ihre Wurzel im Interesse an höherem Einkommen, sondern vor allem auch im Geltungsbedürfnis.

Das Verlangen nach Geltung vermag die wunderlichsten Blüten zu treiben. So stritten sich zum Beispiel einmal Adenauer und der Kölner Erzbischof, wer von ihnen als erster den Kölner Dom betreten sollte. Katharina die Große öffnete keine Briefe, die nicht die Aufschrift »An Ihre kaiserliche Majestät« trugen. Der Wunsch, bedeutend zu erscheinen, veranlaßt Menschen, große Autos zu kaufen, weite Reisen zu unternehmen oder sich nach der allerneuesten Mode zu kleiden. Heiratsschwindler beiderlei Geschlechts leben sehr gut davon, den Menschen die Anerkennung zuteil werden zu lassen, nach der sie hungern.

Beispiele für die Sehnsucht der Menschen nach Anerkennung ließen sich unzählige anführen. Eines ist mir verständlicherweise sehr genau in Erinnerung geblieben: Ich war damals noch Student in Berlin und wartete in einem großen Zimmer darauf, zur Psychologieprüfung aufgerufen zu werden. Während ich noch einmal meine Unterlagen durchblätterte, lief der mich später prüfende Professor eilig durch den Vorraum in sein Prüfungszimmer. Da ich in meine Aufzeichnungen vertieft war, gewahrte ich ihn zu spät und konnte ihn weder grüßen noch mich erheben. Durch die geschlossene Tür hörte ich ihn dann schimpfen: »So eine Unerhörtheit. Ist der Prüfling doch tatsächlich so frech, sich in meiner Gegenwart nicht einmal zu erheben.« Es ist wohl überflüssig zu schildern, in welcher Atmosphäre die Prüfung ablief. Vom Durchfallen bei der Prüfung bewahrte mich lediglich der Umstand, daß auf meinem Prüfungsbogen schon zwei sehr gute Noten standen, und der Prüfer daher Hemmungen hatte, seinen Gefühlen restlos freien Lauf zu lassen. Ich war jedenfalls um eine Erfahrung reicher. Und der Vorteil war, daß sie mir mehr Einsicht in die menschliche Natur gab als so manches Bücherwissen.

Glauben Sie aber nur nicht, daß ein solches Verhalten nur bei weltfremden Professoren anzutreffen ist. Die Frau des Präsidenten Lincoln attackierte beispielsweise einmal eine Besucherin sehr heftig mit den Worten: »Was erlauben Sie sich, in meiner Gegenwart Platz zu nehmen, bevor ich Sie dazu auffordere!« Als ich an dem vorliegenden Kapitel dieses Buches schrieb, berichtete die Tagespresse über einen Lottomillionär, der seinen gesamten Gewinn in einhundertfünfzig Tagen verpraßte. Auf die Frage eines Journalisten, was denn für ihn die schönste Erinnerung an diese kurze Zeit sei, antwortete der Düsseldorfer Bauarbeiter: »Ich habe mich wie ein richtiger Mensch gefühlt. Es war immer so schön, wenn die Leute zu meiner Frau ›Gnädige Frau‹ sagten.« Nun, in diesem Fall dürfte es sich gewiß nicht um unverbindliche Schmeicheleien gehandelt haben, denn der Lottomillionär gab grundsätzlich nie Trinkgelder unter fünfzig Mark.

Beschränken wir uns auf diese Beispiele. Sie zeigen uns ganz deutlich: Jeder Mensch verlangt nach Anerkennung und Geltung. Denken Sie stets daran. Geben Sie dem anderen Menschen Anerkennung, so werden Sie ihn zu etwas beeinflussen können, was sonst unter den größten Anstrengungen nicht erreichbar für Sie ist.

4. Menschen sind nicht objektiv und meistens nur von subjektiven Gefühlen beherrscht

Die beiden amerikanischen Forscher Houland und Kelman machten folgenden Versuch: Ein und dieselbe sachliche Mitteilung wurde in einer Versuchsgruppe einmal angekündigt als die Aussage eines Jugendrichters, zum anderen als die Feststellung eines Durchschnittsbürgers und zum drittenmal als die Aussage eines Verwahrlosten. Wie reagierten die Versuchspersonen? Die Aussage des Jugendrichters fanden sie durchaus richtig, die des Verwahrlosten ziemlich gefährlich und die des nicht im Licht der Öffentlichkeit stehenden Menschen höchst uninteressant. Dabei handelt es sich – wohlgemerkt – in allen drei Fällen um ein- und dieselbe Sachaussage.

Worum es sich auch immer handelt, unsere Urteile in bestimmten Angelegenheiten werden immer stark von einem Gefühl der Sympathie oder Antipathie beeinflußt, das wir anderen Menschen entgegenbringen. Solche Gefühle können so stark sein, daß sie jedes klare Denken und jede logische Beurteilung einer Situation unmöglich machen. Wer zum Beispiel seinen Chef einmal richtig beleidigt hat, wird mit an Sicherheit grenzender Wahrscheinlichkeit nie befördert werden, selbst wenn er ein noch so fähiger Angestellter wäre.

Als ich noch in der Industrie arbeitete, brachte ein Arbeitskollege einen Orientteppich von zu Hause in sein Arbeitszimmer mit und legte ihn dort auf. Nun gab es bei dieser deutschen Tochterfirma einer französischen Großunternehmung folgende Regelung: Handlungsbevollmächtigte genossen das Vorrecht, Gardinen an den Fenstern zu haben. Prokuristen und Direktoren wurde ein Orientteppich als Arbeitszimmerausstattung zur Verfügung gestellt. Mein Kollege hatte aber noch keine dieser Funktionen in der Hierarchie der Unternehmung inne. Als sein Vorgesetzter, ein mit Handlungsvollmacht ausgestatteter Abteilungsleiter das Arbeitszimmer meines Kollegen betrat und dort den Teppich sah, zeigte sich große Verärgerung in seinem Gesicht. Schließlich war es ja sein erklärtes Ziel, bald selbst einen Teppich im Arbeitszimmer zu haben, da er von dem Wunsch durchdrungen war, zum Prokuristen befördert zu werden. Den Teppich im Arbeitszimmer seines Untergebenen empfand er nun als direkten Angriff gegen seine Vormachtstellung. Er sagte nun meinem Arbeitskollegen keineswegs den wahren Grund seiner Mißstimmung. Vielmehr versuchte er geschickt, seine Gefühle zu verbergen. Er äußerte lediglich, es sei nicht üblich, einen Teppich von zu Hause mitzubringen. Doch mein Kollege entfernte den Stein des Anstoßes nicht. Der Abteilungsleiter war zwar nicht mächtig genug, den ihm untergeordneten Akademiker aus der Firma zu werfen, obwohl er es nur zu gerne getan hätte. Er rächte sich aber auf die Art, die ihm seine eigenen Möglichkeiten boten. Er gab nämlich meinem Arbeitskollegen eine derart schlechte Beurteilung, daß dieser mehrere Jahre ohne Gehaltserhöhung blieb. Hätte sich mein Bekannter bei der Personalleitung oder bei dem Vorstand des Unternehmens beschwert, hätte er sich nur lächerlich gemacht; man würde ihm höchstens gesagt haben, er solle doch die Direktion gefälligst mit seinen krankhaften Einbildungen verschonen. Dennoch war dies die reine Wahrheit: Nur durch das Mitbringen des Teppichs hatte er das Prestigedenken seines Vorgesetzten verletzt und deshalb waren ihm die zustehenden Gehaltserhöhungen vorenthalten worden.

Noch ein Beispiel: Gehen Sie einmal in schlechter Kleidung und ein anderes Mal in Ihrer besten Garderobe zum Einkaufen. Sie werden spüren, daß der Verkäufer Sie gänzlich verschieden behandelt. So manche Frau hat schon festgestellt, daß sie viel aufmerksamer bedient wird, wenn sie in ihrem Pelzmantel einkaufen geht.

Beschränken wir uns auf diese drei Beispiele. Halten wir fest: Selbst die intelligentesten Menschen sind nur zu oft nicht objektiv; sie lassen sich von subjektiven Gefühlsmomenten oder vom äußeren Anschein leiten. Jeder Mensch wird von seiner Umwelt zunächst nur nach dem äußeren Schein und seinem mehr oder weniger selbstbewußten Auftreten beurteilt. Gefühle spielen für die Beurteilung einer Person oder Sache eine viel größere Rolle, als man für gewöhnlich glaubt. Menschen sind nun einmal nur an sich selbst interessiert und werden von ihren Gefühlen mehr als von ihrem Verstand geleitet.

Diese Feststellung ist für uns selbst nun keineswegs ein Grund, überheblich zu werden, weil wir etwa glauben, besser oder anders zu sein. Eben weil auch wir nur zu schnell und zu leicht durch die eigenen Gefühle beeinflußt werden, müssen wir unsere Emotionen genau prüfen. Nur zu oft beurteilen wir eine Situation aufgrund unserer Gefühle nicht objektiv, oder wir werden durch unsere Gefühle getäuscht. Das ist zum Beispiel der Fall, wenn jemand in Ihnen Angstgefühle auslöst, so daß Sie buchstäblich den Kopf verlieren und etwas tun, was Sie nachher bereuen.

Wenn Sie andere Menschen beeinflussen wollen, dürfen Sie nicht
darauf verzichten, deren Gefühle zu beeinflussen. Sie müssen sich
jedoch andererseits davor hüten, sich durch Ihre eigenen Gefühle zu
Ihrem Nachteil beeinflussen zu lassen. Das bedeutet keineswegs, daß Sie
ein Roboter werden müssen, der keine eigenen Gefühle mehr verspürt.
Erinnern, Denken und schöpferisches Arbeiten sind nun einmal sehr
eng mit Gefühlen verbunden. Und wer auf diese Erlebniswelt verzich-
tet, beraubt sich des größten Motors seiner Entwicklung. Es kann sich
also nicht darum handeln, daß wir uns unserer Gefühle entledigen.
Vielmehr geht es darum, daß wir unsere Gefühle verinnerlichen. Sie
haben sich kritisch mit Ihren eigenen Empfindungen auseinanderzusetzen. So werden Sie sachlicher und objektiver, und niemand vermag Sie
mehr durch einen Appell an Ihre Gefühle zu übervorteilen.

5. Die ansteckende Macht der Begeisterung

Es war an einem Tag, an dem ich ein Seminar über das Thema »Schlüssel
zum Erfolg« abhielt. In diesem Seminar legte ich den Teilnehmern
Techniken dar, mit denen sie die Macht ihres Unterbewußtseins zur
Verwirklichung der eigenen Ziele nutzen lernten. Einer der Teilnehmer
war Akademiker, Mitinhaber einer Wirtschaftsberatung. Bereits bei
meiner Begrüßung drückte sein Gesicht große Skepsis aus. Während ich
das Seminar abhielt, sah ich mir den Mann genauer an. Der Ausdruck
seines Gesichtes war vollkommen teilnahmslos, und er schien keinerlei
Reaktion auf das zu zeigen, was ich darlegte. Immerhin kam er in der
Seminarpause auf mich zu und berichtete mir über seine Situation.
»Wissen Sie«, erklärte er mir, »ich bin zum Seminar gekommen, weil ich
vorhabe, mehr Erfolg zu haben und weil ich dazu die Macht meines
Unterbewußtseins nutzen möchte. Nun ist mir aber klar geworden, daß
selbst die Arbeit mit dem Unterbewußtsein einen Zeitaufwand erfordert. Natürlich bin ich bereit, den Aufwand dafür auf mich zu nehmen.
Aber das ist nicht mein eigentliches Problem. In letzter Zeit macht mir
die Arbeit überhaupt keinen Spaß. Ja, ich meine sogar, ich bin apathisch
geworden. Der Umsatz meines Geschäftes könnte höher liegen. Mir
fehlt es an der Kraft, meine Kunden zu überzeugen, und ich meine, mir
mangelt es auch an Ausstrahlungskraft, die für meinen Beruf so wichtig
ist.«
      Ich fragte den Wirtschaftsberater nach seinen sonstigen Interessen,
und es ergab sich, daß er alles, was ihn früher interessiert hatte, schon

längst vernachlässigt hatte. Nichts vermochte in ihm noch Begeisterung auszulösen. »Mir fällt es sehr schwer«, so sagte er, »auf die Menschen zuzugehen, und ich vermag keine Überzeugungskraft und Begeisterung auszustrahlen. Ich beneide Menschen, die eine solche Überzeugungskraft wie Sie ausstrahlen. Das ist doch eine ganz besondere Gabe.«

Ich antwortete: »Jeder Mensch hat die Fähigkeit, andere Menschen zu begeistern. Er muß dieses Talent nur entfalten.« Zunächst versuchte ich, in ihm wieder Begeisterung für den eigenen Beruf zu wecken. Ich legte ihm dar, welche verantwortungsvolle Aufgabe es doch sei, andere Menschen richtig zu beraten, da sonst sehr schnell ihre wirtschaftliche Existenz ruiniert sei. »Das ist doch auch ein Dienst am Nächsten, der zu einer gewissen inneren Befriedigung führen müßte«, meinte ich. Da erhellte sich sein Gesicht für kurze Zeit, und das zeigte mir, daß ein Funke seiner Begeisterungsfähigkeit auch in ihm noch vorhanden war.

Wir unterhielten uns nach dem Seminar noch etwa zwei Stunden. Ich erklärte dem Wirtschaftsberater: »Wahre und echte Begeisterungsfähigkeit kommt nur von innen. Sie entsteht niemals, wenn man sich selbst unter Druck setzt. Wissen Sie«, fuhr ich fort, »meine eigene Begeisterung ist auch nur Folge der regelmäßigen Anwendung der Techniken*, die ich selbst praktiziere. Und ohne die Begeisterungsfähigkeit, die ich in mir entfalte, wäre ich gar nicht in der Lage, all die vielen Dinge zu tun. Die Arbeit macht mir Spaß und jeden Tag mehr Freude.« Als wir uns verabschiedeten, versprach der Wirtschaftsberater, regelmäßig an sich zu arbeiten.

Zehn Tage nach dem Seminar erhielt ich einen Dankbrief von ihm. Darin teilte er mir mit, meine Begeisterung habe ansteckend gewirkt und er mache die empfohlenen Übungen mit Freude. Als er später mit mir wiederholt Kontakt aufnahm, berichtete er mir stolz von seiner inneren Wandlung, und er war sehr glücklich darüber, wie sich sein Leben zum Besseren gewandelt hatte, daß er sich glücklicher fühlte und daß sich auch seine Geschäfte wieder vorteilhaft entwickelten.

Was will ich mit dieser wahren Begebenheit zum Ausdruck bringen? Nun, nichts anderes als die große Macht der Begeisterung. Sie steckt an und überzeugt mehr als die Macht aller logischen Argumente.

Wollen Sie andere Menschen überzeugen, so versuchen Sie, diese zu begeistern. Der Erfolg wird Ihnen sicher sein. Doch dazu müssen Sie

* Sie sind im ersten Kapitel dieses Buches dargelegt.

zunächst einmal selbst begeistert sein. Wie Sie dorthin gelangen, wurde
schon aufgezeigt. Sie wissen, wie wichtig es ist, sich einer Sache voll zu
öffnen. Nicht immer wird es Ihnen gelingen, einen Menschen sofort zu
überzeugen. Nur wenn Sie von einer Sache wirklich innerlich begeistert
sind, haben Sie die Kraft, und es fällt Ihnen leicht, es immer wieder neu
zu versuchen. Begeisterungsfähigkeit ist eine Anlage, die in jedem
Menschen als Funke vorhanden ist. Es kommt nur darauf an, diesen
Funken zu einer Flamme anzufachen. Es wird Ihnen dann um so
leichterfallen, andere zu überzeugen, und vor allem werden Sie
wesentlich glücklicher leben. Ihre Begeisterung steckt an. Und damit
setzen Sie auf lange Sicht jede Opposition schachmatt.

Ich war einmal innerhalb weniger Tage bei zwei verschiedenen
Vorträgen. Der eine Redner sprach über das sexuelle Verhalten des
Menschen, und man hätte dem Thema nach annehmen können, er würde
die meisten Menschen fesseln; doch weit gefehlt. Ein Zuhörer nach dem
anderen verließ den großen Vortragsraum. Zum Schluß hörten von etwa
zweihundert Menschen nur noch zwanzig dem Vortrag zu. Sie fragen
warum? Jeder Mensch im Saal spürte, daß der Vortragende keine
Beziehung zur Sexualität hatte und sein Wissen offenbar nur aus
Büchern bezog.

Ganz anders dagegen war der Erfolg des anderen Redners, der über
südamerikanische Insekten sprach. Nun, dies ist gewiß kein Thema,
dem jedermann Interesse entgegenbringt. Und im Saal waren dement-
sprechend nur fünfzig Zuhörer anwesend. Doch der Redner war von
seinem Thema fasziniert. Jeder, der ihm zuhörte, erlebte durch seine
Worte die Wunder der Schöpfung Gottes in der Insektenwelt. Nicht ein
einziger Zuhörer verließ den Saal. Als der Vortrag beendet war, ging
jeder mit dem Gefühl nach Hause, ein großartiges Erlebnis gehabt zu
haben. Doch zurück zu Ihnen.

Mit aufrichtiger Begeisterung erwecken Sie Vertrauen. Sie sprechen
die Gefühle der anderen an und überzeugen. Fachen Sie also den in
Ihnen verborgenen Funken Ihrer Begeisterungsfähigkeit an, und es wird
eine große anhaltende Flamme daraus werden. Aber genauso wie ein
Feuer sorgsam bewacht werden muß, damit es nicht außer Kontrolle
gerät, so müssen Sie dies mit Ihrer Begeisterungsfähigkeit tun. Sie dürfen
nicht Ihr klares Denken über Bord werfen. Denn mit unkontrollierter
Begeisterung erwecken Sie Mißtrauen und stoßen andere Menschen ab.
Man hält Sie dann für aufdringlich und für einen Schwarmgeist. So

überzeugen Sie nicht! Erst wenn Ihre Begeisterung Hand in Hand mit Ihrer Vernunft geht, nutzen Sie jene verborgene Kraft, die notwendig ist, andere Schritt für Schritt zu überzeugen. Begeisterungsfähigkeit hebt Sie überdies aus Ihrer Gleichgültigkeit dem Leben gegenüber empor.

Bemühen also auch Sie sich, die Flamme der Begeisterung in sich zu erwecken, und es wird Ihnen leichtfallen, andere Menschen mitzureißen. Obendrein wird Ihr Leben interessanter, und Sie ersticken nicht in der eigenen Langeweile und in selbstzerstörerischer Apathie. Nur mit einer echten, aus der Tiefe Ihres Wesens kommenden Begeisterung werden Sie dauerhaft zu überzeugen vermögen. Wer mit vorgetäuschter und geheuchelter Begeisterung überzeugen will, wird sehr bald durchschaut, und die Menschen werden sich von ihm abwenden. Nutzen Sie jedoch den Funken Ihrer echten Begeisterungsfähigkeit, so entfalten Sie eine unwiderstehliche Überzeugungskraft. Nur wenn Sie auch wirklich von einer Sache überzeugt sind, ganz aufrichtig und im tiefsten Herzen, werden Sie auch andere überzeugen. Vor einigen Tagen wurde im Fernsehen ein bekannter Verleger danach gefragt, was für den Erfolg eines Buches ausschlaggebend sei. »Zunächst muß der Autor davon überzeugt sein«, war seine Antwort.

Wissen Sie, warum manche Sektengründer so viele Anhänger finden? Einzig allein, weil sie von sich überzeugt sind. Dabei helfen sie den Menschen nicht; sie führen sie nur in den Zustand der Unterwerfung, zur gänzlichen Persönlichkeitsaufgabe und in ständige Abhängigkeit. Wenn Sie jedoch etwas anzubieten haben, das der Menschheit nützt – sei es ein Verkaufsprodukt oder was auch immer – zu welcher Begeisterung müßten Sie erst fähig sein, nachdem doch, was Sie anbieten, tatsächlich gebraucht wird und den Menschen hilft. Ihre Überzeugungskraft müßte ungebrochen und unwiderstehlich sein!

Begeisterungsfähigkeit ist also Ihre größte Macht und das beste Instrument, andere Menschen für sich zu gewinnen. Je intensiver Sie von Ihren Zielsetzungen durchdrungen sind, desto mehr werden Sie andere mitzureißen vermögen. Bewahren Sie sich Ihre Begeisterungsfähigkeit! So erstarren Sie nicht in festgefahrenen Schablonen. Haben Sie etwas, von dem Sie überzeugt sind, so werden Sie auch andere davon überzeugen. Sie brauchen dann nur etwas Geduld. Ihre Selbstsicherheit wird auf Ihre Umgebung Eindruck machen; der Erfolg ist dann in absehbare Nähe gerückt.

6. Auf die Wünsche des anderen einzugehen, bedeutet nicht, sich ausnutzen zu lassen

Nach dem Erscheinen meines Buches *Die geheime Kraft Ihrer Wünsche* schrieb mir der damals fünfundfünfzigjährige Leser Karel L.: »Hätte ich mich nur schon früher nach der in Ihrem Buch dargelegten Forderung, sich nicht ausnutzen zu lassen, gerichtet, so wäre mir im Leben viel erspart worden.«

Was veranlaßte wohl den begabten und sympathischen Diplomkaufmann zu einer solchen Äußerung? Hier seine Lebensgeschichte, soweit sie für diesen Abschnitt von Bedeutung ist.

Nach seiner Flucht aus der Tschechoslowakei wanderte er mit seiner Familie nach Bogotá, der Hauptstadt von Kolumbien, aus. Dort wurde er leitender Angestellter eines Unternehmens. Der Inhaber sicherte dem fähigen Verkaufsleiter eine fünfprozentige Gewinnbeteiligung ab einem bestimmten Mindestumsatz zu. Der Firmeninhaber arbeitete mit ihm lange Zeit sogar in einem gemeinsamen Zimmer, und sie spielten in ihrer Freizeit Tennis miteinander; es gab also Zeit und Möglichkeiten genug für den Vorgesetzten, sich über seinen Mitarbeiter ein sehr genaues Bild zu machen. Da Herr L. ein sehr zielstrebiger und gewandter Verkäufer war, gelang es ihm, Entscheidendes für die weitere positive Entwicklung des Unternehmens zu leisten. Wenn Sie jedoch glauben, der leitende Angestellte hätte aufgrund seines Provisionsvertrages von seinen außergewöhnlichen Leistungen profitieren können, so irren Sie. Der Firmeninhaber versuchte zunächst in einer mündlichen Unterredung, seinem Angestellten klarzumachen, daß der Provisionssatz herabgesetzt werden müsse. Offensichtlich versuchte der Chef, sich aus reinem Egoismus vor der Zahlung der vertraglich zugesicherten Provision zu drücken. L. lehnte die Vertragsänderung ab, und so blieb rechtlich alles beim alten. Doch L. erhielt in den Folgejahren keinen Pfennig der ihm zustehenden Provision. Wie er mir später erklärte, machte der Firmenchef nur mit ihm diesen Versuch. Alle anderen Mitarbeiter erhielten ihre Beteiligung ausgezahlt. Offenbar hatte der Firmeninhaber den Charakter seines Verkaufsleiters gut genug kennengelernt, um genau zu wissen, wie weit er ihm gegenüber gehen konnte. Leider entschloß sich Herr L. viel zu spät, die Firma zu verlassen. Als er es tat, beliefen sich seine Ansprüche auf mehr als einhundertfünfzigtausend Dollar. Diesen Betrag klagte er beim Schiedsgericht ein. Ein bekannter Anwalt aus

Washington war ihm dabei behilflich. Doch nun passierte ein Mißge-schick. Herr L. konnte den Anstellungsvertrag nicht mehr finden. Er bat den Firmeninhaber um eine Kopie des Vertrages; doch dieser behaupte-te, eine Zweitschrift würde nicht mehr existieren. Immerhin ließ er Herrn L. wissen, er stimme dem Verfahren vor dem Schiedsgericht zu. Der Anwalt erläuterte jedoch dem enttäuschten Herrn L., das Verfahren habe ohne den Vertrag keine Aussicht auf Erfolg. So mußte Herr L. schweren Herzens aufgeben, um sein Recht zu kämpfen.

Jahre später fand er den Anstellungsvertrag wieder. Nun war aber seine Forderung gegen die Firma nach kolumbianischem Recht schon verjährt, und sein Anwalt ließ ihn wissen, daß es zwecklos sei, die Forderung gerichtlich durchsetzen zu wollen.

Soweit die Lebensgeschichte des fleißigen Diplomkaufmanns. Stellen wir einmal die Frage nach den Gründen, warum sich dieser Mann so lange ausnutzen ließ und so spät die Konsequenzen zog. Obwohl er ein ausgezeichneter Kaufmann war und gewiß keinem Menschen etwas Böses tun konnte, war er doch von ungesunder Schüchternheit: ein gehemmter Mann, der glaubte, anderen immer mehr als sich selbst verpflichtet zu sein. Der Firmeninhaber erkannte diese Schwäche und versuchte, sie geschickt für sich auszunutzen, was ihm auch eine Zeitlang gelang. Er hatte dabei ein leichtes Spiel, denn die Wurzeln der Verhaltensstörung des unglücklichen Verkaufsleiters lagen tief; sie hatten ihre Ursachen in Kindheits- und Jugenderlebnissen, und so war er durch seinen Chef leicht zu beeinflussen.

Was möchte ich mit diesem Tatsachenbericht zum Ausdruck bringen? Wer sich vor etwas oder jemandem fürchtet, ganz gleich worum es sich handelt, wird sich in seiner Furcht nicht nur selbst quälen, sondern aus einer solchen Grundeinstellung heraus auch immer das tun, was für ihn persönlich von Nachteil ist. Angst und Hemmungen machen das Leben unerträglich und die Chance, Erfolg zu haben, zunichte.

Es wird nun immer Menschen geben, die versuchen werden, Ihnen Ihr Recht zu nehmen. Sie können solchen Leuten überall begegnen, und das Zusammentreffen mit ihnen ist kaum vermeidbar. In Kapitel 8 werden Sie detaillierte Techniken kennenlernen, sich solchen Menschen gegen-über zu behaupten. Aber all diese Techniken werden Ihnen kaum helfen, wenn Sie sich nicht auch darum bemühen, ein selbstbewußter Mensch zu werden, der nicht ständig von Angstgefühlen zerrissen wird.

Schon einmal habe ich das Bibelwort »Liebe deinen Nächsten wie dich selbst« erwähnt. Dieser Satz beinhaltet zweierlei: Erstens fordert er Sie auf, Ihre Mitmenschen zu lieben, aber »wie dich selbst« besagt zweitens, daß Sie auch sich selbst lieben und achten sollen. Beides ist wichtig, und beides sollten Sie nie vergessen. Es kann nicht oft genug darauf hingewiesen werden. Sie haben nicht nur das Recht, sondern sogar die Pflicht, Ihre gottgegebenen Möglichkeiten zu entfalten. Und wenn Sie sich Ihr ganzes Leben lang »bescheiden« geben oder – präziser gesagt – erniedrigen, werden Sie nie die Kraft finden, andere für sich einzunehmen.

Vergessen Sie nie: Was Ihnen auch immer Schlechtes widerfahren kann, es ist stets nur die Folge dessen, was von Ihnen lange zuvor erwartet wurde – in Form von Gedanken und Gefühlen der Angst und des Zweifels. Die in Ihnen vorherrschende Gefühlsstimmung hat mehr Einfluß auf Ihr Leben, als Sie annehmen.

7. Versuchen Sie, für Ihre Mitmenschen interessant zu bleiben, und reden Sie nicht über sich und Ihre Pläne

Den Herrn, von dem hier die Rede sein wird, kenne ich nun schon einige Jahre. Er besucht mich regelmäßig in größeren Zeitabständen, und jedesmal freue ich mich darüber, welch positive Entwicklung sein beruflicher Werdegang genommen hat. Gab es doch Zeiten, da er sich wegen seiner Arbeitsstelle ernsthaft Sorgen machen mußte. Davon soll die folgende Geschichte handeln.

Mein Bekannter hatte damals die Stellung eines Gruppenleiters in einer mittelgroßen Firma angetreten. Ihm unterstellt waren zwei Leute, deren unmißverständliche Absicht es war, den Neuen »auflaufen« zu lasssen. Ermuntert wurden sie durch das Verhalten des Abteilungsleiters und des Direktors, die die Gruppenleiter oft zu übergehen pflegten. Der Grund des Verhaltens des Abteilungsleiters und des Direktors war offenkundig: Sie wollten sich selbst nach dem Prinzip »Teile und herrsche« vor unliebsamen Konkurrenten schützen. Mit einem solchen Verhalten versuchten sie, eigene Führungsschwächen zu überdecken. Verständlich, wenn sich unter solchen Umständen ein Neuer in einer schwachen Position befand.

Instinktiv erkannte mein Bekannter seine schwache Situation und versuchte, ein gutes Verhältnis zu seinen Untergebenen herzustellen, indem er ihnen möglichst viel über sich erzählte, um sie so (seiner Ansicht nach) positiv für sich zu beeinflussen. Aber das Gegenteil war der Fall. Seine Untergebenen erhielten so ständig Material geliefert, das sie im Gespräch untereinander zum Nachteil ihres neuen Vorgesetzten auslegten. Nach einiger Zeit wurde sich mein Bekannter seiner Fehler bewußt. Er war nun von Bitterkeit gegen sich und die anderen erfüllt. Er schlief schlecht, und er machte seinem Ärger mehrmals Luft, wenn er mit dem Abteilungsleiter sprach. Ich riet ihm damals, sein Verhalten zu ändern und die Arbeitsstelle zu wechseln. Doch er vermochte seine Lage nicht objektiv zu sehen. Anstatt mit Überlegenheit die Situation zu meistern, ging seine eigene Bitterkeit mit ihm durch, und so manövrierte er sich selbst immer mehr in eine ausweglose Lage, einfach deshalb, weil er den Sticheleien seiner Untergebenen nicht gewachsen war. Schließlich mußte er doch die Firma verlassen.

In einem späteren Gespräch erkannte er seine Fehler klar und bemühte sich, mit dem in Kapitel 2 und 4 dargelegten Programm sein Verhalten gegenüber der Umwelt zu verbessern, echtes Selbstvertrauen aufzubauen und zu innerer Sicherheit zu gelangen. Es gelang ihm immer besser, die Techniken der Menschenführung anzuwenden. Der Erfolg ließ zwar einige Zeit, doch nicht allzu lange auf sich warten. Mein Bekannter ist heute Abteilungsleiter in einem mittelgroßen Unternehmen und tätigt für seine Firma wichtige Überseegeschäfte.

Wenn Sie mit Ihren Mitmenschen gut auskommen wollen, dürfen Sie kein aufgeschlagenes Buch sein. Schon der Volksmund sagt: »Reden ist Silber, Schweigen ist Gold.« Man wird immer versuchen, alles über Sie in Erfahrung zu bringen. Die Menschen sind nun einmal neugierig. Doch nur zu oft gewinnen dann die negativen Eigenschaften die Oberhand. Berichten Sie zum Beispiel über Ihre eigenen Erfolge und Fortschritte, so geben Sie dem Neid und der Mißgunst Nahrung. Es gibt nur wenige Menschen, die anderen einen Erfolg von ganzem Herzen gönnen. Nur zu oft werden die Tatsachen einfach verdreht, und man versucht, Ihre Erfolge für Sie nachteilig auszulegen. Hüten Sie sich also vor der eigenen Geschwätzigkeit, nur so bleiben Sie für andere Menschen interessant.

Als die intelligente, als Buchautorin bekannte, menschenfreundliche Frau des ehemaligen deutschen Bundeskanzlers, Loki Schmidt, einmal von einem Reporter gefragt wurde, wieviel Haushaltsgeld ihr zur Verfügung stehe, sagte sie nur, ohne den Betrag zu nennen:

»Das Haushaltsgeld ist ausreichend.« – »Es gibt keine indiskreten Fragen, sondern nur indiskrete Antworten«, so drückt es ein BBC-Reporter einmal aus.

Überlegen Sie sehr genau, bevor Sie zu Dritten über Ihre tiefsten Gefühle und innersten Ansichten sprechen. Hüten Sie sich davor, zuviel über sich zu erzählen. Als der berühmte Rabbi Mendel von Worki einmal von einem anderen Rabbi gefragt wurde: »Wo hast du die Kunst des Schweigens erlernt?«, da war er beinahe versucht zu antworten; dann aber bedachte er sich und übte seine Kunst . . .

Die Menschen scheinen Ihnen vielleicht im Moment Verständnis entgegenzubringen. Doch selbst wenn sie es im Augenblick ehrlich meinen, so ändert sich in vielen Fällen ihre Meinung über Nacht. Sie werden dann in einem ganz anderen Licht dastehen. Und Sie kommen sich auf einmal wie leer vor, weil Sie sich dem anderen voreilig überantwortet haben. Wenn Sie diesen Fehler öfter begehen, ist es kein Wunder, wenn Ihr Selbstwertgefühl leidet.

Natürlich ist ein solches Verhalten einem wirklich »menschlichen« Menschen unbekannt. Auch Sie sollten das Glück haben, sich gelegentlich mit einem Menschen offen und ehrlich aussprechen zu können. Wenn alle Menschen zu wahrem Menschentum vorgedrungen wären, brauchte sich niemand nach der Schwäche seiner Mitmenschen zu richten. Doch leider ist die Wirklichkeit nicht so. Sie wissen es selbst: Die meisten Mitmenschen urteilen nur nach dem äußeren Schein, sie sind nicht objektiv, negatives Denken herrscht vor, und jeder denkt nur an sich selbst.

Sind Sie zu mitteilsam, stehen Sie in den Augen der anderen nur als Schwätzer da. Man bringt Ihnen kein Vertrauen, keine Zuneigung entgegen. Weiß man zuviel über Sie, sind Sie für die anderen uninteressant geworden. Doch nicht nur das: so manche Erfolge wurden nur deshalb verhindert, weil ohne Notwendigkeit voreilig über Pläne und Absichten geredet worden war.

Denken Sie also an das Verhalten des Durchschnittsmenschen und richten Sie sich nach seinem Verhalten. Seien Sie für andere kein aufgeschlagenes Buch. Überlassen Sie es der Umwelt, an Ihnen neue Seiten zu entdecken. Informieren Sie Ihre Mitmenschen nicht von Ihren Plänen, wenn dazu keine Notwendigkeit besteht. Lassen Sie den Mitmenschen Anerkennung zuteil werden, anstatt selbst nach Anerkennung zu suchen. So werden Sie Achtung, Vertrauen und Zuneigung

gewinnen. Lassen Sie Ihre Mitmenschen sprechen, so werden Sie ihnen
sympathisch. So machen Sie sich andere zu Freunden und vermögen sie
leichter zu überzeugen und für sich zu gewinnen.

8. Wer die Eigenarten der Mitmenschen hinnimmt, hält sich von Bitterkeit frei

Es gibt noch einen schwerwiegenden Fehler, dem viele Menschen
erliegen. Zuerst achten sie nicht auf das Normalverhalten der Menschen.
Sie erwarten, daß ihre Mitmenschen ohne Eigeninteresse und nur an
ihren Wünschen interessiert seien. Sie erhoffen eine Objektivität, zu der
sie selbst in den meisten Fällen auch nicht fähig wären. Und wenn sie
feststellen müssen, daß sie wieder einmal ausgenutzt oder übervorteilt
worden sind, reagieren sie mit Ärger und Enttäuschung. Welche Fehler
im Umgang mit Mitmenschen jemand auch begeht, sehr bald entwickelt
er ein folgenschweres Fehlverhalten: er ist verbittert und wird ein
Menschenfeind. Und aus einer solchen Einstellung heraus begeht er bald
weitere, noch größere Fehler.

Ich entsinne mich noch sehr gut, während meiner Schulzeit von
Bitterkeit gegen zwei Lehrer erfüllt gewesen zu sein, da ich mich in ihren
Noten ungerecht beurteilt fühlte. Bei jedem der beiden versuchte ich
nun das Unmögliche: Ich las zusätzlich zum Unterrichtsstoff weitere
Details in der Spezialliteratur durch. Im Unterricht fragte ich die Lehrer
einige komplizierte Einzelheiten. Als sie mir die Fragen nicht beantworten konnten, ging ich zur Tafel und spielte mich vor der Klasse mit
meinen Erklärungen auf. Nun, meine Noten wurden trotzdem nicht
besser. Aber das Lehrer-Schüler-Verhältnis hatte sich noch weiter
verschlechtert. Und die Moral dieser Geschichte? Wer die Menschen
überzeugen will, muß ihre Eigenarten kennen und auf sie eingehen. Und
da kein Mensch vollkommen ist, sind sehr oft die Angriffe der anderen
nur die Antwort auf das eigene Fehlverhalten. Wer sich ständig darüber
beklagt, ausgenutzt oder übervorteilt worden zu sein, muß die Schuld
bei seiner eigenen Nachgiebigkeit, Leichtgläubigkeit und Schwäche
suchen.

Oft verhalten sich allerdings auch jene Menschen, die angeblich zu
wahrem Menschentum vorgedrungen sind, genauso wie jene Durchschnittsmenschen, über denen sie zu stehen glauben. Versuchen Sie
daher, nicht Gleiches mit Gleichem zu vergelten, und verurteilen Sie

Ihre Mitmenschen nicht. So befreien Sie sich selbst von jeder Feindseligkeit. Denn mit der Bitterkeit gegen andere quälen Sie sich nur selbst. Sie schließen sich ab und igeln sich ein. Mit einer solchen Einstellung aber werden Sie niemanden überzeugen, weil Sie die Mauer Ihrer eigenen Bitterkeit nicht überwinden können. Denken Sie an das Schicksal so mancher genialer Persönlichkeiten, die nur deshalb scheiterten, weil sie mit ihrer Umwelt nicht zurechtkamen.

Halten wir fest: Denken Sie nicht schlecht über einen Mitmenschen, auch wenn er Sie enttäuscht hat. Stellen Sie vielmehr Ihr Verhalten auf die Eigenarten des anderen ein, ohne ihn deshalb zu geringzuschätzen. So schützen Sie sich selbst und werden mit Ihrem Gegenüber auch besser auskommen. Und natürlich werden Sie so auch leichter die Bereitwilligkeit des anderen wecken, mit Ihnen zusammmenzuarbeiten.

ZUSAMMENFASSUNG

1. Stellen Sie sich auf die ganz besonderen Eigenarten jedes Menschen ein, mit dem Sie zu tun haben. Nur wenn Sie sein individuelles Verhalten berücksichtigen, überzeugen Sie ihn von sich.

2. Nahezu alle Menschen sind mehr an sich selbst als am Nächsten interessiert.

3. Trennen Sie sich von falschverstandener Gutmütigkeit. Sie haben das Recht und die Pflicht, Ihre eigenen Interessen zu wahren. Hüten Sie sich also davor, sich ausnutzen zu lassen.

4. Immer dem Willen der anderen zu folgen ist nicht Ausdruck von Nächstenliebe, sondern eine Schwäche, die ihre Ursache in mangelndem Selbstwertgefühl hat.

5. Selbstentfaltung ohne Selbstbehauptung ist undenkbar. Beschönigen Sie die Schwäche des ständigen Nachgebens nicht damit, daß Sie meinen, ein friedfertiger, guter Mensch zu sein.

6. Jeder Mensch hat das Verlangen, Anerkennung zu finden und als bedeutend zu gelten. Besser ist freilich, bedeutend zu sein.

7. Menschen sind in den meisten Fällen nicht objektiv und vielmehr von ihren Gefühlen und vom äußeren Schein geleitet. Selbst intelligente Menschen zeigen ein solches Verhalten.

8. Viele Menschen bringen Ihnen gegenüber nicht ihre wahre Einstellung zum Ausdruck. Höflichkeitsphrasen und bewußte Verstellung verbergen nur zu oft die wahren Gefühle anderer Menschen.

9. Da die Umwelt weitgehend nach dem äußeren Schein urteilt, ist selbstbewußtes Auftreten so wichtig.

10. Üben Sie sich regelmäßig in der Technik der Selbstbejahung. Identifizieren Sie sich mit Ihren Zielen. So vermögen Sie Begeisterungsfähigkeit auszustrahlen.

11. Aufrichtige, von Herzen kommende Begeisterung schafft Vertrauen.

12. Überschäumende Begeisterung stößt ab und erweckt Mißtrauen. Halten Sie daher Ihre Begeisterung unter Kontrolle, damit Sie nicht für einen Schwarmgeist gehalten werden.

13. Gehen Sie, wenn möglich, auf die Wünsche Ihrer Partner ein, doch lassen Sie sich nicht ausnutzen.

14. Unsicherheit, Angst und Zweifel lösen Angriffe der Umwelt aus.
15. Erzählen Sie nie zuviel über sich selbst. Lassen Sie die anderen reden. Sie bleiben interessant, wenn man über Sie nicht alles weiß. Befriedigen Sie daher nicht die Neugier Dritter, und reden Sie auch nicht aus Wichtigtuerei.
16. Vergessen Sie nie: Sie dürfen sich nicht jedem beliebigen Menschen wie einem bewährten Freund anvertrauen. Große Pläne behalten Sie am besten für sich.
17. Finden Sie sich mit den Schwächen Ihrer Mitmenschen ab, ohne über sie schlecht zu denken. Hüten Sie sich vor allem vor Bitterkeit und Feindseligkeit.

Kapitel 4

So eignen Sie sich ein sicheres Auftreten an

1. Warum ein sicheres Auftreten so wichtig ist und worin es besteht

Im vorangegangenen Kapitel haben Sie erfahren, warum Selbstbewußtsein, um andere Menschen zu überzeugen, sich zu behaupten und sich durchzusetzen, so wichtig ist. Sie wissen nun auch, daß die meisten Menschen oberflächlich nur nach dem äußeren Schein urteilen. Daher muß die Frage lauten: Wie zeigen wir unseren Mitmenschen mit äußeren Signalen unser Selbstbewußtsein? Diese werden sich ja gewiß nicht die Mühe machen, bis in die Tiefe unserer Seele hineinzuschauen. Wenn man Ihnen Ihr Selbstbewußtsein nicht ansieht, können Sie nicht erwarten, daß man Sie so behandelt, daß Sie immer selbstsicherer werden können. Zeigen Sie Unsicherheiten im Auftreten, hält man Sie auch für unsicher. Und daraus erwachsen Ihnen Schwierigkeiten im Umgang mit anderen.

Da es den meisten Menschen an Selbstbewußtsein mangelt, liegt es nahe, sich erst einmal vor Augen zu führen, welches die gängigen Verhaltensweisen sind, mit denen viele von uns ihre Schwäche und Unsicherheit zu verschleiern suchen.

1. Die Grundeinstellung für die erste mögliche Verhaltensweise ist diese: Ich bin schwach, die anderen dagegen sind stark. Also passe ich mich den anderen restlos an, um so wenigstens einen Teil der angeblichen Stärke der anderen für mich zu gewinnen.

Viele Menschen praktizieren ein solches Verhalten, dessen Wurzeln bis in die Kindheit reichen. Das Kind erhält in vielen Fällen nur dann alle Liebe und Fürsorge, wenn es tut, was sich die Erwachsenen wünschen.

Ist es dann selbst groß, versucht es sich den Mitmenschen ebenfalls
»brav« zu nähern, um damit wieder Anerkennung und Zustimmung
seitens anderer zu erlangen. Hierbei zeigt der Mensch 1. Verlangen nach
Anerkennung; 2. Eifer; 3. Nachgiebigkeit; 4. Besorgnis, es allen recht zu
machen; 5. Angst vor jeder neuen Situation und anderen Menschen;
6. denkt er schließlich noch nach Tagen darüber nach, ob er sich auch
richtig verhalten habe. Brechen wir hier die Kette der Verhaltenscharak-
terisierung ab. Das Verhältnis zwischen einem solchen Menschen und
seiner Umwelt ist in Abbildung 1 dargestellt.

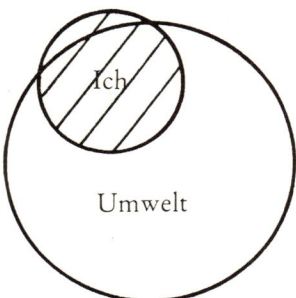

*Abb. 1: Gewinnung eines falschen Selbstvertrauens durch fast restlose Anpassung und
Unterordnung unter die Gesellschaft.*

Dieses Verhalten hat im Tierreich viele Parallelen. Wenn zum Beispiel
zwei Hunde raufen und sich einer dem anderen unterlegen fühlt, wirft er
sich auf den Rücken, um durch diese Unterwürfigkeitsgeste den anderen
als Überlegenen anzuerkennen und so in Ruhe gelassen zu werden. Im
Tierreich hat ein solches Verhalten durchaus seinen Sinn, und es wird
damit auch meistens der Zweck erreicht, nämlich blutige Auseinandersetzungen zu verhindern. Anders sieht es bei zwischenmenschlichen
Beziehungen aus. So können Sie schon in der Schule feststellen: Läßt
sich ein Kind nur von einem einzigen Mitschüler verhauen, wird es bald
auch von den anderen verprügelt. Natürlich wird unter Erwachsenen
nicht mehr gerauft. Dennoch ähnelt die kindliche Verhaltensweise der
des Erwachsenen. Wer sich schwach zeigt, wird immer angegriffen.
Rivalitätskämpfe, Intrigen, Neid und Existenzauseinandersetzungen
können aber wesentlich unangenehmer sein als kindliche Raufereien.
    Ich kenne einen jungen Mann, der in einem großen Unternehmen
arbeitete und alle Fähigkeiten besaß, Abteilungsleiter zu werden. Als er

seinen Wunsch verwirklicht hatte, versuchte er alle Menschen in »Liebe« zu überzeugen (es war Nachgiebigkeit) und jedermanns Freund zu sein. Immer hörte er auf andere, nur selten setzte er seinen eigenen Standpunkt durch. Da es aber ein Mensch, der andere führen soll, nicht nur mit Engeln zu tun hat, brachen bald die negativen Eigenschaften der anderen durch. »Er ist keine Führungspersönlichkeit«, sagte man über ihn. Sein Entgegenkommen wurde als Schwäche empfunden, und die Unannehmlichkeiten, die er anderen ersparen wollte, trafen ihn selbst. Schließlich verlor er seine Position – und keiner seiner Untergebenen hätte ein Wort für ihn eingelegt.

Die Wirklichkeit ist nun einmal hart! Viele Menschen mußten ähnliche Erfahrungen machen. Franz Josef Strauß sagte angesichts einer solchen Situation einmal: »Wer jedermanns Freund sein will, ist zum Schluß jedermanns Depp.«

Natürlich erfordert das Leben ein gewisses Maß an Anpassung. Wer sich jedoch restlos anzupassen versucht, ähnelt einem Tier, das den Schutz der Herde sucht. Ein solcher Mensch wird weder Selbstbewußtsein erlangen noch sich selbst verwirklichen können. Auf die Dauer wird er seine Mitmenschen provozieren, anstatt mit ihnen in der gewünschten Harmonie leben zu können.

Wer mit seinen Mitmenschen gut auskommen will, muß einerseits auf ihre Schwächen Rücksicht nehmen und darf sie andererseits nicht verurteilen. Darauf wurde bereits hingewiesen. Warum wollen Sie unbedingt durch das eigene Fehlverhalten das Abgründige in Ihrem Mitmenschen wachrufen. Sie haben es in der Hand, durch richtiges Verhalten an ihre guten Seiten zu appellieren. Eben weil Sie Ihren Nächsten lieben, müssen Sie ihm das richtige Verhalten entgegenbringen, damit die gegenseitige Harmonie nicht gestört wird. Indem Sie Ihr Herz auf der Zunge tragen und jeder Gefühlswallung freien Lauf lassen, werden Sie das nicht erreichen.

Wörtlich erklärte mir einmal ein fünfunddreißigjähriger Mann: »Ich kenne meine Schwäche: Ich mache meinen Mitmenschen immer zu viele Versprechungen und nehme auch auf ihre Gefühle Rücksicht. Doch damit überfordere ich mich selbst und auch die anderen. Bald behandeln sie mich nämlich so, daß ich zornig auf sie werde. Da ich meine Verärgerung nicht zurückhalten kann, ergeben sich sehr bald störende Disharmonien. Mir ist selbst klargeworden: Würde ich mich weniger von Gefühlsregungen leiten lassen, wären meine Beziehungen zu den Mitmenschen wesentlich harmonischer.«

2. *Eine weitere Grundeinstellung, mit der Menschen sicheres Auftreten demonstrieren wollen, ist die: Ich allein bin sehr viel wert. Und du taugst überhaupt nichts. Natürlich lassen solche Menschen diese Grundeinstellung ständig spüren.*

Dieses Verhalten ist in Abbildung 2 dargestellt. Zwischen dem Ich und der Gemeinschaft besteht eine trennende Schranke. Solche Menschen erkennt man an ihrer Rücksichtslosigkeit und ihrem Egoismus. Trotzdem mangelt es ihnen daran, nie »zu sich selbst« gekommen zu sein. Menschen mit einer solchen Grundeinstellung sind im allgemeinen weniger häufig anzutreffen als die unter Punkt 1 geschilderten Anpassungswilligen.

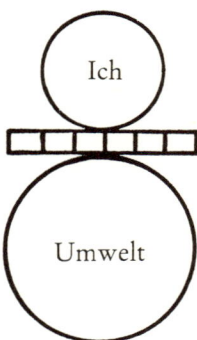

Abb. 2: Vorgetäuschtes Selbstbewußtsein und scheinbar sicheres Auftreten aufgrund einer egoistischen und rücksichtslosen Einstellung des einzelnen gegenüber seiner Umwelt.

Dieser Menschentypus scheint der Gruppe der Anpassungswilligen überlegen zu sein, und gelegentlich lassen sich mit einer solchen Einstellung kurzfristig auch gewisse Erfolge erzielen. Doch auf die Dauer kann man so niemanden überzeugen. Ganz im Gegenteil: Menschen mit einer derartigen Ichbezogenheit stoßen letzten Endes immer auf Ablehnung. Sie schaffen sich Feinde und werden andere nicht für sich zu gewinnen vermögen. Das gilt für den Beruf, für die Ehe, für jeden Lebensbereich!

3. *Die richtige Verhaltensweise erfließt der folgenden Grundeinstellung: Ich bin mir meines Wertes bewußt, schätze aber auch meine Mitmenschen und habe Verständnis für sie.*

In Abbildung 3 ist diese Einstellung bildlich zum Ausdruck gebracht. Es liegt auf der Hand: Mit einem solchen Verhalten werden Sie Ihre Mitmenschen leicht zu überzeugen vermögen. Sie werden weder als Narr eingestuft, mit dem man alles machen kann, noch als Egoist, der nur auf Ablehnung und Schwierigkeiten stößt. Diese Verhaltensweise ist also für Sie die beste. Sie bleiben für den anderen geöffnet, ohne sich aufzugeben; dies ist die »Botschaft«, die Sie Ihren Mitmenschen signalisieren.

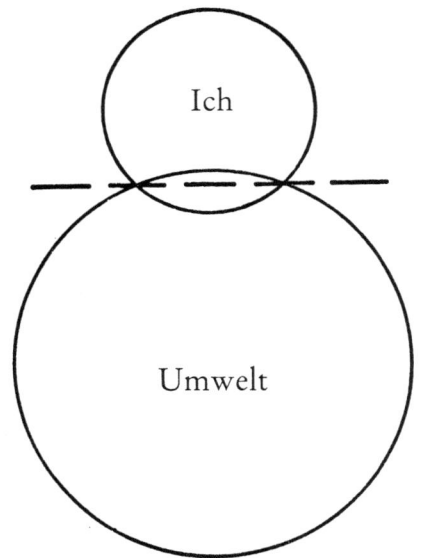

Sie bleiben für den anderen geöffnet, ohne sich aufzugeben; dies ist die »Botschaft«, die Sie Ihren Mitmenschen signalisieren.

Abb. 3: Sicheres Auftreten durch Selbstbehauptung und Verständnis für den anderen.

Sicheres Auftreten muß also Folgendes zum Ausdruck bringen:
1. Sie sind sich Ihres Wertes bewußt. Sie verstehen zwar, in der Gemeinschaft zu leben; doch Sie entwickeln kein Herdenbewußtsein.
2. Sie strahlen wohlwollende Bestimmtheit aus. Damit halten Sie die menschlichen Schwächen der anderen in Schach. Sie signalisieren den Menschen Ihrer Umgebung Wohlwollen und nicht Verachtung.
3. Die Bestimmtheit Ihres Wohlwollens, das Sie ausstrahlen, zeigt dem Mitmenschen: Sie sind nicht grenzenlos gutmütig, Sie vertreten Ihre Interessen und lassen sich Ihr Recht nicht nehmen.
4. Sie erwecken bei Ihren Partner das Gefühl, daß Sie ihnen Verständnis entgegenbringen.

5. Sie schaffen eine wohlwollende Distanz zum anderen. Ein voreilig angebotenes »Du« kann mehr Ärger als Freude schaffen. Bleiben Sie in der Anrede beim distanzierten Sie, werden die Schwächen der Mitmenschen nicht so schnell provoziert.

6. Sie drängen sich Ihrer Umwelt nicht auf. So signalisieren Sie nicht nur das Bewußtsein Ihres Wertes, sondern bleiben für Ihre Mitmenschen auch interessant.

7. Sie zeigen dem anderen, daß Sie zwar seine Interessen achten, aber nicht bereit sind, all seine egoistischen Wünsche zu erfüllen.

Sicheres Auftreten ist also für Sie nur Mittel, in Ihrem eigenen und im Interesse Ihrer Nächsten mit Ihrer Umgebung in besserer Harmonie zu leben. Sie denken nicht schlecht über andere Menschen. Wie Sie sich auf die Eigenarten eines Kindes einstellen würden, so versuchen Sie auch es bei erwachsenen Mitmenschen. Behandeln Sie ein Kind nicht richtig, wird es nur störrisch und kann obendrein noch an seiner Seele Schaden nehmen. Verhalten Sie sich aber mit Rücksicht auf die Eigenarten des Kindes, werden Sie ungeahnte Möglichkeiten im Kind entfalten. Dasselbe gilt auch für Ihren Umgang mit Erwachsenen. Behandeln Sie sie ihren Eigenarten gemäß, so werden Sie nicht nur in Harmonie leben können, sondern auch andere für Ihre Zielsetzungen zu gewinnen vermögen.

Doch wie lernt man sicheres Auftreten? Davon sollen die folgenden Abschnitte dieses Kapitels handeln.

2. Warum positives Denken für eine persönliche Ausstrahlung so wichtig ist

Denken Sie schlecht von anderen, so prägt sich das in Ihren Gesichtszügen aus. Erwarten Sie Schlechtes von der Zukunft oder haben Sie Angst vor den Mitmenschen, so drückt sich das in einer negativen Ausstrahlung und unangenehmen Wirkung auf den anderen aus. Es bedarf wohl keiner Beweise: Jeder liebt den Menschen, der lebensbejahend ist und nicht verzagt, der mit Kraft erfüllt ist und nie resigniert und von dem eine sympathische Ausstrahlung ausgeht.

Eine positive Wirkung erzielen Sie bereits durch sorgfältige Kleidung und Körperpflege. Damit konnten schon viele Menschen andere für sich einnehmen. Doch das allein reicht in den meisten Fällen nicht aus. Sie müssen auch über die innere, positive Ausstrahlung verfügen, die sich in einem zuversichtlichen Gesichtsausdruck und in der Wachheit Ihres Blickes äußert. Nur wenn Sie über ein ansprechendes Fluidum verfügen, wird man Ihnen Sympathie und Vertrauen entgegenbringen. Damit haben Sie die wichtigsten Voraussetzungen geschaffen, andere Menschen für sich zu gewinnen.

Wie ist nun aber diese innere Ausstrahlung zu gewinnen? Was können Sie dazu tun, ein angenehmes und überzeugendes Verhalten zu entwickeln? Sie projizieren immer nach außen, was Sie innerlich denken und empfinden. Ihre Ausstrahlung kann nur dann positiv sein, wenn Sie positiv auch im Innern sind. Mit anderen Worten: Ihre Ausstrahlung besteht aus der Summe Ihrer Gefühle und Gedanken, die Sie die ganze Zeit bewegen. Sind Sie von negativen Gefühlen (wie zum Beispiel Angst, Mißtrauen oder Haß und Mißmut) erfüllt, so werden Sie davon nicht nur selbst gequält, Sie vermitteln diese zerstörerischen Emotionen auch Ihrem jeweiligen Gegenüber und werden daher negativ und abstoßend wirken.

Es geht hier also nicht um eine oberflächliche Ausstrahlung, die einem aufgesetzten Optimismus entspringt, der als Schablonelächeln aus den Gesichtern so vieler Reklamebildern spricht. Zugegeben, auch damit kann man kurzfristig überzeugen. So mancher Betrüger konnte sogar Bankdirektoren damit hinters Licht führen. Doch auf die Dauer läßt sich eine positive Ausstrahlung nicht heucheln. Wollen Sie der Umwelt gegenüber sympathisch und anziehend wirken, so müssen Sie sich innerlich wandeln: Gedanken der Angst, der Niedergeschlagenheit und der Mißgunst müssen vermieden, und eine lebensbejahende und eine auf Verständnis für den anderen begründete wohlwollende Einstellung muß aufgebaut werden. Dazu reichen oberflächliche Worte keineswegs aus. Sie müssen von solchem Denken durchdrungen sein. Während Ihr positives Denken an Kraft gewinnt und Ihre negativen Gedanken abnehmen, wandeln Sie sich innerlich. Ihre positiven Gedanken bewirken eine neue Ausstrahlung, Sie wirken anziehend auf andere. Schon in der Bibel steht: »Ihr werdet ernten, was Ihr sät«. Strahlen Sie aufgrund positiven Denkens freundliche Gefühle aus, wird Ihnen jedermann gern zuhören und Ihnen Vertrauen und Zuneigung entgegenbringen.

Halten Sie sich immer die Macht Ihrer eigenen Gedanken und Gefühle vor Augen. Sie bestimmen nicht nur, ob Sie sich glücklich oder unglücklich fühlen. Die Macht Ihrer Gedanken ist vielmehr ein entscheidender Schlüssel zur Menschenführung. Wenn Sie jemand durch persönliche Angriffe verletzen will, so vermag er das nur deshalb, weil Sie ihm Ihr wenig selbständiges Denken und Ihre vielleicht vorhandenen Minderwertigkeitsgefühle »anbieten«. Andere Menschen haben nur dann Macht über Sie, wenn sie in Ihnen negative Gedanken auszulösen vermögen oder in bereits in Ihnen vorhandenem negativen Denken einhaken können.

Vergessen Sie nie: Ihre Gedanken sind Kräfte, die Ihre Gefühle prägen, Ihre Ausstrahlung bestimmen. Hegen Sie positive Gedanken über Ihre Mitmenschen, so besitzen Sie auch eine positive Ausstrahlung. Und mit den positiven Gedanken gewinnen Sie Vertrauen und Zuneigung. Ihr sicheres Auftreten beruht nämlich nicht auf einer Schablone; es ist nicht oberflächlicher Art und nicht leicht zu erschüttern. Von Ihnen strahlen echte Kräfte der Seele aus. Man wird an Sie glauben, und Sie werden Ihre Mitmenschen um so leichter zu überzeugen vermögen.

3. Eine Technik, die zu sicherem Auftreten verhilft

Sie wissen nun, wie wichtig es ist, daß Sie Ihren Mitmenschen sympathisch sind. Vergessen Sie aber nie: Auf die Dauer bleiben Sie nur dann erfolgreich im Umgang mit Menschen, wenn Sie weder plumpe Vertraulichkeit noch eine kalte, abweisende Haltung an den Tag legen. Da ein solches Verhalten aber der Ausdruck Ihrer inneren Einstellung ist, müssen Sie Ihre Gedanken ändern. Sie tun das, indem Sie entsprechende Gedanken in sich ins Leben rufen. Verfahren Sie dabei wie folgt:

1. Entspannen Sie sich. Besonders erfolgreich ist die schon erwähnte Entspannungsmethode, deren Praxis ausführlich in meinem Buch. *Die universellen Kräfte Ihrer Psyche* dargelegt ist.
2. Denken Sie nun Wort für Wort den folgenden Text. Geben Sie sich ganz der Wirkung der Worte hin, und lassen Sie sich vom positiven Inhalt dieser Gedanken durchdringen.

Selbstbejahungstext für ein sicheres Auftreten

»Ich bin meiner sicher. Ich bin meiner ganz sicher. Ich habe großes Vertrauen zu mir. Da ich bemüht bin, nur positiv und optimistisch zu denken, wirken die Kräfte meines Wesens vertrauenerweckend und bewirken Sympathie beim anderen. Stets achte ich auf ein gepflegtes Äußeres. Ich glaube an die in mir verborgene Kraft. Mit meinem Äußeren und meiner inneren Einstellung strahle ich auf meine Umgebung Sicherheit und Zuversicht aus. Sicher sehe ich anderen in die Augen. Sie sind der Sender, über den meine innere Sicherheit ausgestrahlt wird. Meine Sicherheit prägt meine Körperhaltung. Ich glaube an mich und die eigene Kraft. Was ich ausstrahle, kommt als Erfolg zu mir zurück. Daher denke ich nur immer gut über meine Mitmenschen. Ich weiß um die Schwächen des Nächsten, verurteile ihn aber nicht. Denn nur von meinem richtigen Verhalten hängt es ab, ob sich mir der Mitmensch in seinen positiven Eigenschaften nähert. Stets wende ich die Gesetze erfolgreicher Menschenbehandlung an. Sicherheit prägt meine Körperhaltung. Ich gehe aufrecht und gelöst. Ich bin absolut sicher – ganz sicher. Durch die Macht meiner Gedanken wird meine Sicherheit immer größer – immer größer. Ich weiß: Es ist mein Recht und meine Pflicht, meine eigenen Interessen wahrzunehmen. Ich erkenne aber auch die Rechte des Nächsten an. Ich ergreife die Initiative und nutze meine Möglichkeiten. Außer meinen Familienangehörigen zeige ich anderen Menschen wohlwollende Distanz. Ich weiß: Mit plumper Vertraulichkeit schade ich den zwischenmenschlichen Beziehungen. Meine Sicherheit macht mich freier und gelöster. Da ich die Gesetze der Menschenbeeinflussung konsequent anwende, gelingt es mir immer besser, meine Mitmenschen für mich zu gewinnen. So erlange ich immer mehr Vertrauen, Sympathie und Überzeugungskraft. So werde ich ganz sicher – ganz sicher. Diese innere Sicherheit durchdringt mich und gibt mir Gelassenheit und Festigkeit. Ich bin ganz sicher – ganz sicher.«

3. Sie vermögen die Wirkung dieser Selbstbejahungsübung noch dadurch zu steigern, daß Sie nach der Entspannungsübung und vor der Selbstbejahung zehn Minuten meditieren, wie es in meinem Buch *Die universellen Kräfte Ihrer Psyche* beschrieben ist.

Aus der inneren Stille heraus läßt sich besonders gut die Macht der Gedanken entfalten. Nicht nur Ihr Unterbewußtsein läßt sich leichter beeinflussen, Sie setzen auch jene verborgene Kraft in sich selbst frei, die aus der Tiefe Ihres Wesens aufsteigt.

Wenn Sie andere Menschen für sich einnehmen wollen, müssen Sie die Übung zur Steigerung Ihres sicheren Auftretens dreimal täglich durchführen, am besten jeweils am Morgen vor dem Aufstehen, einmal während des Tages und sodann am Abend vor dem Einschlafen.

Bereits nach zwei bis drei Wochen werden Sie bemerken, daß Sie sich persönlich wesentlich selbstsicherer fühlen und daß Sie viel besser mit anderen zurecht kommen.

Abschließend zwei Beispiele, wie Menschen mit dem Selbstbejahungstext zunächst ihre innere und dann ihre äußere Situation wandeln konnten, wie sie andere Menschen für sich einzunehmen vermochten:

Ein sachlich berufener Mann hatte sich bei seinen Mitbewerbern um die Stelle des Direktors in eine ungünstige Position manövrieren lassen. Die Rivalen nutzten seine Schwächen aus und provozierten ihn mit ständigen Angriffen. Anstatt aber Überlegenheit und Selbstsicherheit zu zeigen, griff er die Konkurrenten bei Konferenzen öffentlich an. Da es seinen Mitbewerbern gelungen war, in ihm negative Gedanken wachzurufen, wirkte er bald so störend auf seine Umgebung, daß zu erwarten war, daß er den Wettstreit um die Beförderung verlieren würde. Doch mit der vorstehenden Übung und mit dem im nächsten Abschnitt dargelegten Programm gelang es ihm, seine innere Situation zu verändern, und bald veränderten sich auch die äußeren Umstände am Arbeitsplatz. Indem er seinen Mitbewerbern von nun an mit Höflichkeit, Lächeln und Optimismus begegnete, zeigte er seine innere Sicherheit. Er verstärkte sie noch, indem er sich bei jeder Gelegenheit neben seine Rivalen setzte und so bewies, wie wenig seine Selbstsicherheit zu erschüttern war. Mit Lächeln und Wohlwollen begegnete er auch allen anderen Mitarbeitern und demonstrierte damit seine Überlegenheit. Aufgrund seines umfangreichen Sachwissens gewann er schließlich die Position, die er erstrebte.

»Wissen Sie«, sagte er später einmal zu mir, »es hat viele Jahre meines Lebens gedauert, bis ich begriffen hatte, wie wichtig es ist, auch an sich selbst zu arbeiten. Das ist mindestens genauso wichtig, wie berufliche Fachkenntnisse zu erwerben. Hätte ich das nicht endlich eingesehen und für mich die Konsequenzen daraus gezogen, hätten mich noch so viele Kenntnisse nicht weitergebracht. Es ist nur traurig, daß die Kunst der Menschenbeeinflussung den jungen Menschen auf den Hochschulen und Universitäten nicht beigebracht wird. So manche berufliche und menschliche Tragödie könnte verhindert werden. Ganz zu Anfang habe ich die Selbstbejahungsübungen nur aus dem verständlichen Interesse am beruflichen Erfolg durchgeführt. Inzwischen gibt mir die Übung aber auch sehr viel bei meinen persönlichen Beziehungen und hilft mir, jene innere Freiheit zu schaffen, die mir Geborgenheit beschert.«

Das zweite Beispiel stammt aus einem ganz anderen Lebensbereich. Ein junger Mann hatte mit seiner Freundin nur zu oft über seine vielen Ängste und Unsicherheiten geredet. Das zu Erwartende geschah: Seine Freundin verließ ihn prompt, da sie bei ihm nicht die Sicherheit und Geborgenheit erhielt, welche sie bei einem Mann erwartete. Wegen dieser Enttäuschung wurde der junge Mann nur noch unsicherer. Wenn er sich nun mit anderen Frauen verabredete, teilte er ihnen meist schon beim ersten Treffen sein abgrundtief enttäuschendes Erlebnis mit. Da seine neuen Bekanntschaften erfuhren, wie sehr er noch von seiner Vergangenheit durchdrungen war und wie wenig sich die Gedanken des jungen Mannes mit ihnen beschäftigten, waren die Mädchen sehr unangenehm berührt. Außerdem erstickte die Erinnerung an die Vergangenheit bei dem jungen Mann jedes Gefühl der Zuneigung und Sympathie für eine neue Partnerin. Da man auf negativen Gedanken und Erinnerungen nichts Neues aufbauen kann, distanzierten sich nach und nach alle Frauen von ihm. All das änderte sich erst, als der Mann seinen Fehler einsah und die Welt seiner Gedanken mit dem Selbstbejahungs-text veränderte. Sehr bald fand er dann auch eine Frau, mit der er glücklich wurde. Erstaunlich, was ihm seine Frau am dritten Hochzeits-tag sagte: »Am meisten hat mir bei unserem ersten Treffen deine innerliche Fröhlichkeit, dein Lächeln und deine vertrauenerweckende Selbstsicherheit gefallen, ja überhaupt die ganze Ausstrahlung, die von dir ausging. Ich fühlte mich bei dir sofort geborgen und spürte, dir konnte ich vertrauen.«

Ich kenne das Ehepaar gut. Die Frau ist gewiß kein Mensch, der sich an der Seite des Mannes nur ausruht. Sie tut vielmehr sehr viel, um tatkräftig an der Gestaltung ihrer beider Zukunft mitzuwirken.

Versuchen Sie daher stets, dem positiven Denken zum Durchbruch zu verhelfen und Sie werden sehen, wie leicht es Ihnen gelingen wird, mit Ihrer neugewonnenen Sicherheit und inneren Gelöstheit andere Menschen zu beeindrucken.

4. Mit dem Dreizehn-Punkte-Programm werden Sie erfolgreich im Umgang mit Ihren Mitmenschen

Mindestens genauso wichtig wie Ihre persönliche Ausstrahlung ist es, daß Sie manche Dinge unterlassen, die Ihrem Ansehen bei anderen schaden könnten. Nur wenn Sie sich so verhalten, wie es Ihre Umwelt erwartet, werden Sie andere für sich überzeugen. Es sei hier nochmals wiederholt: Eben weil Sie Verständnis für die Schwächen Ihrer Mitmenschen haben, verhalten Sie sich so, und zwar ohne über Ihre Mitmenschen schlecht zu denken.

Hier nun das Dreizehn-Punkte-Programm für Ihren erfolgreichen Umgang mit Menschen:

1. Hüten Sie sich, aus reinem Mitteilungsdrang zu reden. Darauf wurde schon wiederholt hingewiesen. Wie sehr Sie sich damit schaden können, zeigt das folgende Beispiel, von dem eine junge Dame berichtet: »Neulich hatte ich mir vorgenommen, regelmäßig die Abendschule zu besuchen. Ich erzählte meinen Bekannten davon. Doch diese antworteten: ›Meinst du wirklich, daß du das überhaupt schaffst? Hast du dir nicht oft genug Dinge vorgenommen, die du nicht erreicht hast?‹ Das waren ihre Antworten. Am Ende war ich nicht nur auf meine Freunde wütend, sondern auch auf mich, weil ich den Mund nicht gehalten hatte. Noch schlimmer war, daß ich fühlte, wie meine Begeisterung für den Plan immer geringer wurde.«

2. Es kann nicht oft genug wiederholt werden: Reden Sie nicht über das, was andere nicht zu wissen brauchen. Schweigen Sie über Ihre Pläne. Reden Sie überhaupt nur aus wichtigem Anlaß. Wer zu jeder Angelegenheit immer etwas sagen will, gerät begründetermaßen in Verdacht, ein Wichtigtuer und Schwätzer zu sein, der nicht ernst zu nehmen ist und dem man keinen Respekt entgegenbringt. Und wer ständig Witze macht, mag zwar für kurze Zeit dem Wahn erliegen, im Mittelpunkt der Gesellschaft zu stehen, doch bald wird er sich als Clown behandelt sehen. Jammern Sie Ihren Mitmenschen nichts vor. Man wird nur den achten, dem es in jeder Hinsicht, auch finanziell, gut geht. Das hat zwar mit wahrer Menschlichkeit wenig zu tun, doch das Herz der meisten Menschen hängt nun einmal am Geld. Es hat keinen Zweck, sich über diese Tatsache zu täuschen.

3. Fragen Sie niemanden aus. Enthalten Sie sich jeder Art von Aufdringlichkeit. Die Menschen haben ein sehr feines Gespür dafür, ob Sie ihnen aufrichtiges Interesse entgegenbringen oder ob Sie aus reiner Neugier fragen. Hüten Sie sich auch vor Vorurteilen und gehässigen Bemerkungen. Die Gründe dafür liegen auf der Hand. Wenn Sie Vorurteile anderer einfach nachplappern, können

Sie nicht erwarten, als Persönlichkeit respektiert zu werden. Wer obendrein auch noch gehässige Bemerkungen über andere macht, wirkt als destruktiver Mensch nicht nur abstoßend, sondern zeigt auch seine eigene Schwäche dadurch, daß er sich auf Minderwertiges einläßt. Wer sollte einem solchen Menschen schon Achtung entgegenbringen?

4. Seien Sie nicht grenzenlos gutmütig und hüten Sie sich, den Forderungen der anderen ständig nachzukommen. Das schadet nicht nur Ihrem eigenen Interesse, Sie werden auch bald selbst nicht mehr respektiert. Nehmen Sie andererseits auch keine Gefälligkeiten an, ohne sich dafür zu revanchieren.

5. Reden Sie nicht über Ihre Erfolge. Berichten Sie darüber, werden Sie höchstens für einen Prahlhans gehalten. Lassen Sie die anderen Ihre Erfolge selbst entdecken. Man wird Ihnen um so mehr Hochachtung und Wertschätzung entgegenbringen.

6. Hüten Sie sich vor plumpen Vertraulichkeiten. Darauf wurde schon hingewiesen. Halten Sie wohlwollende Distanz und seien Sie mit dem Anbieten des Du-Wortes nicht vorschnell. Echte Freundschaften sind selten und müssen sich langsam entwickeln.

7. Bemühen Sie sich, bei Auseinandersetzungen Überlegenheit und innere Ruhe zu bewahren. Ihre Selbstbejahungs- und Ihre Meditationsübungen werden Ihnen eine große Hilfe sein. So mancher, der die Selbstbeherrschung verliert, ist im ersten Moment stolz auf sich, es dem anderen so »richtig gegeben« zu haben. Doch spätestens nach einmaligem Überschlafen der ganzen Angelegenheit wird ihm klar: Er hat nur seine eigene Schwäche demonstriert, und der Gegner kann noch stolz darauf sein, welchen Einfluß er gewonnen hat. Wer seinem Zorn freien Lauf läßt, gibt dem Gegner die Befriedigung, daß er sich von ihm aus der Fassung bringen ließ.

8. Haben Sie einmal einen Fehler gemacht, ist es besser, diesen zuzugeben als ihn mit ständigen Ausreden zu vertuschen suchen. So steigen Sie in der Achtung der Mitmenschen, und man wird den Fehler um so schneller vergessen.

9. Hüten Sie sich davor, aus Gutmütigkeit Versprechungen zu machen, die gar nicht notwendig sind. Fühlen Sie sich anderen nicht immer verpflichtet. So bringen Sie andere Menschen erst auf den Gedanken, von Ihnen immer mehr zu verlangen. Bietet Ihnen zum Beispiel jemand eine Ware an, so sagen Sie deutlich »Nein«, wenn

Sie daran kein Interesse haben. Bemühen Sie sich nicht um Ausflüchte wie: »Diesmal habe ich kein Interesse, aber vielleicht später.« Ein klares und eindeutiges Verhalten ist für die gegenseitigen Beziehungen besser, als wenn der andere später das Empfinden hat, von Ihnen an der Nase herumgeführt worden zu sein.

10. Hüten Sie sich davor, darüber zu sprechen, warum Sie dies oder jenes getan haben, Rechtfertigungen werden nur als Zeichen Ihrer eigenen Minderwertigkeitsgefühle gedeutet. Ausgenommen sind natürlich die Fälle, wo Sie in der Familie oder mit Vorgesetzten über Vor- und Nachteile von getroffenen Entscheidungen diskutieren.

11. Ihr sicheres Auftreten büßen Sie sehr leicht schon damit ein, daß Sie andere immer mit denselben Redefloskeln (»Wie geht's Ihnen?« u. a. m.) begrüßen. Sie verlieren auch an Wirkung, wenn jeder von Ihnen weiß, daß Sie immer das Gespräch auf ein- und dasselbe Thema bringen. Schließlich sollte Ihre Sprechweise ruhig und fest sein und nicht durch ständiges »Äh … ah …« unterbrochen werden.

12. Lassen Sie die Mitmenschen wissen, daß Sie ihnen Interesse und Verständnis entgegenbringen. Legen Sie nie ein abweisendes und kaltes Verhalten an den Tag und lassen Sie Ihrem Gesprächspartner auch Anerkennung zukommen. Verständnis für andere ist eine besonders wichtige Voraussetzung in der Kunst, Menschen für sich zu gewinnen.

13. Holen Sie nicht ständig von anderen Rat ein. Sie können zwar in manchen Fällen nicht auf die Beratung durch Rechtsanwälte, Ärzte oder Spezialisten verzichten. Doch wenn Sie ständig von Arbeitskollegen, Verwandten usw. Rat einholen, schaden Sie nur Ihrem Ansehen. So werden Sie nie selbständig. Nur durch eigenverantwortliches Handeln aber können Sie Selbstvertrauen erlangen.

Vergessen Sie nie: Das Dreizehn-Punkte-Programm Ihres sicheren Auftretens berücksichtigt menschliche Erfahrungen, die Sie gewiß auch schon selbst gemacht haben. Hüten Sie sich davor, im Alltag Ihre Gefühle durchgehen zu lassen, weil Sie meinen, die Mitmenschen seien doch besser als hier charakterisiert, und sie brauchten die dargelegten Punkte nicht zu beachten. Vielmehr werden Sie bald erfahren, daß Sie nur sich selbst und den anderen schaden, wenn Sie sich nicht an diese Grundsätze halten.

Zugegeben: Es sind doch eine ganze Menge Punkte, die Sie zu beachten haben. Dennoch kann keiner ausgeklammert werden. Denn es reicht bereits aus, wenn Sie ständig gegen einen einzigen der dargelegten Grundsätze verstoßen, und Sie sind nicht so erfolgreich im Umgang mit den Mitmenschen, wie Sie es wünschen. Nehmen Sie daher mehrmals in der Woche dieses Punkteprogramm zur Hand. Überlegen Sie, ob Sie häufig gegen eine der hier dargelegten Forderungen verstoßen. Sie meinen vielleicht, das koste Sie zuviel Zeit oder enge gar Ihre Freiheit ein. Nun bedenken Sie: Nahezu alle Punkte haben den Zweck, Sie dazu zu bringen, für Sie nachteilige Gewohnheiten abzulegen. Dadurch gewinnen Sie sogar noch Zeit und vergeuden nicht länger Ihre Nervenkraft. Sie werden auch feststellen, daß bei Befolgung des Programmes Ihr persönlicher Freiheitsraum wächst. Jedesmal nämlich, wenn Sie gegen das dargelegte Dreizehn-Punkte-Programm verstoßen, wecken Sie in Ihren Mitmenschen negative Eigenschaften. Die Situationen des Alltags wachsen Ihnen bald über den Kopf. Je mehr Fehler Sie begehen, desto mehr verschlimmern Sie Ihre Lage. Es ergeht Ihnen wie dem Zauberlehrling, der die Geister nicht mehr loswird, die er beschwor.

Nehmen Sie also das Dreizehn-Punkte-Programm mindestens zweimal in der Woche zur Hand und prüfen Sie, gegen welche Punkte der Liste Sie verstoßen haben. Stellen Sie falsches Verhalten schrittweise ab, und bald wird die Sicherheit Ihres Auftretens zunehmen. Nach etwa sechs bis acht Wochen können Sie den Zeitaufwand für die Selbsterforschung reduzieren. Führen Sie die Übung regelmäßig durch, werden nicht nur Sie selbst zufriedener und gelassener leben; auch Ihre Mitmenschen werden mit Ihnen zufriedener und glücklicher sein. Damit aber sind Sie auf dem besten Weg, die Kunst zu praktizieren, wie man andere Menschen für sich gewinnt. Sie machen es nicht wie die meisten anderen, die immer mehr arbeiten, um Erfolg zu haben. Sie wissen ja: Menschen dieser Art gibt es genug; sie strengen sich ständig an und haben schließlich (außer vielleicht einem Herzinfarkt) doch nichts erreicht. Sie selbst jedoch verfahren nun nach einem realistischeren Prinzip, denn Sie überlegen: Was darf ich nicht tun, wenn ich Menschen überzeugen und Erfolg haben möchte? Was Sie nicht tun sollen, haben Sie in diesem Abschnitt erfahren. Sie vermeiden, was Ihnen schadet, und bewahren so Ihre Energie und Nervenkraft für Zielsetzungen, bei denen sich der Einsatz lohnt.

5. Sie wahren Überlegenheit und beweisen Selbstsicherheit, indem Sie Selbstkontrolle üben

Im vorstehenden Abschnitt haben Sie aus dem Dreizehn-Punkte-Programm erfahren, was Sie unterlassen sollten, um nicht die Sicherheit Ihres Auftretens zu gefährden. Indem Sie Ihr Verhalten zweimal in der Woche daraufhin untersuchen, werden Sie auf Fehler aufmerksam werden, die Sie sonst aus reiner Gewohnheit weiter begehen würden. Wer jedoch einen Fehler erkennt, vermag ihn meist auch zu korrigieren. Mit der Selbstbejahungsübung werden Sie außerdem Ihr positives Verhalten stärken, wodurch Sie an Sicherheit gewinnen.

Nun gibt es aber darüber hinaus noch eine sehr wirkungsvolle Möglichkeit, eventuelle Fehler sofort zu erkennen, sie zu unterlassen und sich vor ihnen zu schützen. Im Normalfall sind die Handlungen der Menschen auf reiner Gewohnheit und weniger auf Überlegung aufgebaut. Sie wissen ja um die große Bedeutung des Unterbewußtseins. Wenn es Ihnen nun gelingt, sich Ihres Verhaltensantriebes bewußt zu werden und nicht einfach automatisch zu handeln, haben Sie die Möglichkeit, für Ihr sicheres Auftreten schädliche Handlungen zu unterlassen und sich vor verhängnisvollen Fehlern zu bewahren.

Sie brauchen sich dazu nur folgender einfacher Technik zu bedienen:
o Sie wollen z.B. einem Mitmenschen etwas sagen oder eine bestimmte Verhaltensweise wie Ärger, Enttäuschung usw. zum Ausdruck bringen.
o Sie überlegen nun, ob Ihre Absicht gegen einen der dreizehn Punkte des oben dargelegten Programms verstößt. Sie schieben dazu eine Pause von etwa fünf Sekunden ein, bevor Sie zu sprechen beginnen.
o Erst wenn Sie sich klar darüber sind, daß Sie Ihre beabsichtigte Handlung auch mit dem Verstand bejahen können, führen Sie Ihre Absicht auch wirklich aus.

Verfahren Sie nach diesem Schema. Der Erfolg dieser Übung wird Sie mehr überzeugen als noch so viele Worte. Natürlich können Sie zu Anfang nicht über jeden einzelnen der dreizehn Punkte nachdenken, bevor Sie eine Handlung ausführen. Doch wenn Sie sich dem Dreizehn-Punkte-Programm zweimal in der Woche widmen, wissen Sie sehr bald um Ihre besonderen Schwächen Bescheid. Ihre Absichten werden Ihnen schneller bewußt werden, die Wiederholung der alten Fehler kann so vermieden werden. So vermögen Sie die gewohnheitsmäßige Kette zwischen Absicht und Handlung leichter zu unterbrechen. Sie unterlassen es, Fehler zu begehen, weil Sie sich vorher ihrer bewußt geworden sind, und es wird Ihnen um so leichter gelingen, andere Menschen für sich zu gewinnen, wenn Sie die obengenannten Fehler vermeiden.

Bemühen Sie sich also um Selbstkontrolle. Sie werden erleben, daß Ihre innere Freiheit wächst und damit gleichzeitig auch Ihr Einfluß auf andere. Schulen Sie Ihre Aufmerksamkeit, und Sie werden erfolgreich im Umgang mit anderen Menschen sein. Da Ihre Selbstkontrolle nun besser funktioniert und Sie Ihr Verhalten genauer beobachten, werden Sie um so schneller das Richtige erkennen und Ihre Ziele verwirklichen können. Seien Sie also achtsam! So vermeiden Sie Anstrengungen, die Ihnen nur schaden. Dann wird Ihnen auch bewußt werden, wenn Sie

1. äußerlich verkrampft sind und nervös die Hände oder andere Körperteile unruhig bewegen;
2. im Begriff sind loszupoltern, zu leise oder zu laut zu sprechen;
3. unter den Einfluß starker Erregungszustände geraten, die sich in Ihrem Gesicht widerspiegeln.

Denn aufgrund solcher »Botschaften« Ihres Körpers lassen sich klare Schlüsse ziehen:

1. wer verkrampft und unruhig ist, signalisiert seiner Umwelt Unsicherheit;
2. wer zu brüllen beginnt und die Selbstbeherrschung verliert, beweist, daß er nicht Herr der Situation ist;
3. wenn Ihr Gesicht wie ein aufgeschlagenes Buch wirkt, weiß jeder, woran er mit Ihnen ist.

Nur durch aufmerksame Selbstbeobachtung bemerken Sie, wenn sich auf Ihrem Gesicht all die Gefühle spiegeln, die Sie bewegen. Gewiß haben Sie nicht die Absicht, sich wie jener Minister zu verhalten, zu dem der Staatsgewaltige einmal sagte: »Bleiben Sie bitte vorn sitzen. An Ihrem Gesicht kann ich nämlich immer erkennen, wenn ich etwas Dummes gesagt habe.«

Wenn Sie diese Ratschläge beherzigen und mit den Selbstbejahungsübungen Ihr Selbstvertrauen und Ihr sicheres Auftreten stärken, wird es Ihnen leicht gelingen, vertrauenswürdig zu wirken und den Eindruck zu erwecken, als wüßten Sie immer, was zu tun sei. Diese Fähigkeit ist eines der wichtigsten Geheimrezepte für die Fähigkeit, Menschen für sich zu gewinnen. Erfolgreiche Menschen besitzen sie. Bedienen auch Sie sich jenes Überzeugungsmittels. Mit gründlicher Arbeit, Selbstkontrolle und optimistischer Selbstbejahung werden Sie tatsächlich die Erwartungen erfüllen, die andere in Sie setzen.

Allein die Tatsache, daß Sie sich Ihrer Absichten bewußt sind, gibt Ihnen schon die Möglichkeit, sich von falschen Verhaltensweisen zu distanzieren. Fürchten Sie nicht, dadurch an Handlungsfreiheit zu verlieren. Wer sich von negativen Gefühlen hinreißen läßt, hat längst noch nicht die Freiheit gefunden, nach der er sucht. Bejahen Sie daher Ihre Gefühle, verurteilen Sie sie nicht, aber geben Sie ihnen eine positive Richtung. Sie werden erstaunt sein, wie Selbstkontrolle schlechte Gewohnheiten verringert und auflöst. Sie werden erfahren, daß es eine wirkliche Arbeit ist, sich Ihrer eigenen Verhaltensantriebe bewußt zu werden. Mit Selbstbeobachtung wahren Sie nicht nur Überlegenheit und Selbstsicherheit, Sie verringern auch die unbewußt wirkenden negativen Tendenzen, die Sie immer wieder zu für andere und auch für Sie selbst ungünstigen Handlungsweisen treiben.

Sie werden vielleicht einwenden: Es ist doch unmöglich, sich immer all seiner Absichten bewußt zu sein. Das ist richtig, und niemand kann dauernd all seine Handlungen kontrollieren. Das bedeutet aber keineswegs, gänzlich darauf zu verzichten, auf Absichten und Verhaltensweisen zu achten. Die Verringerung häufiger Fehler im Umgang mit Menschen ist ein großer Vorteil für Sie.

Halten wir fest: Indem Sie in Ihren Absichten kurz innehalten und diese mit dem Dreizehn-Punkte-Programm vergleichen, werden Ihre falschen Verhaltensweisen abgeschwächt und bald aufgelöst. Mit der Zeit wird sich das sich aus Achtsamkeit und Überlegung ergebende richtige Handeln in ein spontan richtiges Handeln verwandeln, das Ihnen dann bald als gute Gewohnheit eigen sein wird. Sie dürfen mit der Übung nur nicht nach wenigen Tagen bereits wieder aufhören.

6. Durch Beobachtung gelingt es Ihnen, sich immer richtig zu verhalten

Sie wissen nun, worauf es ankommt: Sie sollten sich vor plumper Vertraulichkeit anderen gegenüber genauso hüten wie vor einem abweisenden Verhalten. Sie sollten außerdem in Ihrem Leben die Selbstbehauptung genauso pflegen wie das Verständnis für Ihre Mitmenschen. In den bisherigen Abschnitten dieses Kapitels haben Sie Techniken kennengelernt, das richtige Verhalten gegenüber anderen abzuleiten. Wenn Sie nun ferner sich selbst und Ihre Mitmenschen sorgfältig beobachten, wird es Ihnen auch gelingen, sich das richtige Verhalten andern gegenüber zur Gewohnheit zu machen.

Über seine persönlichen Erfahrungen in dieser Hinsicht berichtete mir ein junger Mann:

»Ich bin in der letzten Zeit sehr engagiert. Mir macht die Arbeit auch viel Spaß, und ich habe die Möglichkeit, vielleicht in der nächsten Zeit Prokurist zu werden. Da ich viel arbeite, habe ich für andere Dinge natürlich wenig Zeit. Die gesellschaftlichen Kontakte meiner Familie sind gering. In regelmäßigem Abstand von drei Monaten besuchen meine Frau und ich einen alten Schulkameraden, der in derselben Firma wie ich arbeitet. Die gegenseitigen Treffen waren meiner Ansicht nach immer in netter Atmosphäre verlaufen, und ich möchte sie auch gar nicht missen. In letzter Zeit quälen mich nun die verschiedensten Alpträume. Ihr Grundgehalt ist immer der gleiche: irgend etwas bedroht mich; ich weiß nicht was. Zu Beginn führte ich die Träume auf Überarbeitung zurück. Doch das schien mir dann doch nicht die Ursache meiner Alpträume zu sein, denn sogar in den Ferien haben mich die Träume verfolgt.«

Ich riet dem jungen Mann, regelmäßig Meditationsübungen zu machen und vor und nach der Übung über seine Situation nachzudenken. Vor allem empfahl ich ihm, bei allen Vorfällen am Arbeitsplatz achtsam zu sein und alle Ereignisse zunächst erst aufmerksam zu registrieren, bevor er gefühlsmäßig und gedanklich dazu Stellung bezöge.

Als wir uns nach vierzehn Tagen wieder begegneten, berichtete er mir Folgendes: »Am Anfang erschien es mir fast eine Zeitvergeudung, und ich meinte auch, nicht immer die Zeit zu haben; doch sehr bald stellte ich fest, daß mir durch das bewußte Beobachten und Innehalten neue Eindrücke und Einblicke vermittelt wurden. Ich konnte so manche Zusammenhänge besser und vorurteilsloser erkennen. Früher ließen mich meine gewohnheitsmäßige Handlungsweise und die mangelnde Achtsamkeit so manche wichtige Tatsache nicht im richtigen Licht sehen. Dank bewußter Achtsamkeit konnte ich nun Dinge wirklichkeitsgerecht sehen – ohne die verfälschende Wirkung gewohnheitsmäßiger Vorurteile.

Als ich zum Beispiel einmal meinen Freund mit einem Mitarbeiter unserer Firma bei einer Unterhaltung sah, bemerkte ich, daß sie das

Gespräch sofort beendeten, als ich auf sie zuging. Früher wäre mir das nie aufgefallen, denn meine positive Gefühlseinstellung dem Freund gegenüber hätte eine objektive Wahrnehmung unterdrückt. Mir fiel weiter auf, daß mein Freund immer Dinge von meiner Arbeit zu erfahren suchte, die ihn eigentlich gar nichts angingen. Als ich ihm darüber keine Informationen mehr gab, ließ er sich kaum noch blicken. Ich erkannte, daß meine Mitteilsamkeit ein Fehler gewesen war. Später erfuhr ich, daß mein Schulfreund aus Neid Informationsmaterial gesammelt und gegen mich intrigiert hatte.

Als ich den persönlichen Kontakt mit ihm abbrach, wiederholten sich meine Alpträume nicht mehr. Ich weiß jetzt, wie wichtig Achtsamkeit auch im Umgang mit den Mitmenschen ist. Sie hilft uns, Abstand zu halten, nicht blind zu reagieren und den Mitmenschen so zu erfassen, wie er ist. Achtsamkeit schafft den Raum, sich des gewohnheitsmäßigen falschen Reagierens und Handelns zu enthalten. So ist man jederzeit in der Lage, eine Situation zu erfassen, wie sie tatsächlich ist, und kann erfolgreich reagieren. Durch Achtsamkeit löst man sich vom Zwang des einseitigen und falschen Reagierens, und der Raum für persönliche Freiheit nimmt zu.«

Die nächste Geschichte zeigt Ihnen ein extremes Verhalten der entgegengesetzten Art. Ein Familienvater hielt zu allen Menschen große Distanz. Dieses Verhalten zeigte er auch gegenüber seinem fünfjährigen Sohn. Verständlich, wenn sich zwischen den beiden keine erfreulichen Beziehungen ergaben. Doch lassen wir den Vater selbst berichten:

»Ich war der Meinung, zwischen mir und meinem Sohn müsse immer Distanz herrschen. Wie sollte er mir sonst Respekt und Achtung entgegenbringen. Das schien mir eine wichtige Grundlage der Kindererziehung zu sein. Ich sagte dem Kind immer, was es zu tun hätte und was nicht. Mit ihm zu spielen schien mir unangebracht. Die Beziehungen zwischen meinem Jungen und mir entwickelten sich aber nicht so, wie ich es gewünscht hatte, und, ich muß es ehrlich gestehen, die Entfremdung zwischen mir und meinem Jungen wurde immer größer. Er schien mich eher zu fürchten als zu mögen. Das änderte sich erst, als ich dem Kind nicht mehr Gebote und Verbote darlegte, sondern es mit ›neutraler‹ Aufmerksamkeit beobachtete, also ohne das zu verurteilen oder zu loben, was er gerade tat. Das fiel mir zwar zu Anfang schwer. Doch nach einiger Zeit verfälschten meine eigenen Gedanken und Meinungen die Beobachtung nicht mehr, auch fühlte ich mich meinem

Sohn so tief verbunden wie noch nie. Gleichzeitig gewann ich Abstand zu mir selbst. Meine Neigung, immer zu tadeln, schwand, und in mir wuchs ein Gefühl der Liebe für meinen Sohn, das ich bislang durch falsche Verhaltensweise immer unterdrückt hatte. Indem ich von meinem bisherigen Verhalten abließ, wurde mir klar: Meine Distanziertheit gegenüber den Menschen hatte seine Ursache in meiner eigenen Lebensangst, und beinahe hätte ich meine Beziehungen zum eigenen Kind zerstört. Ich nahm mir nun Zeit, regelmäßig mit meinem Sohn zu spielen, es entwickelte sich rasch ein harmonisches Verhältnis. Was ich vorher mit meiner Distanziertheit nicht erreicht hatte, ergab sich nun anscheinend wie von selbst. Mein Kind liebte und achtete mich. Je mehr ich außerdem in der Meditation zu mir selbst kam, desto weniger fürchtete ich mich vor anderen. Ich hatte nun Mut, auf andere zuzugehen, ohne an Niederlagen zu denken. Mein Verhältnis zu allen Mitmenschen wurde harmonischer.«

Was zeigen uns die beiden Geschichten: Achtsamkeit ist ein vorzügliches Instrument, ein gesundes Gleichgewicht zwischen wohlwollender Distanz und offener Hinwendung zum Nächsten zu erreichen. Beobachtung erfordert eine Zuwendung, die in klarem Gegensatz zu einer geringschätzigen oder gleichgültigen Einstellung Dritten gegenüber steht. Achtsam werden Sie die Mitmenschen wohlwollender und vorurteilsfreier betrachten. Die Menschen sind nur zu oft die Gefangenen negativer Umwelteinflüsse, die sie nicht verarbeiten konnten. Indem Sie sorgfältig beobachten, schließen Sie nicht von sich auf andere, sondern behandeln Sie die Menschen so, wie es ihren Eigenarten entspricht. So schützen Sie den anderen und sich selbst. In der Meditation erfahren Sie außerdem Inhalte Ihres Unterbewußtseins, von denen Sie durch Einsicht – und nicht durch schädliche Verdrängung – frei werden. Meditierend kommen Sie auch mit der Kraft Gottes, des Seins oder (wenn Sie lieber wollen) des Universums in Berührung. Haß, Neid und Groll lösen sich auf. Der Geist wird frei, Ihre Nöte und Ängste schwinden. Sie werden innerlich heil. Einsicht und Vernunft nehmen zu. Sie sind aufgrund Ihrer Schwächen nicht mehr manipulierbar. Es ist Ihnen auch möglich, Liebe in Ihr Leben einzubringen. So werden Sie davor bewahrt, sich in Engherzigkeit, Abkapselung und zersetzender Ichbezogenheit zu verlieren. Und Sie vermögen andere Menschen aus der Tiefe Ihres Wesens zu überzeugen.

ZUSAMMENFASSUNG

1. Bringen Sie den Mitmenschen Wohlwollen und Verständnis entgegen. So werden Sie sie leichter überzeugen.

2. Indem Sie ein sicheres Auftreten zeigen, demonstrieren Sie, daß Sie weder grenzenlos gutmütig noch zu nachgiebig sind.

3. Positives Denken verstärkt Ihre sympathische Ausstrahlung und Ihren Einfluß auf den Mitmenschen.

4. Machen Sie die zur Erlangung eines sicheren Auftretens dargelegte Selbstbejahungsübung zwei- bis dreimal täglich. So finden Sie die richtige Mitte zwischen Selbstbejahung und Verständnis für den Nächsten.

5. Vergleichen Sie Ihr Verhalten zweimal in der Woche mit dem Dreizehn-Punkte-Programm. So bestärken Sie die Sicherheit Ihres Auftretens.

6. Aufgrund des Dreizehn-Punkte-Programms nehmen Sie auf die Schwächen der Mitmenschen Rücksicht, ohne diese zu verurteilen, und schützen sich selbst und den Nächsten. Zwischenmenschliche Beziehungen werden so harmonischer.

7. Bemühen Sie sich, sich erst Ihrer eigenen Absichten bewußt zu werden. Halten sie etwa fünf Sekunden inne, bevor Sie etwas tun. Überlegen Sie sich die Zweckmäßigkeit der geplanten Handlung und führen Sie diese erst dann aus.

8. Achtsamkeit ist ein vorzügliches Instrument, die Mitte zwischen wohlwollender Distanz und offener Hinwendung zum Nächsten einzuhalten.

Kapitel 5

Fehler, die Sie vermeiden sollten

1. Vermeiden Sie Vorwürfe, Drohungen und böse Kritik

Sie wollen Ihre Mitmenschen beeinflussen. Sie möchten sie überzeugen. Die Kunst, Menschen für sich zu gewinnen, ist ja schließlich der Inhalt dieses Buches. Es scheint überflüssig, das noch einmal zu erwähnen; doch die Verhaltensweisen der meisten Menschen lassen erkennen, daß ihnen diese Kunst fremd ist. Immer wieder machen die meisten von uns den Fehler, sich am anderen abzureagieren, anstatt das Geeignete zu tun, um ihn zu überzeugen. Wir verfallen überdies häufig in den großen Irrtum zu glauben, mit Vorwürfen, böser Kritik oder gar Drohungen den Mitmenschen leichter und schneller zu unserer Meinung bekehren zu können, und dann wundern wir uns, wenn wir trotz gewaltiger Anstrengungen gar nichts erreichen.

Das veranschaulicht zum Beispiel folgende Begebenheit: Der Vormittag am Arbeitsplatz verlief für Herrn Keller nicht eben angenehm. Sehr viel stürmte auf ihn ein. Kurz vor der Mittagspause erhielt er auch noch den Anruf eines Finanzbeamten. »Krause ist mein Name«, stellte dieser sich vor, »ich bearbeite jetzt Ihre Steuerangelegenheiten. Und«, so setzte er fort, »ich kann Ihre freiberuflichen Autofahrten in diesem Jahr nicht anerkennen.« – »Aber Ihr Vorgänger hat sie doch immer anerkannt«, sagte erregt Herr Keller, und er fühlte, wie ein großer Ärger in ihm aufstieg. – »Ich bin angehalten, meine eigenen Entscheidungen zu treffen«, erwiderte der Finanzbeamte unnachgiebig, »und ich vermag nicht zu erkennen, was in diesem Fall für Sie spricht.« – »Dann werde ich mich über Sie beschweren«, drohte nun Herr Keller. – »Das steht Ihnen völlig frei«, entgegnete der Finanzbeamte scheinbar ruhig und legte den Telefonhörer auf. Als acht Wochen später Herr Keller vom Finanzamt seinen Einkommenssteuerbescheid erhielt, stellte er fest: Der Finanzbeamte hatte ihm an absetzbaren Beträgen nicht nur gestrichen, was er angekündigt hatte, sondern sogar noch erheblich mehr. Auf diese Weise wollte er vermutlich demonstrieren, daß er sich nicht unter Druck setzen ließe.

Nun, was zeigt die Geschichte? Wenn Sie sich zu Vorwürfen oder gar Drohungen hinreißen lassen, werden Sie nie überzeugen können. Mit Vorwürfen, böser Kritik und Drohungen nehmen Sie dem Angegriffenen das Gefühl der eigenen Wichtigkeit und veranlassen ihn, sich mit Ihnen nur um so heftiger auseinanderzusetzen, da Sie seine Bedeutung nicht genug zu respektieren scheinen.

Eben diesen Fehler beging Herr Werner, einer meiner Seminarteilnehmer, nicht, als er sich in einer sehr ähnlichen wie der vorangehend geschilderten Situation befand; er vermied den Fehler, sich zu Drohungen hinreißen zu lassen. »Ich nehme an, Sie bearbeiten auch Fälle, die wesentlich komplizierter sind als meiner«, sagte er. »Sie werden mit den vielfältigsten Problemen konfrontiert. Und Sie wissen natürlich auch erheblich mehr als ich. Vielleicht erkennen Sie doch noch eine Möglichkeit, wie mir zu helfen ist.« Als der Beamte so in seinem Selbstwertgefühl bestätigt wurde, gab er sich sogleich wesentlich umgänglicher. Er erzählte von den vielen Arbeiten, die auf ihm lasteten, und von den vielen neuen Gesetzen, die er alle beachten mußte. Zum Schluß sagte er: »Ich werde mir alles noch einmal durch den Kopf gehen lassen. Ich kann Ihnen aber nicht versprechen, ob ich zu einem anderen Ergebnis kommen werde.« Schon nach zwei Wochen erhielt mein Seminarteilnehmer Bescheid. Der Steuerbeamte teilte ihm mit, er könne nicht alle, aber zumindest einen Teil der fraglichen Posten anerkennen.

Sie werden vielleicht einwenden: Es wäre schön, wenn jeder so einfach zu überzeugen wäre, indem nur sein Selbstwertgefühl angesprochen wird. Das ist durchaus richtig. In manchen Streitfällen wird sich ein Auskämpfen der Frage nicht vermeiden lassen. Doch wenn Sie meinen, von vornherein einen Menschen durch Vorwürfe, Drohungen oder böswillige Kritik zu Ihrem Standpunkt zu bekehren, so können Sie sicher sein: Der Mißerfolg ist Ihnen gewiß. Meistens bedarf es nur eines geschickten Vorgehens, um den anderen von seiner Meinung abzubringen.

Vorwürfe machen und Drohungen ausstoßen kann jeder Dummkopf. Gleichwohl verhalten sich die meisten Menschen so, obwohl sie nicht dumm sind, und wundern sich dann noch darüber, warum manche Menschen fast spielend zu überzeugen vermögen, während sie mit ihrem Verhalten nur eine Verhärtung der Standpunkte und eine Verschlechterung der Beziehungen erreichen.

Von diesem Problem handelt auch folgende Begebenheit: Der Zeltfabrikant Lehmann stand mit Herrn Claus, dem Inhaber einer großen Import- und Exportgesellschaft, in Verhandlung über einen Auftrag auf mehrere tausend Zelte. Man war handelseinig, und es war nur noch der Vertrag zu unterschreiben. Da wurde Claus von einem guten Freund informiert, das Material der Zelte sei möglicherweise doch nicht reißfest genug. Besorgt suchte Claus den Zeltfabrikanten Lehmann auf. Der war nun wegen des gezeigten Mißtrauens derart beleidigt, daß er den Kunden heftig kritisierte und sich auch noch dazu hinreißen ließ, ihm deutlich zu verstehen zu geben, er verstünde von der ganzen Angelegenheit sehr wenig.

Während Claus vorher nur unsicher gewesen war und eigentlich zu seiner Beruhigung nur erwartete, Positives über das Material zu hören, und obwohl er nicht die Absicht gehabt hatte, den Handel platzen zu lassen, wurde er nun durch eine solche Kritik tief in seiner Ehre verletzt. Was bildet sich dieser Lehmann eigentlich ein, wer er ist! sagte er sich, und nur um ihm zu zeigen, daß er mit sich nicht umspringen ließ, schloß er den Vertrag nicht ab. An seiner Einstellung und seinem Entschluß änderte sich auch dann nichts, als er später von einem anderen Fabrikanten erfuhr, das besagte Stoffmaterial sei tatsächlich das beste aller möglichen.

Glauben Sie nicht, die Neigung zu böser Kritik erstrecke sich nur auf den gesellschaftlichen Lebensbereich. Sie können ein solches Verhalten überall sonst finden: in der Politik, Kunst, im Privatleben.

Halten wir fest: Wenn Sie andere von etwas überzeugen wollen, so hüten Sie sich vor böser Kritik, Vorwürfen oder gar Drohungen. So lassen Sie den anderen spüren, er tauge nichts und sei nichts wert. Sparen Sie sich diesen billigen Triumph und versuchen Sie, den anderen Menschen sein Gesicht wahren zu lassen. Nehmen Sie Rücksicht auf die Gefühle des anderen. Menschen sind nun einmal stolz, eitel und empfindlich. Nur wenn Sie das berücksichtigen, werden Sie überzeugen.

Lassen Sie daher den Menschen Anerkennung, Wohlwollen und
Mitgefühl zukommen.

2. Wer streitet, wird nie zu überzeugen vermögen

Viele Menschen meinen, andere nur durch Beweise und logische
Argumente zu ihrer Meinung bekehren zu können. Sie argumentieren so
herausfordernd, daß der andere das Gefühl hat, von der Sache überhaupt
nichts zu verstehen – seine Eitelkeit ist verletzt. Es liegt auf der Hand:
schon um nicht die Achtung vor sich selbst zu verlieren, muß der andere
um so intensiver auf die Richtigkeit seiner bezogenen Ansicht pochen.

Als ich noch in Berlin wohnte, war ich befreundet mit zwei
Chemieprofessoren. Beide beschäftigten sich mit Schwefelverbindun-
gen und vertraten dabei völlig entgegengesetzte Meinungen über den
Mechanismus bestimmter chemischer Reaktionen. Wenn der eine bei
einem öffentlichen Vortrag neues Material einführte, das für die
Richtigkeit seiner Theorie sprach, war der andere davon keineswegs
überzeugt, ganz im Gegenteil. Einige Monate später legte er seinerseits
Beweismaterial vor, das für seine Ansicht sprach und gegen die seines
Fachkollegen. Die Streitgespräche zwischen den beiden Professoren
waren schon berüchtigt. So mancher kam zu den Vorträgen, den mehr
der Streit der beiden als die Chemie interessierte. Die Wortgefechte
zogen sich in Abständen von einem viertel bis zu einem halben Jahr über
mehrere Jahre hin.

Glauben Sie aber ja nicht, daß jemals einer der Professoren den
anderen überzeugen konnte. Die Streitgespräche wurden weiter fortgesetzt. Das änderte sich erst, als einer der beiden mit seinem Wagen
tödlich verunglückte und der Überlebende niemanden mehr zum
Streiten hatte.

Sie haben bereits Ihre Chancen vertan, wenn Sie in einem Gespräch so
argumentieren: Jetzt werde ich Ihnen einmal die Richtigkeit meiner
Meinung darlegen. So stoßen Sie den anderen nur vor den Kopf. Damit
drücken Sie schließlich aus, klüger als der andere zu sein. So zwingen Sie
ihn sofort, Opposition gegen Sie zu machen, ohne überhaupt über Ihre
Argumente objektiv nachzudenken. So fordern Sie nur Widerspruch
heraus und erreichen nicht das, was Sie eigentlich wollten, nämlich zu
überzeugen.

Ein junger Mechanikermeister, der in einem Betrieb eine neue Stelle
angetreten hatte, war mit der Aufgabe betraut worden, Verbesserungen

an den vorhandenen Maschinen vorzunehmen. Mit Eifer machte er sich an die Arbeit. Dennoch hatte er nicht den gewünschten Erfolg, und das Verhältnis zu seinem Chef war nicht so, wie er sich das erhofft hatte. »Wissen Sie«, sagte er, »ständig komme ich mit neuen Verbesserungsvorschlägen, die meiner Ansicht nach gut sind, und beweise das auch meinem Chef. Aber er bringt meiner Arbeit nur Argwohn entgegen. Jedesmal bin ich enttäuscht, daß von meiner Arbeit so wenig gehalten wird.«

»Versuchen Sie, die Angelegenheit auch einmal vom entgegengesetzten Standpunkt aus zu sehen; versetzen Sie sich einmal in die Lage Ihres Chefs«, bemerkte ich. »Muß er sich nicht selbst dumm vorkommen, wenn Sie in so kurzer Zeit mit so vielen Neuerungsvorschlägen kommen, und muß nicht seine betont gefühlsmäßige Einstellung jede objektive Einsicht verhindern.« »Sie haben recht«, entgegnete der junge Mann. »Einige meiner Kollegen bezeichneten meinen Chef ohnehin als notorischen Besserwisser. Aber wie soll ich es denn machen? Schließlich sind doch Verbesserungen mein Arbeitsgebiet?« Ich riet ihm, in der nächsten Zeit anders vorzugehen. Er sollte mit mehreren Verbesserungsvorschlägen zu seinem Chef gehen, ihn fragen, was er von ihnen halte, und es ihm anheimstellen, eine Auswahl unter den vorgeschlagenen Änderungen zu treffen. Würde der Chef danach fragen, welchen der Vorschläge er für den besten halte, so konnte er immer noch seine Ansicht sagen. Mit dieser Taktik habe der Vorgesetzte nicht das Gefühl, bevormundet zu werden, andererseits könne er dem Chef dennoch zeigen, wie tüchtig er sei. Der Vorgesetzte wiederum hätte das Gefühl, selbst Entscheidungen zu treffen, und sein Selbstwertgefühl würde nicht leiden. »Aber stehe ich denn dann nicht so da, als würde ich von der Sache nicht genug verstehen?« warf der Meister ein. »Keineswegs«, meinte ich, »so verhindern Sie nur den Eindruck, auf Ihren Chef belehrend zu wirken.«

Einige Wochen später berichtete mir der junge Meister stolz vom Erfolg seiner Taktik. »Mein Verhältnis zum Chef ist nun viel besser«, erzählte er. »Meine Arbeit wird geschätzt, und es kommt schon manchmal vor, daß mich mein Chef fragt, welche Lösung unter den vorhandenen Möglichkeiten ich für die beste halte.«

Was zeigt uns dieses Beispiel sehr deutlich? Wenn Sie einen Menschen von etwas überzeugen wollen, so hüten Sie sich davor, den Eindruck zu erwecken, an Wissen überlegen zu sein. Selbst wenn Sie die besten

Argumente haben: mit rechthaberischen Beweisen Ihrer sachlichen
Überlegenheit bringen Sie andere genausowenig von ihrer Meinung ab,
wie wenn Sie sich zu Spott, verletzender Kritik oder sogar Drohungen
hinreißen lassen.

Wie wenig Rechthaberei zum Erfolg führt, erfuhr ich selbst vor
einigen Jahren in einem Gerichtsprozeß. Ich hatte in Stuttgart in einem
Antiquitätengeschäft eine größere Statue gekauft, die aus dem achtzehn-
ten Jahrhundert stammen sollte. Aber leider: die Statue war nicht so alt,
wie dies im Kaufvertrag bescheinigt war. Zornig schickte ich die Figur
an den Händler zurück und verlangte neben dem Kaufpreis auch die
Rückerstattung der Speditionskosten. Da sich der Händler weigerte, die
Transportkosten zu übernehmen, brachte ich die Sache vor Gericht. Vor
der Urteilsverkündung wurde ich vom Richter gefragt, ob ich einverstanden wäre, die Hälfte der Speditionskosten selbst zu tragen. Ich
lehnte den Vergleich ab, der Richter war ungehalten, ich verlor den
Prozeß in der ersten Instanz. Im Verfahren in der zweiten Instanz schlug
ein anderer Richter wieder einen Vergleich vor, und ich beeilte mich,
diesen anzunehmen.

Ich kenne einen Vertreter für Fotoapparate, der sich häufig mit den
Fotohändlern in einen Streit einließ. Wenn diese ihm darlegten, sie
hielten andere Fabrikate für geeigneter, ließ er an den Konkurrenzpro-
dukten kein gutes Haar mehr. Er wetterte gegen den freien Wettbewerb
und führte alles Mögliche an, um die fremde Ware schlechtzumachen.
Doch was erreichte er damit? Die Händler sahen sich veranlaßt, ihre
Meinung zu verteidigen. So drängte der Vertreter die Händler förmlich
dazu, sich stärker zu den anderen Waren zu bekennen, als sie es
eigentlich beabsichtigt hatten. Er hatte zwar immer die Genugtuung, es
den Händlern »so richtig gegeben« zu haben. Es befriedigte ihn auch,
seiner Ansicht nach die Diskussion gewonnen zu haben. Doch verkauft
hatte er nichts. Das änderte sich erst, als er sich eine neue Taktik zulegte.
Lobte ein Händler andere Fabrikate, so widersprach er nicht mehr. Er
hörte sie geduldig bis zu Ende an, dann aber bat er sie, seine
Fotoapparate vorführen zu dürfen. So vermochte er bald das Interesse
der Händler zu wecken und seinen Umsatz erheblich zu steigern.

Halten wir also fest: Gehen Sie Streitgesprächen aus dem Wege,
versuchen Sie vielmehr, mit Diplomatie und Geschicklichkeit zu
überzeugen.

3. Sagen Sie dem anderen nie, daß er sich irrt, und handeln Sie weise wie Salomon

Der weise Rabbi Levi von Bertischew wurde einmal gefragt, warum von Salomon behauptet würde, er sei weiser selbst als die Narren gewesen. Der Rabbi erwiderte darauf: »Es ist die Eigenschaft des Narren, sich für weiser als andere zu halten. Niemand kann ihn überzeugen, daß er ein Narr ist und sein Tun Narretei. Die Weisheit Salomons war aber groß. Er konnte sich sogar in närrische Gewänder kleiden und vermochte so selbst mit den Narren Zwiesprache zu halten, und so erkannten sie, was sie in ihrem Wesen waren.« Die Legende erweist Salomons Weisheit und Kunst, sich auf andere, selbst Narren, einstellen zu können.

Stolz berichtete mir Frau Ludwig von ihren Erfolgen: »Früher beging ich oft den Fehler, meinen Mann darauf hinzuweisen, daß er sich irrte. Lange Streitgespräche waren die Folge. Ich vermochte ihn nie zu beeinflussen. Doch jetzt sage ich meinem Mann nie mehr, daß er sich irrt. Ich selbst gebe vielmehr zu, ich könnte in meiner Ansicht fehlgehen. Außerdem widerlege ich seine Argumente nicht, sondern gestehe meinem Mann zu, daß er unter bestimmten Umständen recht haben könnte. Meine Nachgiebigkeit in dieser Hinsicht hat zur Folge, daß sich mein Mann nun tatsächlich auch mit meinen Argumenten beschäftigt. Und sehr oft vertritt er nach einigen Tagen die Ansicht, die ich ihm vorsichtig nahegelegt habe. Natürlich halte ich ihm das nicht vor. Sonst hätte meine Überzeugungstechnik später gewiß nicht mehr den gewünschten Erfolg.«

Bemühen auch Sie sich um diese Technik. Je weniger Sie die Ansicht des anderen direkt angreifen und je mehr Sie auch seine Meinung gelten lassen, desto leichter werden Sie ihn überzeugen. Wenn Sie diplomatisch vorgehen und dem anderen nie direkt sagen, er irre sich, werden Sie auch auf geschäftlicher Ebene Erfolg haben.

Herr Reisch ist Inhaber einer großen Karosseriewerkstatt und Lackiererei. Lassen wir ihn erzählen, was er erlebte: »Eines Sonnabends am Vormittag besuchte mich ein Kunde. Aufgeregt wies er auf einen Schaden hin, der angeblich in meiner Werkstatt verursacht worden war. Tatsächlich vermochte ich an einem Kotflügel einen Farbtupfer mit einem Durchmesser von wenigen Zentimetern zu entdecken. Offenbar hatte dort einer meiner Angestellten einen Farbklecks zur Ausbesserung eines Lackschadens gesetzt. Doch der Kunde behauptete, dort sei vorher nie ein Lackschaden gewesen, und der erst drei Jahre alte Wagen hätte so eine Wertminderung erlitten. Da keiner meiner Angestellten im Betrieb war, bat ich den Kunden, am Montag wiederzukommen. Um ihn zu besänftigen, stellte ich ihm in Aussicht, den gesamten Kotflügel auf meine eigene Rechnung neu spritzen zu lassen, falls der Schaden auf ein Fehlverhalten eines meiner Beschäftigten zurückzuführen sei. Montag früh erschien der Kunde wieder. Mein Aushilfslackierer hatte mir versichert, am Kotflügel des Autos sei ein Lackfleck gewesen, und auch ich meinte mich zu erinnern, einen solchen vor der Reparatur gesehen zu haben. Als ich dem Kunden sagte, er irre sich, am Wagen sei ein Schaden gewesen, drohte er mir einen Gerichtsprozeß an. Das wäre mir nicht angenehm gewesen, und ich hätte überdies noch einen guten Kunden für immer verloren. Daher wiederholte ich meinen Hinweis, der Kunde würde sich irren, nicht noch einmal. Als ich dann den Tupfer mit Lacklöser abwischte, kam darunter der völlig unbeschädigte Autolack zum Vorschein. Mein Lackierer hatte mich also falsch informiert und gab nun zu, der Schaden wäre wahrscheinlich vom Lehrling verursacht worden. Mein Kunde war über die Wendung der Situation sehr erfreut und bestand nicht auf meiner vorher gemachten Zusage, den Kotflügel neu zu lackieren. Er war froh, seinen Wagen wieder im alten Zustand zu haben. Er verabschiedete sich sogar in bestem Einvernehmen mit mir. Was wäre aber geschehen, wenn ich dem Kunden gegenüber weiter zum Ausdruck gebracht hätte, er irre sich, und darauf starr beharrt hätte? Ein verlorener Prozeß wäre die Folge gewesen, und ich hätte einen guten Kunden verloren.«

Hüten Sie sich also davor, dem anderen zu sagen: »Sie irren sich.« So verschärfen sich nur die Standpunkte. Sie geben Ihrem Mitmenschen das Gefühl, sein Gesicht zu verlieren. So vermögen Sie ihn nicht zu überzeugen; Sie zwingen ihn vielmehr, seinen Standpunkt um so eigensinniger wahrzunehmen.

Nun ändern Menschen gelegentlich ihre Ansichten. Doch vermeiden Sie nach Möglichkeit, einen anderen Menschen darauf hinzuweisen, er habe seine Meinung geändert. Das kommt der Vorhaltung eines Irrtums gleich.

Ein guter Bekannter von mir besitzt ein Grundstück mit einer Reihe von Böschungen. Als ich ihn einmal fragte, ob es nicht besser gewesen wäre, eine Begrenzungsmauer bauen zu lassen, um so die Grundstücks-fläche zu vergrößern, entgegnete er: »Das wäre viel zu teuer gekommen.

Auch finde ich eine bepflanzte Böschung besonders schön.« Monate später war ich wieder bei ihm zu Besuch. Ich lobte die Bäume auf seinem Grundstück, die mir das Gefühl vermittelten, im Wald zu sein. Da erwiderte er: »Wenn ich heute noch einmal vor der Wahl stünde, ließe ich eine Begrenzungsmauer bauen. So hätte ich meine Grundstücksfläche vergrößert, und auf Bäume hätte ich auch nicht zu verzichten brauchen.«

So wie mir in diesem Beispiel wird es auch Ihnen oft ergehen. Menschen ändern ihre Meinung nicht, wenn sie jemand von ihrem Irrtum überzeugen möchte. Dagegen ändern sie oft später selbst ihre Ansichten. Hüten Sie sich also vor dem Fehler, einem Mitmenschen zu sagen, er irre sich. Und verzichten Sie erst recht auf Belehrungen und Besserwisserei in für Sie unwichtigen Sachen, bei denen es für Sie um keinerlei Vorteil geht. Wenn Sie meinen, Sie könnten mit Ihrer Weisheit andere beeindrucken, so irren Sie. Sie werden Ihren Mitmenschen dadurch nur unsympathisch.

Natürlich bedeutet das für Sie nicht, daß Sie sich Ihr Recht nehmen lassen. Wenn für Sie wirklich etwas auf dem Spiel steht, werden Sie Ihre Meinung vertreten und für sie einstehen müssen – notfalls sogar vor Gericht. Doch auch hier gilt: Sparen Sie sich den Aufwand, in langen Ausführungen dem Gegner noch vor der Verhandlung klarzumachen, wie sehr Sie im Recht sind. Selbst wenn der Richter zu Ihren Gunsten entscheiden sollte, ist der andere immer noch von Ihrem Unrecht und seinem Recht überzeugt.

Handeln Sie also so weise wie Salomon und sagen Sie dem anderen nicht, er sei ein Narr. Denn das ist der beste Weg, ihn in seiner Meinung zu bestärken, selbst wenn er sich schon davon lossagen möchte.

4. Geben Sie Ihren Mitmenschen keine Schuld an Mißgeschicken

Als ich meinen ersten Wagen kaufte, war ich natürlich besonders stolz darauf. Sorgfältig und liebevoll pflegte ich ihn. Nachdem ich den Wagen zu der ersten vorgeschriebenen Inspektion in die Werkstatt gebracht hatte, ging bei der nach der Inspektion üblichen Probefahrt die Motorhaube hoch und verzog sich dabei. Da die Werkstatt über keine neue Haube verfügte, mußte eine neue bestellt werden. Bis ich meinen Wagen wiederbekommen würde, sollte es eine Woche dauern! Sie können sich vorstellen, wie mein Zorn wuchs. Ich verspürte große Lust, meinen Ärger an dem Meister abzureagieren und ihm Vorwürfe über das nachlässige Verhalten der Monteure zu machen. Doch da wurde mir bewußt, daß mein Ärger gar nichts mehr an der Tatsache ändern konnte, selbst wenn ich dem Meister noch so viel Schuld gegeben hätte. Außerdem wurde mir klar: Wenn ich mich weiter über den Schaden ärgere, büße ich für die Fehler anderer Menschen, wobei ich mit meinem Ärger auch noch meiner Gesundheit schadete! Daher beschloß ich, weder dem Monteur noch dem Meister eine Schuld anzulasten. Als ich mit dem Meister telefonierte, sagte ich nur: »Jedem kann mal ein Fehler unterlaufen.« Sie ahnen gar nicht, wie freundlich der sonst mürrische Mann wurde. Er bot mir sogar einen Ersatzwagen aus der Werkstatt an und ließ einen Monteur eine neue Motorhaube von einem befreundeten Händler aus der Nachbarstadt holen. So verringerte sich die Reparaturzeit um drei Tage.

Glücklich konnte ich dann bereits nach einer halben Woche meinen Wagen wieder in Empfang nehmen. Mein Verhalten hatte aber noch weiterreichende Folgen. Als Monate später eine besonders eilige Reparatur notwendig war, gab sich der Meister alle Mühe, meinen Wunsch schnellstens zu erledigen. Doch dazu kam noch ein weitaus größerer Gewinn für mich. Sie fragen, worin er lag? Nun, ich erfuhr nicht nur, welche große Überzeugungskraft innere Gelassenheit hat. Indem ich mich nicht in Streit und Zwietracht verwickelt hatte, profitierte ich auch selbst von meinem Verhalten. Es gab mir ein großes Gefühl innerer Freiheit, nicht in einen Zwangsablauf von Enttäuschung, Zorn und Wut hineingezogen worden zu sein.

Halten wir fest: Mit Freundlichkeit und Gelassenheit vermögen Sie andere Menschen leichter zu gewinnen als durch Vorwürfe oder dadurch, daß Sie ihnen die Schuld an einer mißlichen Situation geben. Das gilt für jeden Lebensbereich, und es spielt keine Rolle, ob es sich hierbei um das Geschäftsleben oder die Familie handelt. Niemand läßt sich gern die Schuld zuschieben, selbst wenn er genügend Gründe für ein schlechtes Gewissen haben sollte. Verzichten Sie also großmütig darauf. Glauben Sie mir, es lohnt sich.

5. Wie Sie die rechte Gesinnung aufbringen und von Fehlern ablassen können

Sie wissen nun: Mit böser Kritik, Streitsucht, Besserwisserei und Vorwürfen werden Sie Ihre Mitmenschen gewiß nicht überzeugen.

Versuchen Sie es dagegen mit Freundlichkeit und Wohlwollen, so vermögen Sie einen Menschen leichter zu beeinflussen. Diese Tatsachen sind überzeugend und liegen auf der Hand. Doch wird es nicht immer einfach sein, sich diesen Erkenntnissen gemäß zu verhalten. Von jeher war es für Menschen nicht leicht, diese Regeln zu befolgen. So steht schon in der fast zweitausend Jahre alten buddhistischen Schrift *Dighanikaya:* »Den Vorsatz, ohne Wut, ohne Heftigkeit, ohne Feindschaft, ohne Haß bleiben zu wollen, frei von Groll, diesen Vorsatz fassen sie wohl. Aber sie werden alsbald wütend, heftig, feindselig, gehässig, von Groll erfüllt.« Wie wenig gute Vorsätze helfen, wußte auch Paulus, der sagte: »Das Gute, das ich tun will, das tue ich nicht; aber das Böse, das ich nicht tun will, das tue ich.«

Die Folge des falschen Verhaltens sind jene Fehler, auf die in diesem Kapitel hingewiesen wurde. Betrachten wir nun eine solche Fehlhaltung in den einzelnen Stufen, so können wir folgendes sagen: Wir nehmen uns zwar zunächst vor, uns aller Fehler zu enthalten. Doch dann erleben wir, wie wenig Verständnis der Mitmensch für unsere Interessen hat. Wir sind darüber enttäuscht und verbittert. Wir werden ärgerlich, zornig, und vielleicht steigern wir uns in wilde Wut. Menschen werden sogar »blind vor Wut«, sagt schon der Volksmund. Dann geschieht dies:

○ Gespräche werden im Zorn geführt.
○ Man bläst sich gleichsam auf vor Rechthaberei und wird störrisch.
○ Fehler werden allein beim anderen gesucht.
○ Man ergötzt sich an den Fehlern und Niederlagen des Gegners.
○ Vorwürfe, Kritik und Tadel werden erhoben.
○ Man braust auf, wird heftig und beginnt zu spotten.

Doch wer sich so verhält, wird den anderen nie überzeugen können. Und sind im Menschen erst einmal Gefühle des Zorns und der Wut groß geworden und kann er sich nicht davon lösen, vermag er die Unzweckmäßigkeit seines Tuns nicht mehr zu erfassen, und schwerwiegende Fehler sind die Folge. So steht schon in den alten buddhistischen Texten der obenerwähnten Schriftensammlung: »Nicht kennt der Hasser, was ihm nützt, denn Finsternis und Blindheit herrscht, wo Haß den Menschen niederzwingt.«

In Ärger und Zorn ist aber nicht nur das Verhalten des Menschen im Umgang mit dem Nächsten getrübt: mit solcher Gefühlshaltung schadet der Mensch auch sich selbst. Übelwollen und Zorn gegen andere fressen den Menschen selbst auf, der sie hegt. Vermeiden Sie negative Gefühle gegenüber Ihren Mitmenschen.

Bringen Sie vielmehr Menschen, die unter seelisch-geistigen Fehlhaltungen leiden, dasselbe Verständnis entgegen wie einem körperlich Kranken. Verzeihen Sie den anderen und bestrafen Sie sich nicht selbst mit Rachsucht, Haß oder Zorn.

Hegen Sie aber negative Gefühle wie Enttäuschung, Verärgerung oder Zorn gegen Ihre Mitmenschen, dann verurteilen Sie diese Gefühle nicht. Werden Sie ihrer nur gewahr und bemühen Sie sich, dem anderen statt dessen positive Gefühle entgegenzubringen. Denken Sie stets daran: Mit negativem Fühlen und Denken gegen andere vergiften Sie Ihren Geist. Nicht die Mitmenschen bestimmen Ihr Denken, Sie selbst haben es in der Hand, was Sie über andere denken. Am besten beginnen Sie jedes Gespräch mit einem Lächeln, und es fällt Ihnen leichter, positiv zu denken und zu fühlen.

Achten Sie in Gesprächen stets auf Ihre Empfindungen, indem Sie sich schon in Kleinigkeiten des Alltags Ihrer Gefühle bewußt zu werden suchen, bevor Sie handeln. Das mag Ihnen vielleicht nicht immer gelingen. Geben Sie aber Ihre Bemühungen nicht auf, werden Sie gefühlsbedingtes Fehlverhalten im Gespräch allmählich ablegen können.

Billigen Sie den Mitmenschen eine eigene Meinung zu, ohne über sie schlecht zu denken. Jeder hat das Recht auf eine eigene Ansicht. Kein Mensch ist frei von Irrtum und darf über den anderen richten. Das heißt nicht, daß Sie sich von anderen unter Druck setzen lassen oder Ihre Ideale für einen falschen Frieden opfern müssen. Sie schulden den anderen zwar Achtung und Nächstenliebe, aber nicht, indem Sie die eigenen Ideale und Interessen aufgeben.

Versuchen Sie im Anschluß an eine Meditationsübung, gute Eigenschaften an dem Menschen zu finden, den Sie überzeugen wollen. Jeder Mensch hat auch positive Eigenschaften; es gilt nur, solche zu entdecken. Sehen Sie den anderen also nicht nur aus dem engen Blickwinkel einer Meinungsverschiedenheit, die Sie mit ihm haben. Dann vermögen Sie das Gespräch auch in der rechten Gesinnung zu führen und Ihren Partner viel leichter umzustimmen.

Zusammenfassung

1. Wer Fehler im Umgang mit Menschen nicht zu vermeiden sucht, wird nie jemanden zu überzeugen vermögen.

2. Mit Vorwürfen, Drohungen und beleidigender Kritik ändern Sie nicht die Meinungen der anderen, selbst wenn Sie sich noch so sehr dabei anstrengen.

3. Vergessen Sie nie: Sie wollen nicht triumphieren, Sie möchten überzeugen.

4. Nehmen Sie auf den Stolz, die Empfindlichkeit und die Eitelkeit Ihrer Mitmenschen Rücksicht.

5. Natürlich sollen Sie auf Ihren Vorteil achten. Doch hüten Sie sich vor Rechthaberei und Besserwissen. Lassen Sie sich nicht in Streitgespräche ein, die Ihnen ohnehin keine Vorteile bringen.

6. Sagen Sie einem Mitmenschen nie direkt, daß er sich irrt. So handeln Sie weise wie Salomon.

7. Geben Sie den Mitmenschen keine Schuld an einem Mißgeschick.

8. Freundlichkeit und Gelassenheit sind ausgezeichnete Überzeugungsmittel.

9. Zorn und Haß machen Sie blind und schaden nur Ihrer Gesundheit.

10. Mit dem Selbstbejahungstext verstärken Sie auch Ihre positiven Gefühle gegenüber den Mitmenschen.

11. Trennen Sie sich von Gedanken negativen Inhalts. Bringen Sie anderen Wohlwollen und Freundlichkeit entgegen.

12. Haben Sie Verständnis für die Schwächen und Fehler des Nächsten. Denken Sie daran: Jeder Mensch wird nur zu leicht ein Opfer unbewußter Vorgänge, von denen er sich nicht zu lösen vermag.

13. Billigen Sie anderen Menschen auch eine eigene Meinung zu, selbst wenn sie mit der Ihren nicht übereinstimmt.

14. Bringen Sie negativ eingestellten Menschen nicht Verachtung, sondern Mitleid entgegen. So schützen Sie sich vor negativen Gedanken.

15. Zeigen Sie Ihre positive innere Einstellung Ihrem Gesprächspartner durch ein Lächeln.

16. Achten Sie im Gespräch und im Leben überhaupt auf die Gefühle, die Sie anderen entgegenbringen, ohne darüber zu richten. Durch Gewahrwerden Ihrer Gefühle vermögen Sie sich vor negativen Auswirkungen zu schützen.

17. Versuchen Sie nach einer Meditationsübung, auch positive Eigenschaften am Mitmenschen zu entdecken. So entwickeln Sie die rechte Gesinnung, Ihren Partner zu überzeugen.

Kapitel 6

Die dreizehn goldenen Regeln wirksamer Beeinflussung

1. Verwenden Sie das richtige Lockmittel

Nehmen wir einmal an, Sie seien Angestellter und versuchten eine Gehaltsaufbesserung zu bekommen. Dann könnten Sie zum Beispiel wie folgt verfahren:

○ Sie sagen Ihrem Chef, Ihr Einkommen reiche für eine Familienurlaubsreise nicht aus.

○ Sie verweisen auf Ihre zahlreichen Kinder, um eine Gehaltszulage zu bekommen.

○ Sie bitten die Kunden Ihrer Firma, mehr zu kaufen, da sonst Ihre Firma pleite macht!

Brechen wir hier die Juxliste der Möglichkeiten ab, denn Sie werden sich schon jetzt eines Lächelns nicht erwehren können. Jeder Mensch weiß, daß er so niemanden überzeugen wird. Es ist schon darauf hingewiesen worden: Menschen sind nur für das empfänglich, was ihren eigenen Interessen dient. Der Erfolg Ihrer Überzeugungskunst wird also zum großen Teil davon abhängen, ob Sie dem anderen das Gefühl vermitteln können, daß er für sich einen Vorteil gewinnt. Diese Überzeugungstaktik ist einfach, und trotzdem wird sie von den wenigsten Menschen angewandt. Das liegt vermutlich daran, daß eben die meisten Menschen nur an ihre eigenen Interessen denken und nicht fähig sind, sich auch auf die Wünsche der anderen einzustellen. Nur wenn es Ihnen gelingt, sich in die Lage Ihrer Mitmenschen zu versetzen, werden Sie sie auch überzeugen können. Das bedeutet jedoch keineswegs, daß Sie die eigenen Interessen zurückzustellen haben. Sie dürfen nur nicht darüber reden. Vielmehr müssen Sie immer darauf hinweisen, welcher Vorteil für den anderen dabei abfällt und wie er davon profitiert.

Um nun mit dem richtigen Argument zu überzeugen, müssen Sie systematisch vorgehen. Das geschieht in drei Schritten:

1. Sie müssen sich Gedanken über die besonderen Wünsche Ihres Partners machen.
2. Suchen Sie jenen Bereich zu finden, an dem Ihr Gegenüber am meisten interessiert ist. Zeigen Sie ihm, worin der Vorteil Ihres Vorhabens für ihn besteht.
3. Benutzen Sie als Köder nur die Interessen, die der andere hat, selbst wenn Sie seinen Geschmack nicht teilen sollten.

Drei Beispiele sollen dies verdeutlichen: Klein-Hänschen ist ein besonders schlechter Esser. Immer wenn er beim Essen sitzt, denkt er ans Spielen. Daher ißt er nicht wie gewünscht, und seine Mutter fürchtet um seine Gesundheit. Sein Vater hat schon oft versucht, ihn darauf hinzuweisen, wie wichtig eine ausreichende Mahlzeit ist. Doch vergeblich. Da wird Hans von einem Nachbarskind kräftig verprügelt. Heulend kommt er nach Hause. Als nun Mutter zu ihm sagt: »Wenn du genügend ißt, wirst du groß und kräftig und kannst Karl verhauen«, hat sie genau das Bedürfnis angesprochen, das Hans in tiefstem Herzen bewegt. So widmet er diesmal sein ganzes Interesse der Einnahme der Mahlzeit, denn er wünscht sich nichts sehnlicher, als es seinem Peiniger demnächst heimzuzahlen.

Das zweite Beispiel ist auch dem familiären Bereich entnommen. Nehmen wir einmal an, Sie interessierten sich für Fotografie und besonders für Fotoapparate. Sie machen mit Ihrer Frau einen Wochenendbummel, und die Gute ist gar nicht an Ihrem Hobby interessiert. Wenn Sie nun zu Ihrer Frau sagen: »Schauen wir uns zuerst einige Fotogeschäfte an, und essen wir dann in einem Lokal gemütlich zu Abend«, so wird sie gewiß nichts gegen den Besuch von Fotohändlern einwenden; vorausgesetzt natürlich, sie speist gern mit Ihnen in einem Restaurant. Denn Sie haben selbstverständlich mit dieser Überzeugungsmethode nur dann Erfolg, wenn Sie das Bedürfnis der Mitmenschen erkannt haben.

Nun das dritte Beispiel. Ein Werk der chemischen Rohstoffindustrie beliefert unter anderen Kunststoffverarbeitungsbetriebe, die die Kunststoffe zu Platten für die Bauindustrie, zu Haushaltsartikeln und Spielzeug verarbeiten. In der letzten Zeit hat es zwischen den Rohstoffherstellern und den Verarbeitungsbetrieben Schwierigkeiten gegeben. Ein Direktor des Werkes der chemischen Industrie ist der Ansicht, die Ursache liege nur darin, daß die Verarbeitungsbedingungen vom Verarbeiter nicht sorgfältig genug eingehalten werden. Zur Behebung der Schwierigkeiten diktiert er seiner Sekretärin an alle betroffenen Kunden folgendes Schreiben:

»Sehr geehrte Herren, in den vergangenen Monaten hat es zwischen Ihnen und unserer Unternehmung Reibereien gegeben, die darauf zurückzuführen sind, daß von Ihnen die Verarbeitungsbedingungen unserer Rohstoffe nicht genau eingehalten werden. Wir bitten um Abhilfe, denn es ist uns nicht möglich, auch in Zukunft kostenlose Ersatzlieferungen zu tätigen. Dürfen wir Sie daher bitten, unsere Rohstoffe in Zukunft sachgemäßer zu verarbeiten? So wird es bei Ihnen nicht zu Produktionsausfällen kommen, und wir könnten unsere Produktion besser planen.«

Was war der Erfolg des Briefes? Die Tatsache, daß er mit einem Vorwurf beginnt, wirkt sofort negativ auf den Empfänger. Doch nicht genug damit: es wird nur an die Probleme der Rohstoffhersteller gedacht. Soll doch der Hersteller zahlen, wenn er nicht die Qualität des Produktes garantieren kann! werden die meisten Kunden beim Lesen des Briefes denken. Nur im letzten Satz des Briefes wird auf die Schwierigkeiten des Verarbeiters hingewiesen, das aber viel zu kurz. Durch den Ton des Briefes wird beim Kunden Kampfbereitschaft geweckt und keineswegs die Wirkung erreicht, die beabsichtigt ist.

Bemühen wir uns einmal, die ganze Angelegenheit aus der Sicht und der Interessenlage des Kunden zu sehen. Stellen wir die Bedürfnisse des Rohstoffherstellers in den Hintergrund. Dann könnte der Brief etwa so lauten:

»Sehr geehrte Herren, wir sind immer bemüht, das Vertrauen zu erfüllen, das Sie in uns setzen, und stets Produkte der gewünschten Qualität zu liefern, um den Anforderungen unserer Abnehmer zu genügen. Wie es sich bei den Spezialprodukten nicht vermeiden läßt, müssen die Verarbeitungsbedingungen genau eingehalten werden. Denn nur so kann die bekannt gute Qualität Ihrer Erzeugnisse immer

gewährleistet werden. Das hat außerdem den Vorteil, daß Ihre
Maschinen optimal ausgelastet werden und nicht durch eventuelle
Fehlproduktion blockiert werden. Wir haben daher eine übersichtliche
Zusammenstellung der optimalen Verarbeitungsbedingungen der von
Ihnen bezogenen Produkte beigefügt. Bitte fassen Sie die kleine
Broschüre als kleine Serviceleistung unsererseits auf. Sollten Sie noch
irgendwelche Fragen haben, zögern Sie bitte nicht, unsere Anwen-
dungstechniker um Rat und Hilfe zu bemühen. Wir sind jetzt wie in
Zukunft immer dazu da, nicht nur optimale Produkte zu liefern,
sondern Ihnen auch bei der Verarbeitung unserer Materialien zu
helfen.«

Ich will nicht behaupten, dieser Brief sei schon der beste aller
möglichen. In jedem Fall ist er aber wesentlich wirksamer als der
erstzitierte. Denn hier stellt sich der Direktor ganz auf die Probleme des
Abnehmers ein. Und er behelligt ihn nicht mit den Interessen der
eigenen Firma, die den Kunden ohnehin nicht interessieren würden.

Das sind nur drei Beispiele aus unterschiedlichen Lebensbereichen,
um Ihnen die Ködermethode klarzumachen. Doch jeder Fall liegt
anders. Und Sie kommen nicht darum herum, die Bedürfnisse Ihrer
Partner genau zu studieren. Erst dann können Sie an den Angelhaken
den Köder hängen, bei dem der andere auch anbeißt. Versuchen Sie also,
die Dinge vom Standpunkt des anderen aus zu sehen, und Sie vermögen
andere zu überzeugen, ohne Ihre eigenen Interessen zu opfern. Am
schnellsten überzeugen Sie immer dann, wenn es Ihnen gelingt, jenes
Bedürfnis Ihres Mitmenschen zu erfassen, von dem er am stärksten
gesteuert wird.

Ein Bekannter von mir war Gruppenleiter im Verkauf einer großen
Unternehmung. Verkaufen und der Umgang mit Kunden machten ihm
viel Freude, und sein Ziel war es, einmal Verkaufsleiter zu werden. Da
wurde er vom Leiter einer dem Vorstand unterstehenden Planungsabtei-
lung angesprochen, ob er denn nicht in seiner Abteilung wichtige
Aufgaben für den Vorstand erledigen wolle. Der Abteilungsleiter
schilderte meinem Bekannten die Aufgabe eines »Vorstandsassistenten«
in so bewegten Worten, daß mein Bekannter allein »Vorstand« hörte,
während sein Vorgesetzter nur »Assistent« dachte. Mein Bekannter ließ
sich aus der Verkaufsabteilung versetzen, wo man froh war, einen
Rivalen los zu sein. Die Erwartungen des ehemaligen Gruppenleiters
wurden jedoch in der neuen Stellung nie erfüllt.

Die Geschichte zeigt ganz deutlich: Der Abteilungsleiter vermochte meinen Bekannten nur deshalb so gut zu beeinflussen, weil er geschickt an sein Geltungsbedürfnis appellierte. Trotz der eigenen scheinbar klaren Zielsetzung war sich mein Bekannter gar nicht bewußt, von welch anderem starken Gefühl er gesteuert wurde. Wir werden in einem später folgenden Kapitel noch eingehend darauf zu sprechen kommen, wie wir uns selbst der manipulierenden Beeinflussung durch andere entziehen.

Halten wir in diesem Zusammenhang jetzt noch einmal Folgendes fest: Sprechen Sie in einem Gespräch, bei dem Sie Ihr Gegenüber für sich gewinnen wollen, nie von Ihrem Wunsch. Stellen Sie nie Ihr Interesse heraus. Versuchen Sie, dem Mitmenschen vielmehr das Gefühl zu vermitteln, daß es dabei auch um seinen Vorteil geht. Stellen Sie sich ganz auf die Interessen des anderen ein, ohne dabei die eigenen zu opfern. Das ist zwar nicht einfach und bedarf am Anfang einer inneren Umstellung. Wenn Sie so verfahren, können Sie überzeugen. Der Aufwand ist für Sie nicht groß im Verhältnis zu dem, was Sie dabei gewinnen.

2. Lassen Sie Ihren Mitmenschen Anerkennung zukommen, doch schmeicheln Sie ihnen nicht

Auf einem meiner Seminare sagte eine Düsseldorfer Chefsekretärin einmal zu mir: »In unsere Firma kommt immer ein Vertreter, der mir jedesmal sagt, wie hübsch ich aussehe. Selbst wenn ich schwer erkältet bin und gewiß nicht den besten Eindruck mache, höre ich dieses Kompliment. Wissen Sie, ich kann das Gerede dieses Mannes schon gar nicht mehr hören, der offenbar nur den Ratschlag einer billigen und primitiven Erfolgsfibel bei mir anwendet.«

Die Frau hat das Kompliment des Vertreters als ganz billige Schmeichelei empfunden, und das war es im Grunde auch. Nun gibt es allerdings auch intelligente Leute, die durchaus mit einer billigen Schmeichelei zu gewinnen sind. Es existieren sogar genug Chefs, die beeindruckt sind, wenn ein Untergebener plump erklärt, wie sehr er sich freut, unter einem solchen Vorgesetzten arbeiten zu dürfen. Und so manches Frauenherz schmilzt dahin, wenn ein Heiratsschwindler mit den plumpsten Komplimenten arbeitet. Es ist eben durchaus so: Jedermann möchte gern anerkannt werden. Selbst ein Mark Twain sagt:

»Von einem Kompliment kann ich vier Wochen leben.« Menschen sind nun einmal Wesen voller Eitelkeit und Verletzbarkeit.

Damit soll allerdings billigen Schmeicheleien nicht zu Wort geredet werden.

Das sicherste Mittel, Ihre Mitmenschen zu überzeugen, besteht darin, ihnen echte Anerkennung zukommen zu lassen. Sie fragen, worin der Unterschied zwischen Schmeichelei und echter Anerkennung liege? Nun, echte Anerkennung setzt voraus, daß Ihre Worte von Herzen kommen. Das ist aber nur möglich, wenn Sie den Mitmenschen genau beobachten und ihm Interesse entgegenbringen. Sie müssen sich also mit Ihrer Mitwelt beschäftigen, denn nur dann vermögen Sie echte Anerkennung und ehrliche Komplimente zu äußern. Tun Sie das, so geraten Sie gewiß nicht in Verdacht, bloß schmeicheln zu wollen. Versuchen Sie es mit aufrichtigen, von Herzen kommenden Komplimenten, und Sie werden überrascht sein, über welch große Hilfsmittel Sie verfügen, um andere für sich zu gewinnen.

Es gibt viele Arten, durch ein Kompliment zu überzeugen. Einer meiner Kollegen kam aus dem Urlaub mit einem Vollbart zurück. Als ich ihn sah, assoziierte ich sofort das Bild eines bayerischen Freiheitskämpfers aus früheren Jahrhunderten. »Sie wirken mit dem Bart wie ein süddeutscher Unabhängigkeitskämpfer«, sagte ich zu ihm, und ich meinte es auch ehrlich so, wie ich es sagte. Sie hätten sehen sollen, wie sein Gesicht zu strahlen begann. »So, tatsächlich«, meinte er trocken, aber man sah es ihm deutlich an, wie stolz er war. Wenn ich ihm in den folgenden Wochen begegnete, grüßte er besonders freundlich schon aus größerer Entfernung und winkte mir zu.

Sagen Sie Ihrer Frau einmal, wie gut sie aussieht oder wie glücklich Sie mit ihr sind. Wenn Sie abends nach einer Meditationsübung über Ihre Ehe nachdenken, wird Ihnen einfallen, was Ihre Frau schon alles für Sie getan hat, und das Kompliment wird von Herzen kommen. Oder bringen Sie Ihrer Frau Blumen mit. Sagen Sie Ihrem Mann ruhig einmal, daß Sie es fabelhaft finden, daß er sich jahraus jahrein für die Familie abrackert. Probieren Sie es nur, und Sie werden erstaunt sein, wie positiv Ihr Partner bzw. Ihre Partnerin reagieren wird. Außerhalb Ihrer Familie können Sie einem Menschen um so leichter Anerkennung zollen, wenn Sie Näheres über seine Familie, seine persönlichen Hobbys, seine beruflichen Erfolge und seinen Bekanntenkreis oder seine Umwelt wissen. Machen Sie also Komplimente indem Sie einem Mann sagen, was er für eine hübsche und nette Frau oder für tüchtige Kinder hat. Sprechen Sie ihn auf seine Hobbys an, über die Sie schon vorher etwas in Erfahrung gebracht haben. Sie brauchen z.B. nur zu sagen: »Ich habe gehört, Sie seien ein guter Schifahrer. Machen Ihnen Steilhänge keine Angst?« Sie brauchen nicht viel über das Hobby des anderen zu wissen. Stolz wird er Ihnen einen Vortrag halten, und Sie brauchen nur noch aufmerksam zuzuhören und ihn interessiert anzublicken. Oder machen Sie eine anerkennende Bemerkung über einen beruflichen Erfolg, auf den Ihr Partner besonders stolz ist. Versuchen Sie es einmal, Sie werden feststellen, welch große Überzeugungskraft von Herzen kommende Anerkennung hat. So schaffen Sie sich Freunde, die Sie leicht für Ihre Ziele zu gewinnen vermögen.

Nochmals: Natürlich sollte das Interesse nicht gespielt, sondern echt sein. Indem Sie Ihre Beobachtungsgabe im Alltag schulen, wird es Ihnen leichtfallen, bei Ihren Mitmenschen Eigenschaften zu bemerken, die Sie loben können. Versuchen Sie nur einmal, jemandem zu sagen, Sie fänden seine Krawatte oder ihr Kleid besonders schön. Was für eine Nebensächlichkeit, werden Sie vielleicht denken. Doch für den anderen ist das Lob weit mehr als nur ein Kompliment über ein Kleidungsstück. Er fühlt deutlich Ihr aufrichtiges Interesse an ihm. Indem Sie ihm Anerkennung zollen, steigt sein Selbstwertgefühl. Und jetzt und in Zukunft bringt er Ihnen besonders freundliche Gefühle entgegen, so daß Sie leicht zu überzeugen vermögen, wenn Sie einmal auf ihn angewiesen sind. Denn Sie sind ja eine Ausnahme von der Regel, weil für Sie ein Mitmensch nicht eine Nummer oder gar Luft ist, sondern eine Persönlichkeit, die Sie achten und schätzen.

Jeder Mensch hungert nach Lob und Anerkennung. Und es kostet Sie nur ein wenig Aufmerksamkeit, um aufrichtige Komplimente machen zu können. Solche aufrichtige Anerkennung vermögen Sie immer dann auszusprechen, wenn Sie sich auf Ihre Mitmenschen wirklich einstellen und nach einer Meditationsübung sich bemühen, Gutes am anderen zu entdecken.

Bei meinen vielen Seminaren habe ich nie einen Menschen kennengelernt, bei dem es nicht etwas Interessantes und Positives zu entdecken gab. Ihnen wird es im Umgang mit Menschen nicht anders ergehen. Denn jeder Mensch verfügt über eine Eigenschaft, auf die er besonders stolz sein kann und die wir selbst nicht haben, Versuchen Sie, eine solche Eigenschaft zu entdecken. Trennen Sie sich von dem Vorurteil, aufrichtige Anerkennung und Komplimente als Ihrer unwürdige Schmeichelei anzusehen. Genau das Gegenteil ist der Fall. Es wird Ihnen das positive Denken über Mitmenschen um so leichter fallen, je mehr Sie fähig werden, am anderen auch Gutes zu entdecken. Eine solche Einstellung wird Ihnen innere Gelassenheit geben und verhindert Streitsucht, Zorn oder gar Haßgefühle. Diese innere Haltung hat aber auch noch einen anderen unschätzbaren Vorteil für Sie: so werden Sie leichter die Kraft aufbringen, einen weiteren Anlauf zu nehmen, um einen Menschen von sich zu überzeugen, wenn dies beim ersten Versuch nicht gelungen ist.

Wie man auch indirekt durch Anerkennung und Komplimente überzeugen kann, zeigt folgendes Beispiel: Frau Pauk ist Verwaltungsleiterin in der Abteilung einer Gesamthochschule in Nordrhein-Westfalen. Mit Beharrlichkeit, Charme, Können und Überzeugungskraft hat sie es verstanden, in Konkurrenz mit Männern diese Position zu erreichen. Wo nun aber viele Menschen miteinander auszukommen haben, gibt es auch Mißgunst, Sympathien, Antipathien und versteckte und offene Rivalitäten. So hat es eine Verwaltungsleiterin gewiß nicht leicht, sich in all dem Gerangel zu behaupten und durchzusetzen. Um feindselige Stimmungen zu verringern, greift Frau Pauk manchmal zu folgender Technik: Bringt einer ihrer Mitarbeiter einmal eine abfällige Bemerkung an oder macht er sonst eine mißgünstige Äußerung über einen Kollegen, so sagt sie erstaunt: »So, tatsächlich? Das überrascht mich aber. Dabei hat doch Herr X neulich so nett über Sie gesprochen.« Dem Betreffenden wird dann seine böse Äußerung sehr peinlich, und meistens schämt er sich, überhaupt geredet zu haben. Doch es bleibt keineswegs allein bei diesem Erfolg. Plötzlich sieht er den Kollegen auch in einem ganz anderen Licht. Sehr oft konnte mit dieser Technik das Arbeitsklima unter Mitarbeitern verbessert werden.

Natürlich liegt es auf der Hand, daß Frau Pauk diese Technik nicht ständig anwenden kann. Auch sind solche Verwaltungsleiterinnen selten, und Sie selbst können nicht hoffen, daß Ihre Vorgesetzten Ihnen die Arbeit abnehmen, andere für Sie zu gewinnen. Suchen Sie vielmehr selbst nach positiven Dingen bei anderen und loben Sie die entdeckten Vorzüge. Sie brauchen es nur einmal zu versuchen: der Erfolg beweist mehr als noch so viele Worte. Mit Ihren Bemühungen zahlen Sie nur einen geringen Preis, und dennoch ist Ihnen der positive Einfluß auf Ihre Mitmenschen gewiß.

3. Warum Lächeln so wichtig ist

Kein Erfolg ist möglich, ohne andere Menschen für sich einzunehmen. In Kapitel 4, Abschnitt 2, haben Sie gelernt, wie Sie Ihre positive Ausstrahlung steigern können. Der andere spürt sehr genau, ob von Ihnen ein positives oder negatives Fluidum ausgeht. Sie wissen auch, wie sehr sich Ihr positives Denken auf Ihr Verhalten auswirkt. Dennoch meinen viele Menschen immer wieder, sie könnten ihren Nächsten dann am besten beeindrucken, wenn sie durch starren und bösen Gesichtsausdruck zeigen, wie zornig sie auf ihn sind. Solche Verhaltensweisen sind im Tierreich weit verbreitet. Kämpfende Hunde fletschen einander an, knurren und stellen ihre Nackenhaare senkrecht. Doch mit böser Miene werden Sie in den wenigsten Fällen Ihr Gegenüber beeindrucken. Ihr böser Gesichtsausdruck ist ja nur der Ausdruck der schlechten Gedanken, die Sie über den anderen hegen. Und anstatt ihn zu überzeugen, erreichen Sie gerade das Gegenteil und quälen sich nur selbst. Wenn Sie andererseits Ihrem Gegenüber seine Feindseligkeit mit gleicher Münze heimzahlen, so sinken Sie nur auf das armselige Niveau Ihres Gegners herab. Meinen Sie nur nicht, es gäbe keine Möglichkeit, sich einer solchen Reaktion zu entziehen.

Feindseligkeiten Dritter haben nur dann einen Einfluß auf Sie, wenn Sie diesen einen Platz in Ihrem Geiste einräumen. Nicht der andere schädigt Ihr Glück und Ihr Wohlbefinden. Sie selbst tun es mit den Gedanken, die Sie sich über den anderen machen! Wenn Sie eine böse Miene aufsetzen oder gar zeigen, wie Sie sich ärgern, so beweisen Sie damit nur, wie sehr Sie Ihrem Mitmenschen Macht über Ihre Gedanken einräumen.

Entscheiden Sie sich daher ein für allemal für positives Denken. Gehen Ihnen negative Gedanken über einen Mitmenschen durch den Kopf, so stoppen Sie den Fluß der Gedanken, indem Sie positive Vorstellungen über den Betroffenen aufbauen. Wenn Sie solcherart Ihr Denken verändern, wird es Ihnen leichtfallen, dem anderen mit einem Lächeln zu begegnen. Es ist ein Lächeln, das überzeugen wird, denn es ist weder schablonenhaft noch oberflächlich. Es kommt vielmehr aus der Tiefe Ihres Herzens und verbindet Sie mit Ihrem Mitmenschen in Sympathie.

Warten Sie aber nicht, bis sich ein Lächeln gleichsam von innen einstellt. Bemühen Sie sich, mehrmals am Tage mit Absicht zu lächeln.

Dann werden Sie feststellen, daß dieses Lächeln in Ihnen eine Art
Entspannung und innere Heiterkeit auslöst. Versuchen Sie es nur
einmal, und Sie werden meine Beobachtung bestätigt finden. Ich machte
diese Erfahrung zum erstenmal auf einer Fernostreise. Doch bei dieser
Erfahrung allein blieb es nicht. Bald stellte ich fest: Das Lächeln kommt
zurück und bringt uns überall eine freundlichere Einstellung ein.

Bemühen Sie sich also, so oft wie möglich zu lächeln. Lächeln Sie,
wenn Sie Ihrer Frau oder Ihrem Mann guten Morgen sagen, wenn Sie
dem Pförtner begegnen oder einen Geschäftspartner treffen. Bald
werden auch Sie feststellen, wie förderlich sich Ihr Lächeln auf die
zwischenmenschlichen Beziehungen auswirkt. Ein lebensfroher, positiver Mensch ist überall gern gesehen, und mit einem Lächeln überzeugen
Sie andere besser als mit bitterböser Miene oder einem verkrampften
Gesichtsausdruck. Dieser Ratschlag gilt auch im Umgang mit Vorgesetzten.

Halten wir also fest: Unterstützen Sie Ihre positive Ausstrahlung,
indem Sie sich am Tage mehrmals um ein Lächeln bemühen. So sieht
man Ihnen deutlich Ihre Lebensbejahung und wohlwollende Einstellung anderen gegenüber an. Ihre positive Einstellung zum Leben steckt
an, und so werden Ihre zwischenmenschlichen Beziehungen immer
besser werden. Die Folge ist, daß Sie andere Menschen leichter für sich
zu gewinnen und zu überzeugen vermögen.

4. Mit bildhafter Darstellung Ihrer Absichten können Sie andere leichter überzeugen

In Kapitel 3, Abschnitt 5, haben Sie erfahren, wie wichtig es ist, selbst
begeistert zu sein, um beim anderen Begeisterung zu wecken. Dazu ist
aber als Überzeugungsmittel eine ganz besondere Technik nötig: Sie
müssen sich einer bildhaften Darstellungsweise bedienen, um Ihr
Vorhaben für den anderen packend und lebendig zu schildern.

Als meine Tochter sieben Jahre alt war, standen wir vor der Frage,
welches Musikinstrument das Kind erlernen sollte. Wenn der Wille
unserer Tochter entscheidend gewesen wäre, hätte sie am liebsten gar
kein Instrument spielen und lieber im Garten herumtollen wollen.
Meine Frau versuchte nun, meine Tochter zum Klavierspielen zu
überreden. Sie malte ihr das Bild aus, wie sie als Pianistin die Zuhörer
begeistert, und natürlich waren unter den Zuhörern auch ihre beiden

Cousins, an deren Bewunderung meiner Tochter besonders gelegen war. Durch die lebendige, bildhafte Schilderung war die Begeisterung meiner Tochter sofort geweckt. Plötzlich hatte sie große Lust, das Klavierspiel zu erlernen. »Papa, wann kaufen wir ein Klavier? Welche Lehrerin unterrichtet mich? Wann beginnt der Unterricht?« Mit solchen Fragen bedrängte mich meine Tochter, sie hatte nun große Eile, Klavierspielen zu lernen.

Um welchen Lebensbereich es sich auch immer handelt: wenn Sie jemanden überzeugen wollen, müssen Sie Ihre Vorstellungen so bildhaft und lebendig wie möglich vortragen. Das erweisen ja auch Muster und Modelle im Geschäftsleben. Ein gutes Modell verkauft besser als noch so viele Worte. Bei meinem letzten Schiurlaub in der Schweiz sah ich im Schaufenster eines Häuslermaklers ein bezauberndes Modell eines Chalets. Es verführte mich dazu, das Geschäft zu betreten, um nähere Einzelheiten zu erfahren. Im Gespräch erfuhr ich vom Makler, daß dieses Miniaturmodell ihm schon viele Kunden zugeführt habe.

Die Fernsehreklame hat mit ihrer bildhaften Überzeugungsmagie erreicht, daß die Tätigkeit des Verstandes beim Zuseher oft weitgehend ausgeschaltet wird. »Weiß, weißer, am weißesten! Das strahlendste Weiß meines Lebens!« flöten Waschmittel-Werbespots, mit denen man die Hausfrauen bombardiert. Und Bilder von lächelnden Hausfrauen, die stolz ihre weiße Wäsche zeigen, flimmern dabei über den Schirm. Dabei ist die Werbung »Weiß, weißer, am weißesten« purer Unsinn, Weiß läßt sich ja schließlich nicht mehr steigern. Das stört die Werbung aber gar nicht. Im Gegenteil. Schon wenige Wochen später wird für ein neues Produkt geworben, das »das strahlendste Weiß meines Lebens« sogar noch übertreffen soll. Viele Frauen aber erliegen diesem Unsinn – und das nur, weil das Unterbewußtsein einer Beeinflussung durch Bilder besonders zugänglich ist.

Ich kenne einen Vertreter, der sich mit großen Anstrengungen bemühte, Laborgeräte an Kunden zu verkaufen. Der Erfolg war mäßig. Die meisten zeigten seinen Prospekten gegenüber nur sehr wenig Aufmerksamkeit. Ganz anders sah es dagegen aus, als er kleine Geräte mit auf die Reise nahm. Interessiert betrachteten die Menschen seine Apparate. Und als er dann noch bat, in fünf Minuten einen Versuch vorzuführen, sagten zwar viele: »Aber nur fünf Minuten«, aber sie sahen doch voll Interesse zu. Und was kam dabei heraus? Die meisten Kunden waren von seinen Vorführungen so beeindruckt, daß sie plötzlich wesentlich mehr Zeit übrig hatten als besagte fünf Minuten. Sehr häufig wurde der Vertreter auch noch ermuntert, weitere Experimente vorzuführen. Es ist wohl schon fast überflüssig zu erwähnen, wie positiv sich diese Präsentationstechnik auf den Absatz der Geräte auswirkte. Bemühen Sie sich stets, mit packender und lebendiger Darstellung zu überzeugen. Lassen Sie vor dem geistigen Auge der Menschen Bilder entstehen, die sie beeindrucken. Noch einfacher und wirksamer ist es, Bilder oder Gegenstände für sich sprechen zu lassen, wenn Sie jemanden überzeugen wollen. Versuchen Sie es. Sie werden erstaunt sein, wie leicht Sie auf diese Art das Interesse Ihrer Mitmenschen gewinnen.

5. Erregen Sie Aufmerksamkeit

Warum Initiative so wichtig ist und wie Sie ein Mensch werden, der selbst die Initiative ergreift

Wenn Sie andere überzeugen wollen, müssen Sie zunächst das Interesse der Mitmenschen wecken. Nur wenn man Ihnen Aufmerksamkeit schenkt, haben Sie überhaupt eine Möglichkeit, andere zu überzeugen. Das setzt aber zunächst voraus: Sie müssen auf Ihren Gesprächspartner zugehen. Mit anderen Worten: Sie müssen die Initiative ergreifen. Doch gerade an dieser Notwendigkeit scheitern viele Menschen. Sie haben es schon längst aufgegeben, selbst initiativ zu werden. Sie hoffen ständig darauf, daß ihnen ein gütiges Schicksal endlich die Chance liefern wird, auf die sie schon lange warten. Unter diesen Menschen gibt es viele fleißige und begabte, die trotz aller Anstrengungen nie ihre Ziele erreichen, weil sie nicht verstehen, jemanden auf sich aufmerksam zu machen. Vielleicht haben sie es sogar ein oder mehrere Male versucht. Aber da ihnen dabei kein Erfolg beschieden war, zogen sie sich enttäuscht in sich selbst zurück.

Doch es gibt auch noch ein anderes Hindernis, das viele davon abhält, die Initiative zu ergreifen und andere auf sich aufmerksam zu machen: sich um den anderen Menschen zu bemühen, ihn zu überzeugen, bedeutet für viele von uns das Gefühl, sich zu erniedrigen, vor anderen zu kriechen, ja sogar sich selbst zu verleugnen. Es soll hier nicht darauf eingegangen werden, wer an diesem Gefühlsklischee die Schuld trägt. Vielmehr drängt sich die Frage auf, ob man sich tatsächlich erniedrigt, wenn man die Initiative ergreift und dem anderen entgegengeht.

Wir alle haben schon von erfolgreichen Heerführern vergangener Jahrhunderte gehört. Sehr oft täuschten sie dem Gegner Schwäche vor und ermunterten ihn zum Angriff. Ging der Gegner in die Falle, traf er plötzlich auf stärkere Heere, als er erwartet hatte, und war so leichter zu besiegen. Hatte sich etwa der Sieger erniedrigt, wenn er dem Feind zunächst Schwäche vorgetäuscht hatte?

Wir können die aufgeworfene Frage aber auch noch von einem anderen wichtigen Gesichtspunkt aus betrachten: Wenn Sie Angst haben, auf Ihre Mitmenschen zuzugehen, wenn Sie von Unsicherheit erfüllt oder von anderen negativen Gefühlen durchdrungen sind – was ist dann wohl die Ursache dafür, daß Sie nicht die Initiative ergreifen können? Es liegt klar auf der Hand: Nur Ihr negatives Denken ist der Grund, wenn Sie nicht die Kraft aufbringen, Ihren Mitmenschen entgegen zugehen. Mit anderen Worten: Mit Ihrem negativen Denken sind Sie Ihr eigener Feind. Ändern Sie Ihre Gedanken und Ihre innere Einstellung, und Sie vermögen dem anderen frei zu begegnen, um ihn zu überzeugen.

In Kapitel 4, Abschnitt 3, haben Sie eine Übung kennengelernt, um die Sicherheit Ihres Auftretens zu steigern. Doch darin allein erschöpft sich der Nutzen der Übung keineswegs. Sie fördert die auch in Ihnen vorhandene Fähigkeit, die Initiative zu ergreifen und auf den anderen zuzugehen. Sie wissen, wie Sie dabei vorzugehen haben.

○ Sie entspannen sich und machen eine Meditationsübung.

○ Wenn Sie feststellen, daß sich in Ihnen eine innere Ruhe ausbreitet, dann sprechen Sie den in Kapitel 4, Abschnitt 3, angegebenen Text in Gedanken. Geben Sie sich ganz der Wirkung der Worte hin. Lassen Sie sich voll von den Gefühlen durchdringen, die die Worte bei Ihnen auslösen.

○ Machen Sie die Übung in den ersten vier Wochen dreimal täglich, und zwar vor dem Aufstehen, am Mittag oder am frühen Abend, wenn Sie zu Hause sind, und vor dem Einschlafen. Und vergessen Sie dabei nicht: Es handelt sich hier nicht um ein bloßes Murmeln von Worten. Vielmehr sind die Gedanken die Auslöser von Gefühlen.

Wenn Sie verfahren, wie hier angegeben, so können Sie sicher sein: Sie finden immer neu die Kraft, die Initiative zu ergreifen und auf Ihre Mitmenschen zuzugehen. Es wird sich natürlich nicht vermeiden lassen, daß Sie mit Ihrer Überzeugungstechnik auch einmal einen Fehlschlag erleiden. Doch Sie wissen ja: Ein Fehlschlag ist keine Niederlage. Er zeigt uns nur an, daß wir etwas falsch gemacht haben. Jeder erfolgreiche Mensch hat mit Schwierigkeiten zu kämpfen. Auch Ihnen wird es nicht erspart werden, gelegentlich mehrere Versuche zu machen, bis sich Erfolg einstellt. Für Ihren Erfolg ist nur entscheidend, daß Sie nie aufgeben und es immer wieder versuchen. Wenn Sie nicht auf die eine Art zu überzeugen vermögen, dann versuchen Sie es eben auf eine andere Weise. Legen Sie daher das Buch nicht zur Seite, wenn der erste Versuch nicht gelingt. Führen Sie die erwähnte Übung durch. Aus der Tiefe Ihres Unterbewußtseins fließt Ihnen dann gleichsam wie aus einer sich nie erschöpfenden Kraftquelle immer neue Energie zu, die Kraft nie aufzugeben und auf Ihre Mitmenschen immer wieder zuzugehen. So verfallen Sie nicht in den Fehler so vieler Menschen, anderen die Schuld für einen Fehlschlag zu geben und sich schon nach einem ersten mißglückten Versuch resignierend in sich zurückzuziehen.

Eine sechzigjährige sehr attraktive und erfolgreiche Frau verriet mir einmal ihr Erfolgsrezept: »Wissen Sie«, so berichtete Sie, »wenn ich einmal jemanden nicht überzeugen konnte, so habe ich nie die Schuld abgewälzt. Vielmehr fragte ich mich: Was hast du falsch gemacht? Und: Wie kannst du besser überzeugen? Dann habe ich es erneut versucht. Natürlich hat es auch einige wenige Fälle gegeben, wo ich nicht durchgekommen bin. Doch in den meisten Fällen ist es mir mit meinem Rezept geglückt.«

Machen Sie sich das Erfolgsgeheimnis dieser lebenserfahrenen Frau zu eigen. Führen Sie die empfohlene Übung regelmäßig durch, wird sich auch der Erfolg einstellen, und Sie werden über mehr Initiative verfügen, als Sie je geahnt haben. Schon nach etwa vierzehn Tagen werden Sie eine deutliche Änderung in Ihrem Verhalten verspüren. Nach spätestens vier Wochen werden Sie in den meisten Fällen den Aufwand für die Übung auf einmal am Tag reduzieren können. Viele Menschen haben mit der Technik der Selbstbejahung Initiative entfalten können, die zur Steigerung ihrer Überzeugungskraft notwendig war.

Hier nur ein Beispiel. Ein junger Mann suchte mich nach einem Vortrag auf, den ich in Lüdenscheid gehalten hatte. »Mein Chef hat mir empfohlen, an einem Kurs für Rhetorik teilzunehmen«, erzählte er mir. »Ich möchte aber auch meine Bildung erweitern, um besser zu überzeugen. Welche Lexika empfehlen Sie mir? Und schließlich: Was ist Rhetorik, und weshalb kann sie mir nützen?« Während er mit mir sprach, irrten seine Augen unsicher in der Gegend umher. Er drehte sich mehrmals nach rechts und links und machte den Eindruck, als ob er jeden Moment erwartete, neben ihm würde eine Bombe explodieren. Als er mir dann auch noch erzählte, er sei Vertreter, ahnte ich sofort, wo seine Schwierigkeiten lagen. Er konnte seine Kunden nicht überzeugen, ja er hatte erheblich Angst davor, sie ein zweites Mal aufzusuchen. Gewiß ein sehr extremes Beispiel, werden Sie einwenden. Doch selbst in diesem Fall half die obenangegebene Übung. Damit erreichte er für seinen Beruf mehr, als wenn er die Inhalte noch so vieler Lexika auswendig gelernt hätte. Natürlich machte er sich auch Gedanken darüber, wie er seine Kunden mit besseren Argumenten überzeugen konnte. Doch das fiel ihm nicht weiter schwer. Der junge Mann ist heute ein sehr erfolgreicher Vertreter, und niemand würde sich vorstellen können, wie sehr es ihm früher an Initiative ermangelt hatte.

»Ich bin schließlich kein Vertreter«, werden Sie vielleicht einwenden. Doch was Sie auch immer erreichen wollen, Sie benötigen mindestens ebensoviel Initiative wie ein Vertreter – und bei manchen Zielsetzungen sogar noch einiges mehr.

Entwickeln Sie also Initiative und trennen Sie sich mit der Selbstbejahungsübung von negativen Gedanken und Gefühlsklischees. Sie werden ein glücklicher und freierer Mensch – und vor allem: Sie werden überzeugen. Ihnen diese Fähigkeit zu vermitteln ist ja das Ziel dieses Buches.

Erregen Sie Aufmerksamkeit, indem Sie positiv auffallen.

»Man soll sein Licht nicht unter den Scheffel stellen«, sagt ein altes Sprichwort. Wenn Sie Ihrer Umwelt nicht zeigen, was Sie können, wird man nie auf Sie aufmerksam werden, und Sie vermögen nicht zu überzeugen. Bemühen Sie sich also, positiv aufzufallen, um andere auf sich aufmerksam zu machen.

Dazu ein Beispiel aus der Berufswelt. Vielleicht ergeht es Ihnen auch wie vielen Menschen, die nicht das Interesse ihres Vorgesetzten erwecken können. Dann überlegen Sie zunächst einmal, was in Ihrem Aufgaben- und Arbeitsbereich noch verbessert werden könnte. Haben Sie das herausgefunden, so lassen Sie sich bei Ihrem Chef einen Termin für ein Gespräch geben. Sprechen Sie zunächst über Ihre Arbeit und über das, was Sie bisher erreicht haben. Ihr Chef fühlt sich dann nicht nur von Ihnen als Vorgesetzter bestätigt, sondern er weiß auch, daß Sie

Ihre Aufgaben umsichtig, sorgfältig und gewissenhaft erledigen. Lenken Sie dann das Gespräch auf Ihre Verbesserungsvorschläge. Der Chef wird sie nicht ablehnen, wenn Sie Ihre Reformen nicht übertreiben. Wenn Sie dann nach einigen Wochen oder Monaten Ihrem Chef von den Erfolgen Ihrer Arbeit berichten, wird er sich als derjenige fühlen, der die guten Gedanken gehabt hat. Doch das soll Sie nicht stören. Sie haben Ihre Fähigkeiten gezeigt, sind positiv aufgefallen und haben so das Interesse Ihres Chefs geweckt.

Natürlich gibt es noch andere Techniken aufzufallen. Sie können Fachartikel für Zeitschriften schreiben oder demselben Club beitreten, in dem Ihr Chef ist. Nicht als Aufforderung, sondern nur um der Vollständigkeit willen sei auch die direkteste Methode zu überzeugen nicht vergessen: Sie können – falls Sie ein Mann und unverheiratet sind – die Tochter Ihres Chefs heiraten, und dann ist es nicht mehr notwendig, noch weiter aufzufallen. Ich kenne gleich zwei Akademiker in einem großen Konzern, die auf diese Weise sogar Vorstandsmitglieder geworden sind. Aber Spaß beiseite!

Eine interessante Variante aufzufallen ist einem meiner Bekannten eingefallen. Bei der Erstellung einer Wirtschaftlichkeitsrechnung verzichtete er bewußt darauf, ein wichtiges Detail anzuführen. Sein Abteilungsleiter sah sich die Arbeit nur sehr oberflächlich an und übergab sie dann dem Vorstand. Einer der hohen Herren sah sich die Sache gründlich an und ging die Berechnungen von Anfang bis Ende durch. Doch ein Schritt in der Berechnung war ihm unverständlich: vergeblich bemühte er sich, den Gedankengang nachzuvollziehen. Um Zeit zu sparen, ließ er den Abteilungsleiter zu sich kommen. Doch auch der vermochte ihm nicht die Erläuterung zu geben, wie man es eigentlich von ihm hätte erwarten können. So blieb nichts anderes übrig, als meinen Bekannten zu rufen, der dann die notwendigen Erklärungen abgab, und Vorstand und Abteilungsleiter waren zufrieden.

Natürlich hätte mein Bekannter auch versuchen können, auf andere Art aufzufallen. Er hätte zu dem zuständigen Vorstandsmitglied gehen können, um ihm zu sagen, daß nicht der Abteilungsleiter, sondern er die schwierige Wirtschaftsberechnung mache. Doch mit einer solchen plumpen Methode hätte er nur das Gegenteil des Beabsichtigten erreicht und sich sehr geschadet.

Denken Sie sich für Ihre ganz besondere Situation Möglichkeiten aus, wie Sie in einer Sie auszeichnenden Weise aufzufallen vermögen.

Erregen Sie Aufmerksamkeit, indem Sie das Gegenteil von dem tun, was man von Ihnen erwartet

In dem Roman *Ein Yankee aus Connecticut an König Arthus' Hof* versetzt der Autor Mark Twain einen Amerikaner in die Zeit des Königs Arthus zurück. Der Amerikaner kämpft gegen einen Ritter, und er besiegt ihn auch, weil er sich einer Taktik bedient, die keiner erwartet: der Yankee fängt den Ritter einfach mit dem Lasso ein.

Überzeugen auch Sie, indem Sie sich anders verhalten, als man von Ihnen erwartet. Das tun Sie, indem Sie beispielsweise auf eine Beschimpfung hin nicht laut lospoltern, wenn Sie eine Niederlage lächelnd hinnehmen oder keine zornige Reaktion zeigen, wenn man Sie zu reizen versucht. Genauso unerwartet verhalten Sie sich auch, wenn Sie eine Beschuldigung nicht mit einer Rechtfertigung oder einen Angriff mit einem Gegenangriff beantworten. Das ist der beste Weg, Menschen zu begegnen, die Sie zu provozieren versuchen. So vermeiden Sie auch den Fehler, eine Verhaltensweise zu zeigen, zu der Sie Mitmenschen zu Ihrem eigenen Schaden herausfordern wollen.

Bemühen Sie sich immer, auf die Vorteile für den anderen hinzuweisen

Es wurde schon wiederholt darauf hingewiesen, daß jedermann in erster Linie nur an sich selbst interessiert ist. Sie werden Ihr Gegenüber nur dann überzeugen, wenn Sie es geschickt verstehen, die Vorteile herauszustellen, die für den anderen bei Ihrem Vorhaben herausspringen. Um systematisch vorzugehen, sind drei Schritte notwendig:

1. Sie müssen Ihrem Gesprächspartner seine Vorteile bei dem Vorhaben zeigen.
2. Sie haben die Vorteile zu beweisen.
3. Sie müssen bei Ihrem Mitmenschen auch den Wunsch erwecken, seinen Vorteil wahrnehmen zu wollen.

Dabei ist wichtig, daß Sie das Hauptgewicht Ihrer Informationen stets auf die Punkte legen, die die Meinung des Gesprächspartners günstig beeinflussen. Wenn Sie auch mögliche Nachteile nennen, werden Sie für besonders sachlich und objektiv gehalten; doch erwähnen Sie grundsätzlich nur solche Nachteile, die von geringer Bedeutung sind. Zielführend ist ferner, daß Sie immer mehrere Möglichkeiten anbieten. Der andere kann dann frei wählen und hat dann nicht das Gefühl, von Ihnen überfahren zu werden.

Besonders gut vermögen Sie zu überzeugen, wenn Sie nicht nur mit
Sachwissen auffahren, sondern auch noch Wissen über die persönlichen
Verhältnisse des anderen durchblicken lassen. Dann vermögen Sie auch,
dem anderen Anerkennung zu zollen. Sie wissen ja: Auf ehrliche
Komplimente spricht jeder besonders gut an. Nach einer persönlichen
Einleitung eines Gesprächs können Sie Ihr Gegenüber um so leichter
durch Sachwissen überzeugen.

Eine geschickte Kombination persönlicher Anknüpfung und sachlicher Überzeugung veranschaulicht folgendes Beispiel: Die Vertreter
mehrerer Maschinenfabriken bemühen sich, von einem Industriellen
einen bedeutenden Auftrag zu erhalten. Es versteht sich, daß sich die
Vertreter gut vorbereiteten. Sie studierten eifrig die Vorteile des eigenen
Angebots, um sie dann geschickt ins Spiel bringen zu können. Doch
einer der Vertreter beschränkte sich nicht allein darauf; er versuchte,
etwas über die persönlichen Vorlieben des Industriellen zu erfahren.
Und er hatte Glück: der Unternehmer sammelt altes chinesisches
Porzellan und hat einige kostbare Stücke im Konferenzzimmer auf
einem Schrank stehen. Der Vertreter beschaffte sich also aus verschiedenen Bibliotheken Bücher, um sich ausführlich über altes chinesisches
Porzellan zu orientieren. Als er dann zum abgesprochenen Termin beim
Industriellen vorsprach, brachte er nach der Begrüßung und den
üblichen einleitenden Worten geschickt das Gespräch auf die »schönen
chinesischen Vasen«, die im Zimmer standen. Er bewunderte das
»unübertreffliche Blau dieses Porzellans der Ming-Dynastie« und zählte
mehrere Museen im In- und Ausland auf, in denen ganz besondere
Kostbarkeiten zu finden sind. Es liegt auf der Hand, daß man sich
daraufhin mehr über chinesisches Porzellan als über die Maschinen
unterhielt. Da aber der Vertreter in bezug auf Maschinen nicht weniger
geschickt als seine Konkurrenten zu argumentieren verstand und
Qualitätserzeugnisse zu bieten hatte, braucht wohl kaum erwähnt zu
werden, wer schließlich den Auftrag erhielt.

Halten wir fest: Es ist erforderlich und sehr wichtig, über solides
Sachwissen zu verfügen. Mit Komplimenten allein werden Sie in
wichtigen Belangen niemanden für sich einnehmen können. Die größte
Überzeugungskraft entwickeln Sie immer dann, wenn Sie es geschickt
verstehen, Sachwissen mit anerkennenden Worten für den anderen und
seine Interessen zu verknüpfen.

Erregen Sie Aufmerksamkeit, indem Sie Vertrauen erwecken

Eine berühmt-berüchtigte Investmentgesellschaft hat jahrelang Kunden mit einer ganz einfachen Technik geködert: ihre Mitarbeiter wurden systematisch in der Kunst, wie man Vertrauen erweckt, geschult. Leider wurde dann das Vertrauen der Kunden schändlich ausgenutzt. Nun soll es zwar gewiß nicht Ihre Absicht sein, das Vertrauen anderer zu mißbrauchen; außerdem würden Sie langfristig niemanden überzeugen. Doch auch Sie können bei Ihrem Bestreben, Menschen zu überzeugen, nicht darauf verzichten, beim Mitmenschen Vertrauen zu erwecken, ohne es dann zu mißbrauchen.

Doch wie wirkt man vertrauenswürdig, wie ist im einzelnen vorzugehen? Um beim Nächsten Vertrauen zu erwecken, müssen drei Voraussetzungen erfüllt sein: Bejahung, Zuwendung und Öffnung.

1. *Bejahung:* Dies ist eine sehr wichtige Bedingung. Sie wissen ja: Niemand liebt einen niedergedrückten, mißgestimmten Menschen, jedermann freut sich über Lebensfreude und Heiterkeit. Wer fröhlich ist und Selbstvertrauen beweist, dem trauen die Mitmenschen auch. Zeigen Sie dem anderen, daß Sie auch ihm vertrauen, so schaffen Sie eine für die Kunst zu überzeugen besonders günstige Atmosphäre. Mehrere der bisher dargelegten Techniken und Übungen zielen darauf ab, in Ihnen jenes positive, bejahende Verhalten aufzubauen:

O Mit dem Selbstbejahungstext (Kapitel 2, Abschnitt 3) stärken Sie Ihr Selbstvertrauen.

O Sie fördern Ihre positiven Gedanken und damit Ihre optimistische Grundeinstellung.

O Indem Sie sich mit Ihren Zielen identifizieren, entfalten Sie Begeisterungsfähigkeit, ohne sich aber dem Mitmenschen aufzudrängen.

O Mit dem Selbstbejahungstext für ein sicheres Auftreten (Kapitel 4, Abschnitt 3) steigern Sie Ihre positive Ausstrahlung.

O Mit dem Dreizehn-Punkte-Programm für den erfolgreichen Umgang mit Mitmenschen (Kapitel 4, Abschnitt 4) sind und wirken Sie immer positiv.

O Indem Sie die in Kapitel 5 dargelegten Fehler vermeiden, dokumentieren Sie, wie vertrauenswürdig Sie sind.

2. *Die Zuwendung:* Ein weder besonders kluger noch gutaussehender Mann erklärte seine großen Erfolge Frauen gegenüber so: »Ich habe

den Frauen immer die Anerkennung zukommen lassen, nach der sie
sich sehnten.« Auf die große Bedeutung anerkennender Würdigung
der Mitmenschen wurde schon hingewiesen.

Folgende bisher bereits erwähnte Techniken zielen darauf ab,
anderen Menschen die Anerkennung zu geben, die sie so sehr
benötigen:

○ Indem Sie im Alltag aufmerksam Ihre Mitwelt beobachten, gelingt es
  Ihnen, an Ihren Mitmenschen Anerkennenswertes zu entdecken.

○ Indem Sie nach einer Meditationsübung über die positiven Eigenschaften eines Menschen nachdenken, rücken Sie seine positiven
  Eigenschaften in den Vordergrund, und es fällt Ihnen um so leichter,
  sich diesem Mitmenschen zuzuwenden.

3. Öffnung: Wie Sie den Mitmenschen für sich »öffnen«, wissen Sie
bereits: Sie bemühen sich, dem anderen auf geschickte Art klarzumachen, welcher Vorteil für ihn Ihr Vorschlag bringen kann. Wie Sie im
einzelnen dabei vorgehen, ist in diesem Abschnitt, Seiten 106 ff.,
behandelt worden. Wie wichtig die »Öffnung« besonders wichtigen
Menschen gegenüber ist, zeigt auch die folgende Geschichte.
Der Verkaufsleiter eines Unternehmens hatte aufgrund starker Steigerung des Absatzes viele Erfolge für seine Firma für sich buchen können.
Dennoch bestand große Gefahr, daß er bei der geplanten Fusion seinen
Job verlieren würde. Was war der Fehler des Verkaufsleiters gewesen?
Nun, er hatte den Präsidenten der Gesellschaft sehr oft verärgert. So
hatte er immer vermieden, ihn auf Geschäftsreisen zu begleiten; auch
hatte er ihn von sich aus nie zu Rate gezogen, um so beim Präsidenten
das Gefühl zu erwecken, daß er mit am Verkaufserfolg der Firma
beteiligt sei. Ein Psychologe wies nun den Verkaufsleiter auf all die
Fehler hin, die er bisher gemacht hatte, und dieser änderte sein
Verhalten. Der Erfolg ließ nicht lange auf sich warten. Seine Stellung
und sein Gehalt »verdoppelten« sich, weil er infolge der Fusion zum
Verkaufschef der beiden zusammengelegten Unternehmungen avan-
cierte.

Erregen Sie Aufmerksamkeit, indem Sie sich einer Herausforderung
bedienen

Die Wirkung eines Komplimentes läßt sich in vielen Fällen noch durch
eine gleichzeitig angebrachte maßhaltende Kritik steigern. Ein Lob

wirkt überzeugender, wenn zugleich auch einschränkend etwas ausgesetzt wird. Aber da die Kritik im Vergleich zum Kompliment wenig ins
Gewicht fällt – darauf ist zu achten –, wird sie schnell vergessen werden.

Beispielsweise könnte ein Angestellter zu seinem Chef sagen:»Ich
würde entgegen Ihrem Vorschlag nicht diese Formulare, sondern die
anderen verwenden. Ich meine, das wäre psychologisch günstiger. Ich
habe darüber lange, auch am Wochenende, nachgedacht, denn Ihre
Organisationspläne haben mich sehr beeindruckt.« Natürlich sollte das
nur gesagt werden, wenn die Formulare im Rahmen der Neuorganisa-
tion völlig nebensächlich sind.

Nun gibt es nicht wenige Vorgesetzte, denen ein Untergebener, der
sich gelegentlich eine nicht zu scharfe Herausforderung herausnimmt,
viel lieber ist als jemand, der alles über sich ergehen läßt, ohne sich je zu
wehren. Ich habe einen solchen Chef schon bei meinem ersten
Einstellungsgespräch erlebt, als ich mich nach meiner Doktorarbeit um
eine Stellung bewarb. »Wenn Sie unsere hochgestellten Erwartungen in
dieser wichtigen Position nicht erfüllen, werde ich Sie noch während der
Probezeit hinauswerfen«, sagte er plötzlich zu mir, und ich fühlte, wie er
mich kritisch mit listigen Augen beobachtete, um die Wirkung seiner
Worte an meiner Reaktion abzulesen. »Wissen Sie«, entgegnete ich
ruhig, »ich habe mit einem Hauptseminarschein eben in diesem Fach als
Bester des Semesters abgeschlossen.« Ich zeigte dabei auch keine Spur
der Verunsicherung. Mein Verhalten beeindruckte den Direktor;
jedenfalls wurde ich eingestellt.

Neigt Ihr Vorgesetzter dazu, sich gegenüber besonders »friedlichen«
Untergebenen aggressiv zu benehmen, so wagen Sie gelegentlich selbst
eine Herausforderung. Fragen Sie Ihren Chef zum Beispiel, was er von
der im Fernsehen gezeigten naturwissenschaftlichen Sendung hält.
Wahrscheinlich hat er sie gar nicht gesehen. Berichten Sie dann kurz
darüber, so entheben Sie ihn peinlicher Ausflüchte. So könnten Sie in
seiner Achtung steigen. Natürlich dürfen Sie das nur selten machen.
Sonst fallen Sie womöglich unangenehm auf und geraten in Verdacht,
ein Besserwisser zu sein. Außerdem hängt, wie gesagt, der Erfolg dieser
Taktik besonders davon ab, welchen Charakter Ihr Chef hat. Ist er selbst
friedlich und versucht er nicht, Sie gelegentlich zu überfahren oder in die
Ecke zu drängen, so ist eine solche Defensivtechnik natürlich überflüssig.

Erregen Sie Aufmerksamkeit, indem Sie mit Autoritäten überzeugen

Schon in früher Kindheit lernen wir alle die Tatsache anzuerkennen, daß
es Menschen gibt, die auf bestimmten Gebieten mehr wissen als wir
selbst. Wenn die sogenannten Autoritäten auch nicht unfehlbar sind, so
beanspruchen sie doch, als Fachleute in ihrer Kompetenz und Überlegenheit anerkannt zu werden.

Wenn Sie Autoritäten bemühen, um andere Menschen für sich zu
gewinnen, so haben Sie dabei gleich zwei wichtige Argumente für sich:

○ Es wird Ihnen um so besser gelingen, Ihre eigennützigen Interessen
   zu verbergen, denn Sie bemühen ja Außenstehende zur Unterstützung Ihrer Pläne.
○ Da Fachleute meist als unfehlbar angesehen werden, wird niemand
   ihrer Meinung zu widersprechen wagen.

Natürlich wird niemand die Meinung von Sachverständigen heranzie-
hen, wenn sie für seine individuellen Zwecke unvorteilhaft ist. Man wird
sich nur der Ansichten von Fachleuten bedienen, wenn sie in das eigene
Konzept passen. Nun ist es häufig nicht möglich, Autoritäten um
Gutachten zu bitten; diese wären oft viel zu teuer. Es reicht aber
durchaus, die Ansichten von Autoritäten zu zitieren, die Sie in
Fachzeitschriften und Büchern gelesen oder im Rundfunk und in
Fernsehsendungen gehört haben.

Einer meiner Kollegen hatte bei der Planung seines Hauses Schwierigkeiten mit dem Bauamt. Er wollte sein Haus in Südlage auf sein
Grundstück bauen lassen, doch das Bauamt schrieb ihm eine andere
Lage vor. Mein Kollege verstand nun aber sehr geschickt sein Vorhaben
durchzusetzen. Wie er das machte? Er zeichnete im Bauplan Sonnenkol-
lektoren auf sein Dach, um so zum Ausdruck zu bringen, daß er einen
Teil seines Energiebedarfs mit Sonnenenergie decken wollte. Dann wies
er die Beamten des Bauamtes auf mehrere Regierungserlasse hin, jede
Art von Maßnahmen zur Verringerung des Erdölverbrauchs zu fördern.
Die Beamten wurden unsicher und genehmigten schließlich meinem
Kollegen, das Haus so auf das Grundstück zu setzen, wie er es
beabsichtigte. Nachdem die gewünschte Baugenehmigung erteilt war,
entschloß sich mein Kollege, aus Kostengründen auf die Sonnenbehei-
zung zu verzichten.

Eine ähnliche Bedeutung wie Autoritäten der verschiedensten Art
kommt auch Statistiken zu. Da steht eine Aussage schließlich schwarz

auf weiß, und die wenigsten Menschen werden daran zweifeln. Dabei ist es in Wirklichkeit so, daß Statistiken in vielen Fällen überhaupt nichts Konkretes aussagen. Man müßte außerdem genau wissen, wie die Erhebungen im einzelnen durchgeführt wurden. Doch darüber wird im allgemeinen nichts ausgesagt. Die Technik, mit dem Zitieren von Autoritäten zu beeindrucken, hat aber ihre Grenzen, und darauf muß in diesem Zusammenhang hingewiesen werden. Nehmen wir einmal an, Sie würden bei jeder guten Idee, die Sie im Betrieb durchsetzen wollen, immer darauf hinweisen, welcher bekannte Fachmann dieselbe Ansicht vertritt oder wer das von Ihnen empfohlene Verfahren schon lange mit großem Erfolg praktiziert hat; so würden Sie sich dem Vorwurf aussetzen, daß Sie nichts verstehen und nicht Persönlichkeit genug sind, Ihrer eigenen Entscheidung zu vertrauen. Wenn Sie dann Erfolg haben, würde man das Verdienst den von Ihnen zitierten Fachleuten zuschreiben und nicht Ihrer Arbeit. Bei einem Mißerfolg jedoch hätten Sie die ganze Verantwortung zu tragen, ohne irgendwelche Autoritäten dafür verantwortlich machen zu können. Verfallen Sie daher nicht in den Fehler, in Unterhaltungen, Vorträgen oder schriftlichen Arbeiten übertrieben mit Zitaten zu arbeiten. Niemand mag einen sogenannten »Zitaterich« gern. Sie gehen damit anderen auf die Nerven und zeigen, wie unselbständig Sie eigentlich sind. Selbst wenn Ihre Meinung mit der einer bekannten Autorität übereinstimmt, müssen Sie im Einzelfall selbst entscheiden, ob es für Sie ratsam ist, sich des bekannten Namens zu bedienen, um Ihrer persönlichen Ansicht mehr Nachdruck zu verleihen.

Sie erregen Aufmerksamkeit durch Wiederholung und Verstärkung

Die Werbung hat erkannt, wie vorteilhaft es ist, das Publikum immer mit demselben Werbespruch zu bombardieren. Die Botschaft gelangt schließlich ins Unterbewußtsein, und der solcherart Angesprochene wird so veranlaßt, das Produkt zu kaufen, für das geworben wird. Der Erfolg rechtfertigt das viele Geld, das die meisten für die Werbung ausgeben. Die Fernsehwerbung macht es sich auch noch sehr einfach: sie beschränkt sich immer nur auf einen Werbespot pro Produkt. Und in der ständigen Wiederholung liegt die große Wirksamkeit.

Nun dürfte in einigen Fällen durchaus ein Erfolg gegeben sein, wenn Sie ein Gespräch, in dem Sie jemanden überzeugen wollen, in ähnlicher Manier durch ständige Wiederholung bestimmter Fakten für sich zu entscheiden versuchen. Doch bei sehr vielen Menschen werden Sie damit auf Ablehnung stoßen. Dann müssen Sie es mit einer anderen Technik versuchen. Sie wissen ja, wie wichtig es ist, immer wieder die Initiative zu ergreifen und es immer wieder neu zu versuchen.

Auf die besondere Möglichkeit, Ihre Überzeugungskraft durch das Zitieren von Autoritäten zu verstärken, wurde schon vorher hingewiesen. Aber man muß – wie gesagt – dabei sehr vorsichtig sein, um nicht selbst auf Dauer an Überzeugungskraft zu verlieren. Nun müssen es aber nicht unbedingt Fachleute sein, mit deren Urteil Sie Ihre Überzeugungskraft verstärken. Wenn zum Beispiel im Fernsehen gesagt wird: »Millionen Menschen benutzen unsere Zahnpasta«, so wird für Sie die Botschaft glaubwürdig erscheinen, obwohl man Ihnen den Beweis für die Richtigkeit der Behauptung schuldig bleibt.

Sie können diese Technik in abgewandelter Form für sich anwenden. Wenn Sie es zum Beispiel schwer haben, Ihren Mann zum Kauf eines langersehnten Pelzmantels zu bewegen, so wird es Ihrer Überredungskunst zugute kommen, wenn Sie auf Frau Maier, Frau Müller oder andere Bekannte hinweisen, die schon einen Pelz besitzen. Jeder Mann wird für diese Überzeugungsmethode anfällig sein. Denn die meisten Menschen neigen dazu, sich an der Mehrheit zu orientieren. Und überlegen Sie einmal: Haben Sie nicht auch etwa erst auf die Spendenliste für das Jubiläumsgeschenk eines Arbeitskollegen geschaut, bevor Sie sich dazu entschlossen, einen bestimmten Betrag zu spenden?

Fassen wir hier das in diesem Abschnitt Gesagte zusammen: Führen Sie die Übung zur Selbstbejahung mehrmals täglich durch. So gewinnen Sie Initiative, denn Sie müssen immer versuchen, Ihre Mitmenschen für sich zu gewinnen. Die Übung verhilft Ihnen auch dazu, sich von Gefühlsklischees zu trennen, die Sie in die Isolierung bringen. Überlegen Sie ständig, wie Sie positiv auffallen und so noch besser überzeugen können. Stellen Sie Ihren Gesprächspartner immer in den Mittelpunkt Ihres Gespräches, wenn Sie ihn von etwas überzeugen wollen. Und vergessen Sie nie, was (um hier wieder einmal eine Autorität zu zitieren) Goethe sagte: »Niemand dient einem anderen aus freien Stücken; weiß er aber, daß er damit sich selber dient, so tut er es gerne.« Arbeiten Sie ständig an sich, um auf andere vertrauenerweckend zu wirken. Die Selbstbejahungsübung und Achtsamkeit im Alltag werden dazu erheblich beitragen. Überzeugen Sie auch – bisweilen – durch Zitieren von Autoritäten, wenn dies vorteilhaft für Sie ist.

6. Richtiges Zuhören – eine Technik, andere von sich zu überzeugen

Bei einem meiner Spaziergänge kam ich an einem Haus vorbei, dessen Besitzer an einer herrlichen Natursteinmauer im Garten arbeitete. Ich blieb stehen und sagte dem Mann, wie sehr mir seine Mauer gefiel. Ich meinte es ehrlich; Natursteine haben mich schon immer sehr beeindruckt. Weiter brauchte ich gar nichts mehr zu sagen. Denn der handwerklich geschickte ältere Herr begann sofort, mir einen langen Vortrag zu halten, worauf man beim Bau einer dauerhaften Natursteinmauer zu achten habe. Da mich seine Ausführungen sehr interessierten, fiel es mir auch nicht schwer, mit Interesse zuzuhören. Wie ich später erfuhr, hatte er sich nach diesem Gespräch sehr positiv über mich geäußert und mich als einen Menschen bezeichnet, mit dem man sich besonders gut unterhalten könne. Dabei hatte ich außer wenigen Fragen kaum etwas gesagt. Überdies verstand ich von Natursteinen überhaupt nichts. Meine ganze »Tätigkeit« hatte nur darin bestanden, ihm zuzuhören und ihm ungeteilte Aufmerksamkeit zu schenken. Ermuntert durch mein Interesse zeigte mir der Hausbesitzer bei einem meiner nächsten Spaziergänge sogar sein Haus, und stolz erklärte er, wie besonders gewissenhaft er es gebaut hatte, damit auch noch sein Enkel Freude daran haben sollte. Als ich mich nach über einer Stunde von ihm und seiner Frau verabschiedete, verließ ich das Haus beschenkt mit tiefgefrorenen Johannisbeeren und Wirsingkohl, die mir seine Frau und er mitgaben, um mir zu zeigen, wie groß ihre Erfolge auch in der eigenen Gemüsezucht waren.

Ich hatte bei den Gesprächen nicht die geringste Anstrengung unternommen, das Ehepaar zu irgend etwas zu überreden. Ich war nur ein aufmerksamer Zuhörer, war mit Lob und Anerkennung nicht zurückhaltend gewesen, und das hatte den Mann bewegt, immer mehr von sich zu erzählen, und hatte ihn ganz für mich eingenommen.

Durch Zuhören zu überzeugen ist einfach. Dennoch wenden nur sehr wenige Menschen diese so wirksame Technik der Überzeugung an. Begegnen einander zum Beispiel zwei Menschen, so spricht der eine oft nur von sich, und der andere hört nicht zu. Denn seine Gedanken kreisen wieder nur um die Probleme, die ihn persönlich angehen. Ist der Erzählende ans Ende gekommen, hört er nun seinerseits keineswegs dem anderen zu. Beider Gesichter zeigen deutlich, wie sehr sie nur an ihre eigenen Sorgen denken, ohne für ihre Mitmenschen aufmerksame

Zuhörer zu sein. Jeder spricht nur von sich selbst und denkt nur an seine
eigenen Belange, ohne sich zu bemühen, dem Nächsten auch einmal ein
offenes Ohr zu leihen.

In allen Lebensbereichen kann man dies beobachten. Denken Sie
einmal ehrlich darüber nach: Ermuntern Sie durch aufrichtiges Interesse
Ihre Frau oder Ihre Kinder, Näheres von sich zu erzählen? Oder machen
Sie es wie so viele, die die eigenen Sorgen nicht abschalten können und
versuchen, sich mit Entschuldigungen herauszureden? »Ich bin im
Geschäft zu sehr beansprucht!«, »Ich möchte mich etwas ausspannen!«,
solche und noch viele weitere Ausreden werden dann benutzt. Selbst
wenn die Menschen einmal ausgeruht und entspannt sind, wenden viele
ihr Interesse lieber dem Fernseher zu als den eigenen Familienangehörigen. Üben Sie daher, zunächst im Familienkreis ein aufmerksamer
Gesellschafter zu sein. Dann wird Ihnen das auch in anderen Lebensbereichen gelingen.

Man weiß heute: Viele Menschen suchen nur deshalb einen Arzt auf,
weil sie endlich hoffen, dort auf jemanden zu treffen, der ihnen einmal
zuhört. Und da ihre Erwartungen auch sehr oft erfüllt werden, so sitzen
in mancher Arztpraxis massenhaft Patienten, die eigentlich nur einmal
über sich selbst erzählen möchten und auf einen Zuhörer warten.

Wenn Sie es nicht verstehen, Ihrem Gegenüber zuzuhören, so werden
Sie auf andere einen eher negativen Eindruck machen. Das ist nicht
selten der Fall; denn sehr oft beginnen Menschen zu reden, ohne den
Gesprächspartner ausreden und ans Ende kommen zu lassen. Unterbrechen Sie daher nie jemanden in seinen Worten, sondern hören Sie
zunächst aufmerksam zu. Sonst machen Sie sich unbeliebt, denn Sie
drücken deutlich aus: Was der andere zu sagen hat, ist für Sie nicht
wichtig. Nicht ständig von sich selbst zu sprechen hat auch noch einen
anderen Vorteil: Ihre Mitmenschen brauchen nicht alles über Sie zu
wissen. Nur so bleiben Sie interessant, und man bringt Ihnen Achtung
entgegen. Seien Sie also ein verständnisvoller Zuhörer. So helfen Sie sich
und dem anderen, und Sie werden es wesentlich leichter haben, wenn Sie
einmal Ihren Gesprächspartner für sich einnehmen wollen. Wie wichtig
es ist, anderen zuzuhören, zeigt folgende Geschichte, die eine meiner
Seminarteilnehmerinnen erlebte. Lassen wir sie selbst berichten:

»Ich kaufte in einem großen Kaufhaus einen Gartentisch und eine
Garnitur Gartenmöbel. Meine Freude wurde sehr bald getrübt, da

bereits nach zwei Wochen die Farbe von einem Stuhl abblätterte. Zornig suchte ich die Verkäuferin auf und versuchte, ihr meine Reklamation klarzumachen. Doch sie ließ mich gar nicht ausreden und behauptete, es könne doch nicht möglich sein, daß sich von einem Stuhl der Lack löse und von dem anderen nicht. Außerdem hätte noch niemand die Qualität der Stühle bemängelt. Darüber«, so berichtete die junge Frau, »wurde ich wütend. Erst verkauften die mir qualitativ unzulängliche Ware, und dann versuchte man auch noch, mir die Schuld daran zu geben. Und für eine Lügnerin hielt man mich obendrein. Zornig verlangte ich nun, den Geschäftsführer zu sprechen. Als ich ihm gegenüberstand, hörte er sich zunächst in aller Gemütsruhe an, was ich vorzutragen und zu reklamieren hatte. Je länger ich redete, desto mehr flachte mein Zorn ab. Es tat mir richtig gut, nun endlich auf jemanden zu treffen, der mir zuhörte. Als ich dann am Ende meiner Beschwerde war, sagte mir der Geschäftsführer nur: ›Es ist Ihr Recht, für Ihr Geld auch einwandfreie Ware zu erhalten. Wir werden den fehlerhaften Stuhl in den nächsten Tagen bei Ihnen abholen und Ihnen dafür einen anderen bringen.‹ Während ich noch vor wenigen Minuten in meinem Zorn beabsichtigte, das Warenhaus nicht früher zu verlassen, als bis man mir den Umtausch der gesamten Garnitur zugesichert hatte, war ich von der Freundlichkeit des Geschäftsführers so angetan, daß ich selbst beschloß, nicht auf dem Umtausch der gesamten Garnitur zu bestehen. Hocherfreut verließ ich das Warenhaus und berichtete am Abend stolz meinem Mann vom Erfolg meiner Reklamation.«

Bemühen auch Sie sich, dem anderen zuzuhören. So gewinnen Sie ihn für sich. Sehr oft wollen sich Menschen nur bei Ihnen aussprechen und ihren Ärger von der Seele reden. Halten Sie sich dann aber auch von einem Rat zurück, denn er ist in den meisten Fällen nicht erwünscht, der andere sucht nur einen aufmerksamen Zuhörer in Ihnen. Sehr gut können Sie auch die Technik, Ihren Mitmenschen Anerkennung zu geben, mit der Kunst des aufmerksamen Zuhörens verknüpfen. Denn so zeigen Sie, welch großes Verständnis Sie dem anderen entgegenbringen. Sprechen Sie also dem Mitmenschen Anerkennung aus über das, was Sie an ihm besonders lobenswert finden. Und Sie werden erstaunt sein, wie schnell er von sich zu erzählen beginnt. Sie brauchen dann nur noch aufmerksam zuzuhören. Eine der kürzesten Geschichten, die Rabbi Mosche von Kobryn, ein jüdischer Mystiker, erzählte, war folgende:

»Eine Zeit nach dem Tod eines Mannes sagte ein Freund: ›Hätte er zu wem reden können, er lebte noch‹«

Deutlicher kann gar nicht zum Ausdruck gebracht werden, welch große Bedeutung es für einen Menschen hat, daß ihm ein anderer zuhört. Bringen Sie daher das Verständnis auf und hören Sie aufmerksam auf das, was Ihnen Mitmenschen erzählen, ohne sie dabei zu unterbrechen.

Wenn nun aber, so könnten Sie mit Recht einwenden, es ein Bedürfnis jedes Menschen ist, einen Zuhörer zu finden und sich auszusprechen, wie läßt es sich dann verwirklichen, den Mitmenschen möglichst wenig von sich zu erzählen, um so immer interessant für sie zu bleiben. Nun, wenn Sie die bekannte Meditationsübung zweimal täglich machen, so treten Sie mit den tiefsten göttlichen Kräften in Ihrem Inneren in Berührung. Alle Probleme sehen Sie gleichsam von einer höheren Warte aus, und sie verlieren ihren übermächtigen Charakter. Daher sagte R. W. Emerson: »Vollkommenen Frieden erlangt nur der, dem das innere Selbst Freund und Berater ist. Wer zu viele Freunde besitzt, verliert sich selbst. Darum wende dich an deinen inneren Führer und besprich mit ihm die Sorgen, die dich drücken, und die Pläne, die du ausführen möchtest.«

Die Erfahrung der helfenden Kraft in sich haben die Weisen aller Religionen gemacht. Auch in Ihnen schlummert diese Kraft. Sie brauchen sich nur vertrauensvoll der Meditation hinzugeben, und auch Sie werden zu Ihrer inneren Stärke Zutritt erlangen. Sie fühlen sich dann in sich geborgen und entwickeln ein erhebendes Gefühl der Lebensüberlegenheit und inneren Sicherheit, verbunden mit einer großen Gelassenheit. Je regelmäßiger Sie meditieren, desto leichter löst sich auf, was Sie bedrückt.

Wenn Sie so mit den tiefsten Kräften Ihrer eigenen Persönlichkeit in Berührung kommen, verlieren Sie das Bedürfnis, ständig von sich zu anderen zu sprechen. Denn Sie sind mit sich selbst in Kontakt und haben eine oberflächliche Bestätigung durch Ihre Mitmenschen nicht mehr nötig. So schaffen Sie die Voraussetzungen dafür, anderen aufrichtige Aufmerksamkeit entgegenbringen zu können. Es fällt Ihnen leicht, nicht ständig über die eigenen Interessen zu reden. Dazu ist es allerdings notwendig, die Übung wirklich regelmäßig durchzuführen. Nehmen Sie sich daher für die Übung Zeit. Wenn Sie meinen, diese Zeit nicht aufbringen zu können, so unterdrücken Sie Ihre größten Kräfte. Und Sie gleichen jemandem, der sich die Beine fesselt, um schneller laufen zu können. Ermutigen Sie darüber hinaus Ihre Mitmenschen, über ihre Probleme zu sprechen, und unterbrechen Sie sie nicht. Denn aufmerksames Zuhören ist eine besonders wirkungsvolle Technik bei Ihrem Bestreben, andere Menschen für sich einzunehmen.

7. Wer die Gefühle der Menschen anspricht, erreicht mehr als mit Argumenten

Strahlen Sie Wohlwollen und Verständnis gegenüber Ihren Mitmenschen aus

Es gibt ein schönes altes Sprichwort: »Wie man in den Wald hineinruft, so schallt es auch wieder heraus.« Wer ruhig von seinen Gesprächspartnern angehört werden möchte, sollte ihnen zuerst seinerseits ruhig zuhören.

Der Fotohändler Müller hatte einen Kunden, der schon viele Fotogeräte bei ihm gekauft hatte. Als ihm Müller eines Tages einen neuen Fotoapparat verkaufte, passierte etwas Unangenehmes. Infolge falscher Bedienung wurde der Auslöser blockiert, und der Apparat war funktionsuntüchtig. Der Kunde vermutete, der Händler habe ihm einen fehlerhaften Apparat verkauft. Wütend schrieb er ihm einen Brief und bestand auf Umtausch des Apparates. Später erfuhr ich vom Fotohändler die Geschichte aus seiner eigenen Sicht. »Wissen Sie«, so sagte er, »ich hätte mich gern für meinen Kunden bei der Herstellerfirma eingesetzt. Wenn mir aber jemand, ohne sich mit mir zunächst im Guten zu unterhalten, mit seinem Anwalt droht, dann kommt er bei mir an die falsche Adresse. Ich habe die Angelegenheit meinem Anwalt übergeben. Soll der zusehen, wie er mit diesem Kunden fertig wird.«

Der Fotohändler hat sich gewiß auch nicht sehr geschickt verhalten und obendrein noch seinem eigenen Interesse geschadet, wenn er sich so verhält! könnte man einwenden. Ich finde das auch. Schließlich hat er ja an dem Kunden bisher nur verdient. Und dem Kunden wird es gewiß leichterfallen, einen neuen Fotohändler zu finden. Doch betrachten wir den Fall einmal aus einer anderen Perspektive, und darauf kommt es mir besonders an. Obwohl also Herr Müller großes Interesse hätte daran haben müssen, den Kunden zu behalten, verzichtete er lieber auf seinen Vorteil, da er sich nicht unter Druck setzen lassen wollte. Wie sagt eben das alte Sprichwort? »Wie man in den Wald hereinruft, so schallt es auch wieder heraus.«

Leider ist dies ein Fehler, den viele Menschen begehen. Man versucht aufzutrumpfen, den anderen unter Druck zu setzen. Doch nicht nur in der Physik gilt, daß jede Kraft eine Gegenkraft erzeugt. Versucht man Mitmenschen mit Gewalt zu etwas zu bringen, so verschließen sie sich ganz. Sie werden störrisch und unnachgiebig und versperren sich allen Argumenten, selbst wenn diese noch so überzeugend sind. Dasselbe erreichen Sie übrigens auch, wenn Sie am anderen Ihren Ärger abreagieren. Mit solchem Verhalten schaffen Sie sich nur Feinde. Es ist eine Weisheit, die schon die Weisen verschiedenster Kulturkreise vor Jahrtausenden verkündeten: Haß erzeugt wieder Haß. Nur mit Liebe, Güte und Verständnis ist dieser verhängnisvolle Kreislauf zu unterbrechen. Wer den Mitmenschen Güte und Verständnis schenkt, ohne sich jedoch ausnutzen zu lassen, wird gleichsam wie von selbst die Zuneigung der anderen gewinnen, rascher als wenn er versucht, mit Druckmitteln verschiedenster Art seinen Argumenten Durchschlagskraft zu verleihen.

Ich habe an meine Schulzeit gewiß nicht nur angenehme Erinnerungen. Doch ein Erlebnis ist mir besonders gut im Gedächtnis geblieben. Ich hatte bei einer Lateinarbeit schlecht abgeschnitten und war verständlicherweise darüber sehr traurig. Mein damaliger Lateinlehrer Dr. Regner machte mir jedoch weder Vorwürfe, noch setzte er mich unter Druck. Freundschaftlich klopfte er mir auf die Schulter und sagte dabei: »Hast wohl einen schlechten Tag gehabt. Aber das kann bei jedem einmal vorkommen. Dafür wird die nächste Arbeit um so besser ausfallen.« Fünfunddreißig Jahre sind seit diesem Vorfall vergangen, mein Lateinlehrer ist schon seit etwa fünfzehn Jahren tot; dennoch habe ich in meinem Gedächtnis die Geschichte so eindrucksvoll vor Augen, als ob sie erst vor wenigen Tagen passiert wäre.

Nun, wohlwollendes Verhalten ist nicht nur Kindern gegenüber angebracht, wenn sie einmal eine Klassenarbeit verhaut haben. Auch Erwachsene werden Sie mit Güte und Verständnis leichter beeinflussen. Als besonders wirksam erweist es sich – wie jeder Wahlkampfstratege weiß – auf seine Mitmenschen zuzugehen und ihnen die Hände zu schütteln. Das ist eine Möglichkeit, positive Gefühle für den anderen zum Ausdruck zu bringen. Sie müssen aber die Kraft finden, sich von falschen Gefühlsklischees zu distanzieren und aus Ihrer Reserviertheit herauszukommen. Sie wissen, wie Sie die verborgene Kraft in Ihrem Inneren dafür aktivieren können:

○ Der Selbstbejahungstext zur Steigerung Ihres Selbstvertrauens wird Ihnen die Hemmungen vor den Mitmenschen nehmen.

○ Der Selbstbejahungstext für eine positive Ausstrahlung und sicheres Auftreten wird die Wellen der Sympathie und des Verständnisses, die Sie ausstrahlen, noch verstärken.

Es gibt noch eine dritte, sehr wirkungsvolle Möglichkeit, positive Gefühle für Ihre Mitmenschen in sich zu erwecken und zu verstärken, und zwar wie folgt:

Machen Sie zunächst die schon am Anfang dieses Buches erwähnte Meditationsübung. Wenn dann die Gedanken in Ihnen zur Ruhe kommen und eine innere Stille und Ruhe Sie erfaßt, die Sie als Zunahme seelischer Energie empfinden, dann lassen Sie sich von folgendem Gedanken ganz durchdringen:

Ich empfinde Wohlwollen und Sympathie für meine Mitmenschen. Ich bringe das Wohlwollen und die Sympathie dem anderen gegenüber auch zum Ausdruck. Wohlwollen und Verständnis für alle Mitmenschen durchdringen mich ganz. Positive Gedanken bewegen mich. Gute Gedanken über meine Nächsten werden immer stärker in mir – immer stärker und stärker. Sie geben mir die Kraft, meinen Mitmenschen Anerkennung und Verständnis zukommen zu lassen. Ich richte Gedanken des Wohlwollens und der Sympathie auf meine Mitmenschen – immer mehr, immer mehr.

Im Buddhismus ist schon seit über zweieinhalbtausend Jahren diese Technik der »Allgüte-Meditation« bekannt, und auch im Christentum ist es üblich, um die Fähigkeit zu beten, seinem Mitmenschen Liebe und Verständnis entgegenzubringen.

Nun fällt es uns wesentlich leichter, unsere positiven Gefühle den Menschen gegenüber zu verstärken, die wir ohnehin lieben! Wenden Sie daher diese Technik zunächst auf Ihre Familienangehörigen an. Haben Sie dabei Erfolge, so praktizieren Sie das Verfahren auch Menschen gegenüber, denen Sie neutral gegenüberstehen. Und erst dann wenden Sie die Technik auch bei Menschen an, die Sie überhaupt nicht mögen. Verfahren Sie nach dieser Technik, so verhelfen Sie nicht nur sich selbst zu innerem Frieden und Gelassenheit, die Macht Ihrer positiven Einstellung wird dann so stark, daß Sie sehr oft auch Ihre Gegner von sich zu überzeugen vermögen.

Eine Bekannte wandte diese Technik auf ihren Chef an. Später berichtete sie mir vom Erfolg ihrer Bemühungen: »Wissen Sie, ich habe diese Technik etwa zwei Wochen lang angewendet. Mein Chef neigt dazu, zu toben und seine Mitarbeiter anzuschreien, und ich muß gestehen, ich kam manchmal in Versuchung, ebenso heftig zurückzuschreien. Doch es gelang mir wenigstens, meine guten Vorsätze vierzehn Tage lang durchzuhalten. Als ich dann an einem Montag zur Arbeit kam, hatte ich es eigentlich schon aufgegeben, weiter positiv auf meinen Chef einwirken zu wollen und nahm mir vor, das nächste Mal genauso heftig zurückzuschreien, damit er deutlich meine Verärgerung merken sollte. Doch gottlob kam ich nicht dazu. Denn er bestellte mich am nächsten Tag zu sich und entschuldigte sich für sein schlechtes Benehmen während der letzten beiden Wochen. Tatsächlich besserte sich das Arbeitsklima in der nächsten Zeit.«

Halten wir fest: Versuchen Sie immer zunächst mit Verständnis und Wohlwollen das Verhalten eines schwierigen Partners zu beeinflussen und lassen Sie sich von niemandem sofort zu einer Auseinandersetzung provozieren. So beweisen Sie wirkliche seelisch-geistige Stärke. Mit diesem Verhalten wirken Sie vertrauenerweckend, und man wird Sie als Persönlichkeit anerkennen und schätzen.

Gelegentlich höre ich Einwände, einmal den folgenden: »Was Sie da sagen, steht aber im krassen Gegensatz zu dem, was mein Chef von mir verlangt. Neulich forderte er mich sogar auf, meine Untergebenen ›in den Hintern zu treten‹, damit sie endlich gewissenhafter und fleißiger arbeiten!«

Nun wird es manchmal durchaus angebracht sein, einen notorischen Faulpelz drastisch darauf hinzuweisen, daß sich die Firma von ihm trennen muß, wenn er nicht endlich fleißiger und gründlicher arbeitet. Doch wer glaubt, mit Druck allein Menschen zu größten Arbeitsleistungen anzuspornen, der irrt gewaltig. So zählt zum Beispiel der Amerikaner Vance Packard in seinem Buch *Pyramidenkletterer* folgende Eigenschaften auf, die einen erfolgreichen Manager auszeichnen:

○ Er wird sich sehr schnell auf die psychischen Bedürfnisse seiner Mitarbeiter, Vorgesetzten und Untergebenen einstellen.
○ Die Gabe, mit großer Freude zu leiten und zu organisieren, ist besonders wichtig. Das Schlüsselwort ist Freude. Und es ist ebenso wichtig, mit Menschen auskommen zu können.
○ Der Manager liebt es, mit Menschen zu arbeiten, und er ist daran interessiert, sich beliebt zu machen.

○ Er muß seine Mitarbeiter zur Loyalität ermuntern, und er versteht es, ihnen Aufgaben zu übertragen, ohne den Eindruck zu erwecken, sich Arbeit vom Halse schaffen zu wollen.

○ Wenn er zurechtweisen muß, dann geschieht das ruhig und nebenbei, und das Gespräch endet mit einer Anerkennung oder einem aufmunternden Auf-die-Schulter-Klopfen.

○ Der Manager überträgt Optimismus auf seine Mitarbeiter und hat positive Vorstellungen von der Zukunft.

○ Er versteht es ausgezeichnet, Vertrauen zu erwecken.

○ Der Manager ist von den Projekten begeistert und versteht auch Mitarbeiter und Untergebene zu begeistern.

○ Er ist eine Quelle der Kraft selbst in schlimmsten Zeiten.

Von Druck auf die Mitarbeiter ist also bei Packard nicht die Rede. Was soll dann aber der Ratschlag des Chefs, den er im beschriebenen Fall seinem Mitarbeiter gegeben hat? Nun, er beweist nichts anderes als die Tatsache, daß dem Vorgesetzten noch gar nicht bewußt geworden ist, daß in jedem Beruf – selbst bei Technikern – der Erfolg zu mehr als neunzig Prozent nur auf die Kunst des richtigen Umgangs mit Mitarbeitern und Untergebenen zurückzuführen ist. Macht ein Mitarbeiter den Fehler und befolgt den unrichtigen Ratschlag, seinerseits Druck anzuwenden, so wird er sehr bald alle seine Untergebene gegen sich haben. Mir sind einige dieser Fälle bekannt. Der Chef kann sich dann häufig seiner Aufforderung zum Durchgreifen nicht mehr entsinnen und wirft seinem Mitarbeiter vor, mit den anderen Angestellten nicht richtig umgehen zu können. Der Unglückliche, der sich an seinen Ratschlag gehalten hat, kann noch froh sein, wenn es bei einem Vorwurf bleibt und er nicht seine Stelle verliert. Auf die Dauer wird es nie gutgehen, Menschen unter Druck zu setzen, mit denen man zusammen arbeiten soll. Vertrauen und Überzeugungskraft sind wirksamer!

Einen ähnlichen Fehler können Sie auch im Familienleben begehen, wenn Sie mit Freunden oder Verwandten über Ihre Frau (Ihren Mann) oder Ihre Kinder sprechen und sich dabei auch noch gegen die eigenen Familienmitglieder aufhetzen lassen. Der Fehler ist keineswegs so selten, wie Sie vielleicht glauben. So manche Ehe ist schon daran zerbrochen, daß sich ein Ehepartner gegen den anderen von den eigenen Verwandten aufstacheln ließ. Räumen Sie daher anderen nie die Möglichkeit ein, Sie gegen Ihren Lebenspartner oder andere

Familienmitglieder negativ zu beeinflussen. Hüten Sie sich aber auch, mit der Faust auf den Tisch zu hauen; so machen Sie sich das Leben selbst nur schwer und erreichen nichts. Bemühen Sie sich vielmehr, diplomatisch vorzugehen, und versuchen Sie, Unstimmigkeiten immer im Geiste gegenseitigen Verständnisses auszuräumen. Ihre tägliche Meditationsübung wird Ihnen dabei eine große Hilfe sein. So schonen Sie Ihre Nerven und überzeugen Ihre Familie besser als durch Gepolter oder schlechte Laune.

Sprechen Sie die Gefühlswelt der Mitmenschen an

Als ich gerade dabei war, diese Zeilen zu schreiben, klingelte es an der Haustür. Ein Mädchen redete hastig und schnell auf mich ein, und es fiel mir nicht leicht, ihrem Wortschwall zu folgen, zumal ihr Deutsch sehr zu wünschen übrig ließ. Immerhin begriff ich, worauf es ankam: es gehörte zu einem Zirkus, dem es an Geld zur Fütterung der hungrigen Tiere mangelte. Da die letzten Tage sehr regnerisch gewesen waren, besuchten nur wenige Menschen die Vorstellungen. Einnahmen fielen aus, und so blieb nichts anderes übrig, als um Geld zur Fütterung der Tiere zu bitten.

Dem jungen Fräulein gelang es sehr schnell, mich zu einer Spende für die Tiere zu bewegen. Und wissen Sie, warum? Einfach, indem sie an mein Mitgefühl für die Tiere appellierte. Da wir selbst einen sehr anhänglichen Hund haben, bin ich verständlicherweise für die Leiden anderer Tiere aufgeschlossen.

Auch die Werbung weiß es: Wer die Gefühle der Menschen anspricht, hat den größten Erfolg, und er kann sich alle noch so gescheiten Argumente sparen. Gefühle, die angesprochen werden können, sind zum Beispiel Ehrlichkeit, Fraulichkeit, Männlichkeit, Mut, Ordnungsliebe, Pflichtgefühl (um nur einige wenige zu nennen). Schon als Kind wird der Mensch in dieser Richtung erzogen, und daher ist es ganz verständlich, wenn in vielen Fällen Menschen leicht überzeugt werden können, indem Gefühlswerte angesprochen werden, die sie besonders hoch schätzen.

So baut zum Beispiel die Waschmittelwerbung auf dem Gefühl der Frauen auf, nur dann eine gute Hausfrau und Mutter zu sein, wenn die Wäsche weiß und der Haushalt sauber ist. Dieses Gefühl wird ihnen durch ständige Reklame eingeredet. Männer fühlen sich besonders stark und männlich, wenn sie einen großen Wagen fahren – und dies, obwohl oft viele Verstandesgründe dagegen sprechen; und selbst derjenige, der wegen günstiger Verkehrsverbindungen kein Fahrzeug nötig hat, kauft häufig eines mit der Begründung, es sei ein schönes Gefühl, ein Auto in der Garage zu haben, das ihn jederzeit schnell dorthin bringt, wohin er vielleicht einmal möchte. Manches junge Paar gibt mehr für eine Hochzeitsfeier aus, als es sich eigentlich leisten kann, nur um vor den Nachbarn und Bekannten gut dazustehen. Vorgesetzte und Autoritäten appellieren an Gehorsam und Respekt, die sie von den Mitmenschen erhoffen. Das Feld der gefühlsmäßigen Beeinflussung ist sehr weit!

Halten wir fest: Die meisten Menschen werden nicht allein durch Argumente überzeugt. Appellieren Sie an die Emotionen, so werden Sie andere um so leichter beeinflussen.

Angst ist ein sehr wirksames Mittel, Menschen zu beeinflussen

Mit Angst zu beeinflussen ist gewiß keine edle Überzeugungstechnik, werden Sie sofort einwenden. Ich gebe Ihnen mit dieser Ansicht völlig recht. Doch ob wir es nun wahrhaben wollen oder nicht, oft lassen wir uns beeinflussen, wenn jemand an unsere Angstgefühle appelliert, und wir selbst beeinflussen so auch andere.

Sagt zum Beispiel eine Mutter zu ihrem Kind: »Lernst du in der nächsten Zeit nicht besser, hast du später keine Möglichkeit, einen Beruf zu erlernen, der dir einmal genügend Geld zum Leben einbringt«, so ist das eine klare Beeinflussung durch Angst. Die Unternehmer beeinflussen die Arbeitnehmer durch die Angst vor dem Verlust des Arbeitsplatzes. Wenn umgekehrt der Angestellte dem Firmenbesitzer eine Maßnahme vorschlägt, um eventuelle Verluste zu verhindern, so wird er immer einen willigen Zuhörer haben - auch ein Geschäft mit der Angst. Selbst die Kirchen haben jahrhundertelang die Seelen mit der Angst vor Strafe bei der Stange gehalten. Ganz besonders deutlich macht der Versicherungsvertreter sein Hauptgeschäft mit der Angst. Er sagt: »Wahrscheinlich haben Sie auch vom plötzlichen Tod des Herrn X gehört. Er war immer kerngesund. Nichts fehlte ihm. Er betrieb regelmäßig Ausgleichssport. Nun ist er vorige Woche unerwartet an Herzversagen verschieden. Erst vierzig war der nette Mann. Mich dauern nur seine Frau und seine drei Kinder. Nichts als Schulden hat der Verstorbene hinterlassen. Seine Frau wird sein Haus und das Auto verkaufen müssen, da sie die Schulden auf das Haus nicht zurückzahlen kann.« Viele Menschen haben nach einer solchen gefühlsmäßigen Beeinflussung vorschnell einen Versicherungsvertrag unterschrieben, ohne kritisch zu überlegen und mehrere Angebote zum Vergleich einzuholen.

Es gibt nun insgesamt zwei Möglichkeiten, Menschen durch den Appell an ihre Angst zu beeinflussen.

Die Angst, Erworbenes zu verlieren: Schon Kinder praktizieren diese Technik. Das ist zum Beispiel der Fall, wenn ein Junge zu seinem Spielkameraden sagt:»Wenn du das nicht tust, so spiele ich nicht mehr mit dir.« Der Chef verfährt danach, wenn er zu seinem Untergebenen sagt:»Ich weiß, Sie haben keinen interessanten Arbeitsplatz, aber immerhin ist er sicher. Und überlegen Sie einmal: welche andere Firma zahlt Ihnen auch noch Geld zu Ihrer Rente dazu?« Das Verfahren ist im Grunde immer dasselbe: Erst macht man einen Menschen abhängig von einer Sache, und dann bringt man zum Ausdruck: Wenn du das nicht tust, was ich will, nehme ich dir wieder weg, woran du Gefallen gefunden hast.

Die Angst vor dem Ungewissen: Es ist schon wiederholt darauf hingewiesen worden: Negative Gedanken beherrschen die meisten Menschen. Dazu gehört vor allem die Angst, was die Zukunft bringen wird. In diesem Zusammenhang gilt immer der alte Spruch: Der Optimist findet, ohne zu suchen, immer das, was der Pessimist trotz Suchens nie findet. Je mehr Sie sich um positives Denken bemühen, um so weniger sind Sie der Gefahr ausgesetzt, selbst zum Opfer einer mit Ihrer Angst spekulierenden Manipulation zu werden. Doch wir wollen an dieser Stelle noch nicht darauf eingehen, wir man sich vor Manipulationen anderer schützt, das soll einem späteren Kapitel vorbehalten bleiben.

Wie schon gesagt: Jemanden Angst zu machen ist kein moralisch einwandfreies Überzeugungsmittel. Wer mit dieser Technik arbeitet, muß dem Mitmenschen immer eine Gefahr vor Augen halten und ihm dann eine Lösung (natürlich eine, die diese Angst mildern kann) anbieten, um ihn von der scheinbar drohenden Gefahr zu befreien. Der Appell an die Angst eines Menschen bedeutet immer eine seelische Schädigung des Betroffenen. Dennoch bedienen sich dieses Mittels Politiker sehr oft. Sie pflegen häufig Gefahren zu erfinden, um die Massen in Angst zu versetzen und damit Stimmen für die eigene Partei zu gewinnen. Sie hingegen sollten sich als positiver Mensch davor hüten, die Angst leichtfertig als Beeinflussungsmittel zu verwenden; denn leicht könnten Sie selbst schließlich mit der Angst in Verbindung gebracht werden – diese Assoziation aber ruft Unbehagen in Ihrem Partner hervor. Dazu zwei Beispiele.

Vor Jahren machte eine Reifenfirma für ihr Produkt folgende Plakatreklame: Eine Geisterhand hinter einem Reifen, der auf einer glatten Straße dahinrollte, sollte auf die Rutschgefahr hinweisen. So wollte man suggerieren, zur Vermeidung eines etwaigen Schleuderns eben den angepriesenen Reifen der Firma zu kaufen. Doch die potentiellen Käufer brachten die drohende Hand nicht mit der glatten Straße, sondern vielmehr mit dem Reifen in Verbindung. Die Folge war, daß die Menschen vor diesem Reifenfabrikat förmlich zurückschreckten. Der Absatz sank statt zu steigen.

Wie Angst manchmal auf deren Urheber zurückfällt, zeigt folgendes Beispiel: Eine junge Frau unterhielt sich einmal mit dem Hausarzt über die berufliche Situation ihres Mannes, die zu jenem Zeitpunkt nicht besonders rosig war. Der Arzt riet ihr, die Familienplanung so zu steuern, daß das dritte Kind erst dann geboren würde, wenn sich die berufliche Situation des Ehemannes normalisiert hätte. Die junge Frau richtete sich nach dem Ratschlag, und der Sprößling wurde erst drei Jahre später geboren. Oft genug bereute sie dann später diesen Entschluß. Sie sagte: »Ich war ja selbst schuld, daß ich mir die Angst des Arztes zu eigen machte. Unser Kind könnte zwei Jahre älter sein, und der Altersabstand zu seinen Geschwistern wäre geringer.« Sie wechselte den Arzt, weil er sie immer wieder an diese Epoche der Lebensangst erinnerte.

Vermeiden Sie es also, jemanden mit dem Appell an die Angst zu manipulieren. Bemühen Sie sich um ein positives Verhalten den Mitmenschen gegenüber! Vielleicht werden Sie jetzt einwenden: Ich habe mich immer bemüht, gute Kontakte zum Mitmenschen herzustellen, und bin bitter enttäuscht worden. Auch habe ich manchmal sogar denken müssen, daß Wohlwollen sehr oft mit plumper Vertraulichkeit verwechselt wird. Wir haben es schon gehört: Strahlen Sie Verständnis für den anderen aus, doch bewahren Sie wohlwollende Distanz. Die in Kapitel 4, Abschnitt 3, dargelegte Übung hat zum Ziel, wohlwollende Distanz in Ihnen aufzubauen und Sie vor leichtfertiger Vertrauensseligkeit zu schützen. Menschen verlieren, wie gesagt, leicht die Achtung vor Ihnen, wenn Sie zuviel von sich erzählen. Vergessen Sie nicht den Spruch des weisen Epiktet: »Liebe muß man zu allen haben, aber Vertraulichkeit frommt nicht.«

Nun ist es leider sprichwörtlich so: »Wes Herz voll ist, läuft der
Mund über« – und wer sich davor nicht hütet, verstrickt sich schnell im
Umgang mit den Mitmenschen. Gehen Sie daher auf den anderen zu.
Stellen Sie seine Probleme in den Vordergrund und nicht die Ihren.
Bringen Sie anderen Menschen wohlwollende Distanz entgegen, das ist
die beste Einstellung.

Halten wir zum Abschluß dieses Abschnitts fest: Bemühen Sie sich,
positive Gefühle beim Mitmenschen auszulösen, und strahlen Sie selbst
immer Wohlwollen, Verständnis und innere Ruhe aus. Dann werden
Sie andere Menschen nachhaltig für sich einnehmen können. Halten Sie
sich davor zurück, andere in Angst und Schrecken zu versetzen.
Bedienen Sie sich des Appells an die Angst wirklich nur, wenn kein
anderes Mittel mehr wirkt, um einen Angriff abzuschlagen oder eine
dringend notwendige Aktion durchzusetzen.

8. Gehen Sie behutsam vor und lassen Sie andere selbst auf »ihre Idee kommen«

Gehen Sie, wenn Sie jemanden überzeugen wollen, behutsam vor.
Versuchen Sie nämlich schnell ans Ziel zu gelangen, so überfordern Sie
sehr oft das Einsichtsvermögen Ihres Mitmenschen. Lassen Sie ihm
jedoch Zeit genug, so wird er nicht selten von allein zur Einsicht
kommen und dann sogar noch meinen, die Lösung sei seine Idee.

Ein langjähriger Freund hat mir einmal Folgendes berichtet: »Gelegentlich reagiert meine Frau, wenn ich sie von etwas zu überzeugen
versuche, mit krasser Ablehnung meines Vorschlages. Aus Erfahrung
weiß ich, wie wenig sinnvoll es ist, dann weiter darüber zu reden.
Versuche ich aber nach drei oder vier Tagen oder nach einer Woche
wieder auf das Thema zurückzukommen, ist meine Frau in der Sache
wesentlich zugänglicher geworden, denn sie hat in der Zwischenzeit
selbst darüber nachgedacht. So ist es mir schon sehr oft gelungen, meine
Frau durch behutsames Vorgehen von etwas zu überzeugen, was ich
überfallsartig gewiß nicht erreicht hätte.«

Meinen Sie aber bloß nicht, dies sei nur eine Taktik für Männer. Ich
kenne auch einige Damen, die mit dieser erfolgreichen Technik ihre
Ehegatten überzeugen können. Und diese Überzeugungstechnik ist
ganz al gemein anwendbar. Natürlich dürfen Sie nach einem Erfolg
nicht selbstgefällig sagen: »Siehst du, nun hast du doch getan was ich
wollte. Ich hatte ja doch von Anfang die bessere Einsicht als du.« Mit

einem solch billigen Triumph würden Sie den Partner vor den Kopf stoßen und damit für alle Zukunft den Erfolg behutsamer Überredung gefährden. Wenn Sie im übrigen jemanden überzeugen wollen, kann es nicht darum gehen, ihn zu einem Bekenntnis seiner eigenen Unzulänglichkeit zu bewegen. Nur ein seiner selbst nicht sicherer Mensch bestünde auf einem solchen Eingeständnis – und Sie sind doch mittlerweile genügend selbstbewußt geworden, Sie können darauf verzichten.

Gehen Sie behutsam vor und bringen Sie so Ihr Gegenüber dazu, selbst auf »die Idee zu kommen«, die Ihnen am Herzen liegt. So werden Sie sich viele Freunde schaffen. Sie werden nicht in Verdacht geraten, ein Rechthaber oder Besserwisser zu sein. Besonders am Arbeitsplatz spielt diese Technik eine große Rolle. Sie wissen, wie wichtig es ist, daß Ihr Chef das Gefühl hat, an Ihren Erfolgen maßgeblich beteiligt zu sein.

9. Suchen Sie nach gemeinsamen Interessen und lenken Sie die Aufmerksamkeit des Mitmenschen auf seine positiven Eigenschaften

Keiner von uns mag einen Menschen, der uns nur ausfragt, um seine eigene Neugierde zu befriedigen oder um neuen Stoff für seine Tratschereien zu haben. Ganz anders sieht es dagegen für Sie aus, wenn Sie jemandem aufrichtiges Interesse entgegenbringen und Ihrem Mitmenschen das Gefühl geben, Sie interessieren sich aufrichtig für ihn.

Einer meiner Freunde suchte einmal einen bekannten Edelsteinhändler auf. Er erklärte ihm, er habe von seiner faszinierenden Edelsteinsammlung gehört, und es sei ihm sehr daran gelegen, eine derartig außergewöhnliche Sammlung einmal bewundern zu dürfen. Der Edelsteinsammler war hocherfreut über das Interesse, das seiner Sammlung entgegengebracht wurde. Bereitwillig und mit großer Freude legte er die Kostbarkeiten seiner Kollektion vor. Als mein Freund später einen Stein von einer Fernostreise mitbrachte, schätzte ihn der Sachverständige, ohne das sonst dafür übliche Honorar zu berechnen.

Vor fast zwei Jahrzehnten machte ich mit meiner Frau unsere erste Reise nach Ceylon, dem heutigen Sri Lanka. Da mich nicht nur die landschaftliche Schönheit, sondern auch die Religion des Landes interessierte, bereitete ich mich schon Monate vorher auf die Reise vor. Sie können nicht ahnen, was mein aufrichtiges Interesse alles auslöste!

Der Verkehrsdirektor lud meine Frau und mich in sein Haus ein, und ich durfte an einer religiösen Zeremonie teilnehmen. Der ceylonesische Kunsthändler Badra Marapana bat uns, für zwei Tage seine Gäste in seinem Haus zu sein, und er ließ es sich nicht nehmen, für uns auf dem Musikinstrument Cita zu spielen, wobei er von seinem Nachbarn auf der Tabla begleitet wurde. Budhistische Mönche zeigten mir die Kunstschätze ihrer Klöster, meine Fragen über den Buddhismus beantworteten sie mir aufgeschlossen und freundlich – wie übrigens auch die Philosophieprofessoren der Universität in Kandy, einer bezaubernden Stadt im Hochland Sri Lankas.

Halten wir fest: Ihre Mitmenschen werden sich Ihnen immer leicht öffnen, wenn Sie Interessen haben, die den ihren entsprechen. Ein anderes Beispiel hierfür: Sie begegnen jemandem, der ganz zufällig einmal seinen Urlaub in demselben Ort verbrachte, in dem auch Sie waren. Kommen Sie mit dem Unbekannten näher ins Gespräch, so wird er Ihnen immer sympathischer, und am Ende der Unterhaltung meinen Sie schließlich, einen guten alten Bekannten getroffen zu haben! Jeder weiß auch, wie leicht Menschen einander sympathisch finden, wenn sie dasselbe Steckenpferd reiten, denselben Schriftsteller mögen oder andere Interessen gemeinsam haben.

Interesse für das zu zeigen, woran das Herz des anderen hängt, ist eine besonders wirksame Methode, die Mitmenschen für sich einzunehmen – auf allen Ebenen menschlichen Zusammenlebens. In Rom witzelt man zum Beispiel darüber, daß jetzt so mancher Monsignore im Vatikan Polnisch lernt, weil es die Muttersprache Papst Johannes Pauls II. ist.

Versuchen Sie darum herauszufinden, wofür sich Ihre Mitmenschen interessieren, und Sie werden erstaunt sein, wie sehr man Ihnen entgegenkommt. Sogar im geschäftlichen Bereich gilt dies. Sie erinnern sich an den Vertreter, der einen Industriellen dadurch gewinnen konnte, daß er sich für sein chinesisches Porzellan interessierte. Natürlich wirkt diese Überzeugungstechnik im besonderen Maße im familiären Bereich. Nun besteht eine glückliche Ehe gewiß nicht darin, den Ehepartner so zu verändern, wie man sich ihn wünscht. Jeder Mensch ist eine Persönlichkeit, hat das Recht auf Eigenständigkeit und wird nie alle Interessen des Ehepartners teilen. Bemühen Sie sich aber darum, wenigstens einige gemeinsame Interessen zu pflegen, so werden Sie überrascht sein, wie förderlich sich dies auf das Glück Ihrer Ehe auswirkt.

Nach gemeinsamen Interessen zu suchen bedeutet nun aber keineswegs, daß Sie eventuell mit in das Gejammer Ihrer Angehörigen einstimmen oder sich zu einem Streit bewegen lassen sollen, wenn die anderen darauf aus sind. Kommt Ihr Mann vielleicht enttäuscht von seiner Arbeit nach Hause, so wäre es vollkommen falsch, ihn in seiner Enttäuschung auch noch zu bestärken. Lassen Sie ihn vielmehr fühlen, wieviel Sie von ihm halten und daß er in der nächsten Zeit gewiß Erfolg haben wird. Ist Ihre Frau übellaunig, dann bemühen Sie sich, ihr Interesse auf erfreulichere Gedanken zu richten. Schlagen Sie dann einen Spaziergang oder einen Theaterbesuch oder etwas anderes vor, von dem Sie meinen, es bessere ihre Laune. Bemühen Sie sich stets, die Aufmerksamkeit des anderen auf seine guten Eigenschaften und seine Erfolge zu lenken. Vorwürfe haben in der Kunst, Menschen zu überzeugen, wie schon gesagt, überhaupt nichts zu suchen. Das gilt natürlich auch für den Umgang mit Kindern. Erinnern Sie sich der Arbeitsweise des Unterbewußtseins: Reden Sie ständig von den negativen Eigenschaften Ihres Kindes oder eines Gesprächspartners, so verstärken Sie diese noch. Denn Ihre Gedanken prägen sich dem Unterbewußtsein ein. Vermitteln Sie aber dem Kind (oder wem immer) den Glauben an seine eigene Kraft und an das Gute in ihm, dann wird es tatsächlich seinen Charakter ändern, und die Schwierigkeiten werden wie von selbst aufhören.

Gemeinsamen Interessen nachzugehen kann auch nicht darin bestehen, mit anderen über Dritte zu tratschen – und damit auf das Niveau des Schwätzers herabzusinken.

Halten wir fest: Denken Sie nicht immer nur an Ihr eigenes Interesse. Sprechen Sie das an, wofür sich Ihre Mitmenschen interessieren, und Sie werden um so leichter andere Menschen beeinflussen können.

10. Versuchen Sie, möglichst viele Übereinstimmungen zu erzielen und diese, nicht Unterschiede, herauszustellen

Es liegt auf der Hand: Die Menschen werden Beeinflussungen um so zugänglicher sein, je größer die Anzahl der Übereinstimmungen ist, die Sie mit ihnen haben.

Herr Röger reklamierte einen Schaden an dem PVC-Boden seiner Küche. Die Fertighausfirma, die sein Haus erstellen ließ, teilte ihm mit, die Gewährleistungsgarantie von zwei Jahren sei schon überschritten.

Da man alle Kunden gleich behandeln wolle, sei eine kostenlose Reparatur nicht möglich. Herr Röger versuchte nun keineswegs, den Kundendienst der Firma von seiner Haltung abzubringen. Er schrieb vielmehr den folgenden Brief:

»Sehr geehrte Herren, ich bin durchaus einverstanden nicht besser als Ihre anderen Kunden behandelt zu werden. Nun sind allerdings zwei PVC-Fliesen noch in der Gewährleistungsgarantie erneuert worden. Und eben an demselben Ort hat sich nach kurzer Zeit wieder ein Schaden ergeben. Wenn Ihr Techniker zu mir käme, um sich den Sachverhalt anzusehen, wird er Ihnen das bestätigen. Gewiß sind Sie auch der Ansicht, daß Küchenfliesen nicht bereits nach einem Jahr defekt sein dürfen. Daher bitte ich Sie, sich vom Schaden zu überzeugen und eine kostenlose Ausbesserung vorzunehmen.«

Dieser Brief hatte den beabsichtigten Erfolg. Bald kam ein Techniker der Firma vorbei, besah sich den Schaden und veranlaßte seine kostenlose Beseitigung. Welcher Überzeugungstaktik war nun die Wirkung dieses Briefes zu verdanken? Es sind vor allem vier Punkte zu beachten:

1. Der Kunde versuchte nicht, durch Widerspruch die Firma in ihrer ablehnenden Haltung zu bestärken.
2. Er suchte nach einer Ansicht, von der er sicher sein konnte, die Firma würde sie auch vertreten (in diesem Fall, daß eine Ware nicht nach einem Jahr schon defekt sein sollte).
3. Seine Ansicht wurde so vorgetragen, daß eigentlich nur völlige Zustimmung möglich war.
4. Es wird dadurch der Eindruck erweckt, der Standpunkt des Kunden sei auch der Standpunkt der Firma.

Worum es sich auch immer handelt: hüten Sie sich davor, mit anderen herumzustreiten. Mit Streitsucht und Besserwisserei überzeugen Sie nicht. Es wird Ihnen hingegen leicht gelingen, möglichst viele Übereinstimmungen mit anderen zu erreichen, wenn Sie

1. nie die Meinung des Mitmenschen angreifen. Sie wissen ja: Menschen ändern sehr oft ihre Ansichten, aber ihre Eitelkeit erlaubt es nicht, dies zuzugeben;
2. sich auf den Standpunkt des anderen stellen und Ihre Gedanken so vortragen, als handle es sich dabei um das Gedankengut Ihres Gegenübers.

Arbeiten Sie mit dieser Technik, so sprechen Sie immer die Eitelkeit und den Stolz der Mitmenschen an und werden überzeugen können.

Ein weiteres Beispiel, wie man mit Übereinstimmungen Menschen für sich gewinnt: Ich habe einen guten Bekannten, der mir schon manchmal einen Gefallen getan hat, und nichts läge mir ferner, als ihn zu kränken oder zu verletzen. Überdies schätze ich auch seine menschlichen Qualitäten. Nun versuchte er mich schon zweimal zu bekehren, nämlich Mitglied seiner speziellen Kirchengemeinschaft zu werden. Ich enthielt mich jedoch des Fehlers, mich mit ihm auf ein Streitgespräch einzulassen. Wenn unsere Beziehungen heute noch so gut sind, so liegt das einfach daran, daß ich die Punkte herausgestellt habe, in denen ich mit ihm gemeinsame Ansichten vertrete, und nicht die (allerdings wenigen), in denen meine Ansicht von der seinen abweicht.

Eine weitere Technik, andere Menschen leicht beeinflussen zu können, besteht darin, von vornherein gleich zwei Ansichten einander gegenüberzustellen und dann dem Gesprächspartner zu versichern, wie froh man darüber ist, daß seine Meinung mit der eigenen übereinstimmt.

Dazu ein Beispiel: Ein Gärtner hatte vergessen, einem Kunden eine Rechnung zu schicken, und nach zwei Jahren war die Forderung verjährt. Auf folgende Art brachte er den Kunden dazu, dennoch zu zahlen: »Gewiß sind auch Sie der Ansicht, daß jede Arbeit den gerechten Lohn erhalten soll. Und gewiß vertreten auch Sie die Meinung, jedermann solle seine Verpflichtungen erfüllen. Wären Sie also bitte so freundlich . . .«

Gehen Sie immer so vor, daß der andere den Eindruck bekommt, Sie kleideten seine Meinung nur in Ihre Worte – so werden Sie ihn viel leichter überzeugen. Haben Sie erst einmal mehrere zustimmende Ja erhalten, so wird es dem anderen sehr schwerfallen, dann noch mit einem Nein zu antworten.

Nun müssen wir uns natürlich andererseits hüten, durch eine solche Technik nicht selbst zu unserem Nachteil überzeugt zu werden. Ich besuchte neulich eine Versammlung der Elternvertreter in der Schule meiner Tochter. Der Versammlungsleiter hatte es offenbar eilig, die Zusammenkunft zu beenden und sagte: »Ich gehe davon aus, daß niemand die Diskussion heute fortzusetzen denkt, und beabsichtige daher, die Versammlung zu schließen.« Niemand wagte Widerspruch, obwohl mancher Anwesende sicher der Meinung war, daß die Diskussion hätte fortgesetzt werden sollen.

Beschränken wir uns hier auf dieses Beispiel. Denn wir wollen uns in einem gesonderten Kapitel darüber unterhalten, wie man den gefährlichen Beeinflussungstechniken anderer entkommt.

Halten wir fest: Bemühen Sie sich darum, mit Ihren Mitmenschen Übereinstimmungen zu erzielen. Das erfordert gewiß einiges Nachdenken. Sie müssen sich in jedem Einzelfall erst einmal Gedanken darüber machen, wie Sie dies am besten anstellen. Doch der Aufwand rechtfertigt den Erfolg. Nehmen Sie also Abstand davon, die Unterschiedlichkeit Ihrer und der anderen Ansichten herauszustellen. Suchen Sie vielmehr nach dem, was Sie mit dem Nächsten verbindet. So werden Sie ihn überzeugen.

11. Überzeugen Sie mit Humor

Das folgende Histörchen spielt in der in mancher Hinsicht ziemlich frivolen Zeit Ludwigs XIV. und handelt von einem Grafen, der überraschend nach Haus zurückkehrte. Als er die Räume seiner Frau betrat, traute er seinen Augen nicht, denn er sah, daß seine holde Gattin leidenschaftlich von einem ihm bekannten Bischof umarmt wurde. Da die Frau des Grafen auch sehr leidenschaftlich bei der Sache war, dauerte es eine Weile, bis das Paar den heimgekehrten Gatten gewahrte.

Verfolgen wir die Geschichte nicht sofort weiter. Stellen wir zunächst die Frage, was wohl unter solchen Umständen die übliche Reaktion eines betrogenen Ehemannes gewesen wäre. Nun, der Gehörnte hätte vielleicht seine Frau, den Bischof oder beide verprügelt oder sich zu noch ärgeren Ausschreitungen hinreißen lassen. Ein weniger impulsiver Mann hätte sich womöglich damit begnügt, den Bischof und seine Frau mit Schimpfworten zu überhäufen und den ungebetenen Gast unsanft vor die Tür zu setzen. Vielleicht hätte er auch seine Frau aufgefordert, auf der Stelle das Schloß zu verlassen. Und hätte der Graf sehr wenig Selbstbewußtsein gehabt, so würde er selbst vielleicht beschämt und weinend das Schloß verlassen haben.

Doch nach diesen Erwägungen zurück zur Geschichte, damit Sie nun erfahren, wie sich der Betrogene tatsächlich verhielt. Der Graf legte keines der beschriebenen Schablonenverhalten an den Tag. Wortlos ging er zum Fenster, öffnete es und segnete mit breiten Gesten die vielen Leute, die vor dem Schloß auf dem Boulevard lustwandelten. Diese waren überrascht, der Bischof war bestürzt, und die Gräfin rief ängstlich aus: »Was tust du denn?« Darauf entgegnete der Graf seelenruhig:

»Monsignore erledigen meine Pflichten, also übernehme ich nun die seinen.«

Nun ist gewiß nicht zu wünschen, daß Ihr Humor einmal in einer ähnlichen Situation auf die Probe gestellt würde. Es gibt glücklicherweise andere Gelegenheiten, sich in der Kunst der Menschenüberzeugung des Humors zu bedienen, und oft ist Humor ein wirksames Mittel, zu überzeugen. Doch was ist nun eigentlich das Kennzeichen des Humors – und kann man Humor lernen? Bleiben wir noch bei dem Beispiel, denn an diesem läßt sich sehr gut das Merkmal echten Humors verdeutlichen. Der Graf erfaßt in der vorgefundenen Situation nicht nur den einen Grundzug, der jedem aufgefallen wäre, nämlich den Betrug der Ehefrau, sondern auch den ungewöhnlichen Aspekt der nicht zu dessen Pflichten gehörenden Aktivität des Bischofs. Immer ist tatsächlich, wie auch die Geschichte zeigt, Voraussetzung für den Versuch, jemanden mit Humor zu überzeugen, daß man einen zunächst verdeckten Aspekt einer Situation entdeckt und darauf aufbaut. Nun ist es gewiß nicht einfach, solche verborgenen Aspekte einer Situation, die nicht sofort ins Auge fallen, zu entdecken. Die Frage drängt sich auf: Wie schafft man es, seine Scheuklappen abzulegen? Denn das ist ja Voraussetzung, wenn man sich vom einzwängenden Schablonenverhalten lösen will. Und wie kann man dabei vorgehen?

Es gibt nur einen Weg, das Ziel zu erreichen, nämlich die eigene Achtsamkeit zu schulen. Dazu bietet sich zunächst all das an, was wir im Alltag wahrnehmen. Nun haben Sie gewiß weder die Zeit noch die Möglichkeit, alle Alltagsereignisse genau zu beobachten. Sie sollten sich aber daran gewöhnen, gelegentlich innezuhalten und den Dingen des täglichen Lebens erhöhte Beachtung zu schenken. Denn je aufmerksamer Sie einen Gegenstand, eine Blume, ein Tier, eine Person ansehen, desto stärker ändert sich Ihr Bewußtseinsniveau in vierfacher Weise. Gesteigerte Aufmerksamkeit verändert nämlich die Wahrnehmung in ihrer Intensität, ihrer Klarheit sowie in der Erfassung des Beziehungsreichtums und ermöglicht somit Wahlfreiheit in Ihrer Handlungsweise.

Je stärker nämlich Ihre Achtsamkeit auf ein Objekt gerichtet ist – und dazu ist Innehalten notwendig –, desto klarer wird Ihre Wahrnehmung. Es werden Aspekte in den Vordergrund treten, die sonst unbeachtet bleiben. Haben Sie erst mal Beziehungen zwischen dem Gegenstand Ihrer speziellen Aufmerksamkeit und seiner Umgebung festgestellt, die nicht vollkommen klar auf der Hand liegen, so können Sie diese

Erkenntnis zum Beispiel dazu verwenden, humorvoll auf Ihre Mitmenschen einzuwirken, indem Sie sie auf diese neuen Aspekte hinweisen. Darüber hinaus werden Sie aber von diesen Beobachtungen noch weiteren Profit für sich ziehen können. Denn nicht mit den Augen der Masse, sondern wirklich mit den eigenen Augen zu sehen ist ein wesentlicher Faktor, zur eigenen Individualität zu gelangen und schöpferische Fähigkeiten in sich zu entwickeln. Nicht zuletzt werden Sie sich durch das Innehalten und die genaue Beobachtung vor Fehlurteilen schützen – und Sie haben darüber hinaus Alternativen für Ihre Entscheidungen gewonnen.

Doch nicht nur Achtsamkeit im Alltag fördert Ihre Fähigkeit, verdeckte Grundzüge einer Situation zu erkennen, um mit Humor leichter andere zu überzeugen. Führen Sie auch die zu Anfang dieses Buches erwähnte Vertiefungsmeditation durch; so verändern Sie die Ebene Ihrer Wahrnehmung und erkennen eine ganz neue Wirklichkeit. Wenn Sie nach der Übung Ihre Aufmerksamkeit wieder auf Vorgänge des Alltags und überhaupt Ihrer Umwelt lenken, nehmen Sie Eigenschaften wahr, die sonst infolge Ihrer routinemäßigen allgemeinen Unaufmerksamkeit unbeachtet blieben. Es ergeht Ihnen gleichsam wie jemandem, der aus dem Urlaub zurückkehrt: Er sieht seine Umwelt und Lebenssituation mit ganz anderen Augen, daher vermag er mit den Schwierigkeiten im Alltag leichter und besser fertig zu werden.

Halten Sie also im Alltag gelegentlich inne und schulen Sie Ihre Beobachtungsgabe. Es wird Ihnen dann gelegentlich auch gelingen, sich selbst gegenüber Humor aufzubringen und damit andere zu überzeugen. Als sich ein großer Politiker in einer Zeitschrift besonders alt und abstoßend abgebildet sah und auch noch gebeten wurde, das Foto zu signieren, schrieb er schmunzelnd darunter: »Johannes 6, Vers 20.« Wenn Sie in der Bibel nachschlagen, werden Sie dort die Worte finden: »Ich bin es, fürchtet euch nicht.« Mit soviel geistreichem Humor bringt man selbst Gegner zum Lachen, schlägt man Rivalen aus dem Feld, nimmt man die Menschen für sich ein.

12. Ihre Sprache ist entscheidend für Ihre Überzeugungskraft

Sie wissen, wie wichtig es ist, Selbstvertrauen und Selbstsicherheit auszustrahlen und ein sicheres Auftreten zu haben. Mit der Strahlkraft Ihrer Augen können Sie dem anderen Wohlwollen, Freundlichkeit und

Verständnis signalisieren, ohne sich ihm anzubiedern oder plump vertraulich zu werden. Und indem Sie die in diesem Buch dargelegten Selbstbejahungsübungen ausführen, verstärken Sie Ihr Selbstvertrauen und Ihre Überzeugungskraft, um andere Menschen zu beeinflussen. Wenn Sie sich nun mit Menschen unterhalten, in einer Gruppe oder vor einem größeren Publikum sprechen oder Ihre Mitmenschen einzeln von etwas zu überzeugen versuchen, vermögen Sie dann die größte Überzeugungskraft zu entfalten, wenn Sie die Macht des Wortes richtig einsetzen. Sie werden einen großen Teil Ihrer Ausstrahlungskraft verlieren, wenn Sie es nicht verstehen, sich auch der Sprache als Überzeugungsmittel zu bedienen. Wir wollen uns daher in diesem Abschnitt darüber unterhalten, wie Sie Ihre Redekunst verbessern können, um so besser diskutieren, vortragen oder überzeugen zu können. Was gilt es zu beachten, um das gesprochene Wort besser einzusetzen?

Bedienen Sie sich einer gepflegten Sprechweise

Dazu gehört, daß Sie weder zu leise noch zu laut sprechen. Jeder Zuhörer verliert das Interesse, wenn er sich anstrengen muß, Ihre Worte überhaupt zu verstehen. Ebenfalls unangenehm berührt es die Zuhörer, wenn ihr Trommelfell über das erforderliche Maß beansprucht wird, weil zu laut gesprochen wird. Sehr lästig und störend empfindet jedermann auch das bekannte »äh. . . .«, das sehr viele Redner von sich geben, um eine Pause zu überbrücken, in der sie nach neuen Worten suchen. Bemühen Sie sich daher, auf Ihre Worte zu achten. Dann wird es Ihnen leichtfallen, diesen Fehler zu vermeiden.

Bemühen Sie sich auch, deutlich zu artikulieren, das heißt, die an der Lautbildung beteiligten Mundpartien auch wirklich bewußt einzusetzen. Mit verbessertem Klang und klarer Deutlichkeit Ihrer Worte vermögen Sie die Zuhörer um so schneller zu fesseln. Darüber hinaus können Sie den Klang Ihrer Worte verbessern, wenn Sie sich von Angst, Erregung und den damit verbundenen Verkrampfungen lösen. Praktizieren Sie daher die in meinem Buch *Die universellen Kräfte Ihrer Psyche* empfohlene Entspannungsmethode. Mittels der dort beschriebenen Technik lösen Sie die Verkrampfungen Ihrer Gesichtsmuskeln, und Sie vermögen lockerer und freier zu sprechen. Außerdem wird Ihnen so womöglich erst bewußt, daß Sie unter Muskelverkrampfung leiden könnten, und Sie vermögen sich leichter davon zu lösen. Die empfohlene Meditationsmethode wird auch erheblich dazu beitragen, Sie von psychogenen Störungen zu befreien, die sehr oft die Ursache von Verkrampfungen sind. Bemühen Sie sich daher stets, ungezwungen und natürlich zu sein. Ihre Stimme klingt dann um so angenehmer, und Sie vermögen mit Entschiedenheit, Sicherheit und Nachdruck zu sprechen, ohne daß Sie schreien oder sich verkrampfen.

Ebenso wichtig ist es auch, sich der richtigen Sprechgeschwindigkeit zu bedienen. Redet jemand zu langsam, schlafen die Zuhörer ein. Und spricht ein Redner zu schnell, ist es anstregend, ihm zuzuhören, und er wird bald das Interesse der Zuhörer verlieren. Die optimale Redegeschwindigkeit haben Sie dann, wenn Sie etwa hundertzwanzig Silben in der Minute sprechen. Nehmen Sie einmal ein Tonbandgerät zur Hand und besprechen Sie ein Band. So können Sie Ihre Sprechgeschwindigkeit überprüfen und leicht verbessern.

Erweitern Sie Ihren Wortschatz und Ihre Gesprächsthemen

Jedermann weiß, wie unangenehm und störend es wirkt, wenn jemand ständig dieselben Redewendungen gebraucht. Ich kenne einen jungen Mann, der sich ständig der Redewendung »Das ist korrekt« bedient. Seinen Mitmenschen ist er damit schon so auf die Nerven gegangen, daß sie ihn nur noch »Herr Korrekt« nennen. Überprüfen Sie daher Ihren Wortschatz, ob auch Sie ein Lieblingswort benutzen, und trennen Sie sich davon. Wenn Sie jeden Menschen mit »Wie geht es Ihnen?« begrüßen, so können Sie nicht erwarten, besonders überzeugend oder originell zu wirken. So zeigen Sie sehr deutlich, daß Ihnen eben kein besserer Anknüpfungspunkt einfällt. Hüten Sie sich aber auch davor, nichtssagende Schlagwörter zu benutzen, die ständig in Zeitungen oder im Rundfunk abgenutzt werden. Mit abgegriffenen Modeausdrücken, Phrasen oder Fremdwörtern erwecken Sie gewiß kein Interesse. Legen Sie sich ein Stichwörterbuch zu. Blättern Sie darin, und es werden Ihnen Worte einfallen, deren Bedeutung Sie zwar kennen, die Sie aber nicht in Ihrem aktiven Sprachschatz haben. Bedienen Sie sich solcher Wörter, und Sie erweitern so systematisch Ihren Wortschatz.

Im täglichen Leben wird die Rede auch zur Unterhaltung eingesetzt. Sie schaden sich sehr, wenn Sie Mitmenschen und nahen Familienangehörigen immer mit denselben Themen in den Ohren liegen. Bemühen Sie sich also auch bei Plaudereien um neuen Gesprächsstoff. Zeitschriften und Bücher bieten sich hierbei als gute Quelle an. Hüten Sie sich aber davor, die Schlagzeilen der Tagespresse zu Ihrem Gesprächsthema zu machen. So wirken Sie nicht originell. Hüten Sie sich auch vor Geschwätzigkeit. Denn Sie wissen ja: Es ist immer besser, die anderen sprechen zu lassen, als selbst geschwätzig zu werden.

Wie Sie andere am besten informieren

Sehr oft stehen Sie vor der Aufgabe, andere zu informieren. Sei es, daß Sie Ihrem Chef Bericht erstatten müssen, oder sei es, daß Sie Untergebenen mitzuteilen haben, was sie erledigen sollen. Vielleicht erhalten Sie sogar die Aufgabe übertragen, in Ihrem Betrieb einen informativen Vortrag zu halten. Auch bei der Information ist die Form der Darlegung von besonderer Wichtigkeit, und es gilt, sich verständlich auszudrücken. Das wird Ihnen gelingen, wenn Sie auf ein paar wichtige Punkte achten.

1. Bemühen Sie sich um eine gute Gliederung:
Gliedern Sie Ihre Rede in einzelne Punkte. Das sollten Sie übrigens schon machen, wenn Sie Ihre Rede vorbereiten. Arbeiten Sie also die Rede nicht wörtlich aus. Machen Sie vielmehr stichwortartige Notizen. Haben Sie einen Punkt der Rede vor dem Publikum erledigt, dann weisen Sie darauf hin, daß Sie nun zum nächsten übergehen. Und nennen Sie dann auch den neuen Punkt. In diesem Buch, Kapitel 4, sind zum Beispiel dreizehn goldene Regeln der Menschenüberzeugung aufgeführt. Wurde ein Punkt (Abschnitt) abgehandelt, dann wird die nächste Möglichkeit (neuer Abschnitt und neue Überschrift) aufgeführt, und dann wird im einzelnen dazu Stellung genommen. Halten Sie sich ebenfalls an diese Regel und führen Sie eine Aufteilung und Abgrenzung in einzelne Punkte durch. So vermag der Zuhörer Ihren Ausführungen leichter zu folgen.

2. Teilen Sie die Zeit richtig ein:
Meistens ist die Zeit, die Sie für eine informierende oder überzeugende Rede zur Verfügung haben, eher begrenzt. In vielen Fällen werden Sie Ihr Auditorium sogar langweilen, wenn Sie zu lange reden. Beschränken Sie sich daher auf das Wesentliche. Verfallen Sie nicht in den Fehler, schneller zu reden, um noch mehr Informationen bei den Zuhörern abzuladen. Ihre Darlegungen lassen es dann an Klarheit und Übersichtlichkeit fehlen, und Sie überzeugen nicht.

Hüten Sie sich auch vor Ankündigungen, die besagen, daß Sie auf
einen Zusammenhang später noch genauer eingehen werden. Der
Zuhörer wird sich ständig fragen: Wann kommt dieser Punkt?
Genauso unklug wirkt auch eine Ankündigung, bald zum Schluß zu
kommen, wenn der Redner noch mitten in seinen Ausführungen
steckt. Die Zuhörer beschäftigen sich dann schon mit dem Parkplatz
oder gar mit Problemen, die zu Hause auf sie zukommen werden,
und schenken dem Vortragenden keine Aufmerksamkeit mehr.

3. *Bemühen Sie sich um eine einfache Ausdrucksweise:*
Jesus, Buddha, Mohammed und andere Religionsstifter hatten
deshalb so großen Erfolg, weil sie ihre Lehren in der verständlichen
Volkssprache darlegten. Versuchen auch Sie, komplizierte Zusammenhänge einfach auszudrücken. Sachverhalte einfach darzulegen
ist eine größere geistige Leistung, als mit Fachausdrücken um sich
zu werfen. Sprechen Sie zu Fachleuten, dann können Sie natürlich
auch Fachausdrücke benutzen. Bemühen Sie sich aber sonst,
Fachausdrücke in einfachen Worten zu erläutern, wenn Sie sie
verwenden wollen. Die Fähigkeit, sich klar auszudrücken, ist im
Bestreben, andere zu beeinflussen, von ganz großer Wichtigkeit.
Hieran scheitern viele Menschen, nicht selten auch Akademiker. Sie
halten zwar oft lange Reden, aber manchmal weiß am Schluß
niemand, was sie eigentlich wollten. Mit Reden unklaren Inhalts
vermögen Sie weder zu informieren noch zu überzeugen. Durchdenken Sie daher den Sachverhalt, den Sie den Mitmenschen
darlegen wollen, und überlegen Sie, wie Sie Ihre Absicht oder
Information für den anderen klar und verständlich ausdrücken.

4. *Verwenden Sie Bilder, Vergleiche und Demonstrationsobjekte:*
Schon in Kapitel 4 wurde darauf hingewiesen, daß mit bildhafter
Darstellung viel leichter zu überzeugen ist. Sie können auch das, was
Sie erläutern wollen, mit Bekanntem vergleichen. So läßt sich zum
Beispiel das Unterbewußtsein mit einem Acker vergleichen, auf
dem sich gute Saat (positive Gedanken) oder Unkraut (negative
Gedanken) einpflanzen läßt. Dann wird nämlich besonders deut-
lich, wie leicht das Unterbewußtsein steuerbar und beeinflußbar ist.
Mit Gleichnissen zu arbeiten, überzeugt immer. So spricht die Bibel
unter anderem deshalb noch heute die Menschen an, weil sie

besonders viele Gleichnisse und nicht trockene philosophische Ansichten enthält, an deren Darlegungen höchstens eine Minderheit interessiert wäre. Hier nun ein Beispiel aus dem Gebiet der Naturwissenschaft. In einem Lehrbuch finden Sie folgende Sätze: Jedes Atom besteht aus einem Atomkern und einer Atomhülle. Der Durchmesser des Atomkerns beträgt 10^{-12} cm, der Durchmesser des Atoms dagegen 10^{-8} cm. Dennoch enthält der Kern fast die ganze Masse des Atoms (99,95%).

Anstelle dieser trockenen Darstellung über den Aufbau der Materie verwendet A. Eddington sein berühmtes Gleichnis von den zwei Schreibtischen: »Der eine Schreibtisch ist das alte Möbelstück, auf dem die Ellbogen beim Schreiben aufliegen, der andere der Tisch, wie ihn der Physiker sieht und der fast gänzlich aus leerem Raum besteht, aus schierem Nichts, das von unvorstellbar kleinen Teilchen durchsetzt ist, von Elektronen, die um ihre Kerne wirbeln, von ihnen jedoch durch Entfernungen getrennt sind, die hunderttausendmal größer sind als ihr eigenes Volumen. Und dazwischen nichts. Von diesen wenigen verlorenen Teilen abgesehen, ist das Innere des Atoms leer.‹

Ausgezeichnet werden Sie auch dann informieren, wenn Sie ein Demonstrationsobjekt mitbringen. Sie erinnern sich eines bereits geschilderten Beispieles: Der Vertreter erregte erst dann Aufmerksamkeit für seine Ware, als er seinen potentiellen Kunden die Wirkungsweise des angebotenen Apparates demonstrierte.

5. Verwenden Sie persönliche Erlebnisse und kleine Geschichten zu Illustrationszwecken:

Wenn Sie eine längere Rede halten, können Sie die Aufmerksamkeit der Zuhörer wirksam auf Ihre Ausführungen lenken, indem Sie mit einer Geschichte oder einem Erlebnis beginnen. In Kapitel 3, Abschnitt 1, lasen Sie die Geschichte von Adenauer und seiner Zwiesprache mit dem Esel. Sie erinnern sich doch daran? Macht die Geschichte nicht lebendig und deutlich klar, wie wichtig es ist, sich auf jeden Menschen einzustellen? Lediglich eine trockene Erwähnung dieser Notwendigkeit hätte die Botschaft dem Leser nicht so eindringlich vor Augen geführt. Bedienen daher auch Sie sich einer Geschichte oder eines Erlebnisses, und Sie werden die Aufmerksamkeit der Menschen fesseln.

6. *Sprechen Sie nicht mit einförmiger Stimme und setzen Sie Ihr Gefühl ein:*
Reihen Sie nicht monoton Silben aneinander. Sie werden dann Gefühl in Ihre Stimme legen können, wenn Sie sich bemühen, Emotionen nachzuempfinden. Stellen Sie sich zum Beispiel die Situation noch einmal vor, die Sie beschreiben wollen. Dann werden Sie auch die Worte leichter wählen können. Gefühle fließen dann gleichsam von selbst in Ihre Stimme ein, und Ihre Rede wirkt mitreißend. Der beste Weg, Emotionen zu übertragen, besteht also darin, sie sichtbar nachzuempfinden. So sagt schon Horaz: »Willst du daher zu Tränen mich rühren, weine sie selber zuerst!«
Bedienen Sie sich aber auch der Mimik und Gestik als wirksamer Ausdrucksmittel. Benutzen Sie beide Hände. Von Ihnen geht dann ein fast hypnotischer Zwang aus. So vermögen Sie das Unterbewußtsein der Mitmenschen am schnellsten zu beeinflussen. Natürlich müssen Mimik und Gestik auch dem Inhalt Ihrer Rede angepaßt sein. Übertreibungen in der Gestik bewirken, daß die Zuhörer mehr auf den Redner als auf den Inhalt seiner Worte achten. Gut fahren Sie mit Shakespeare: »Paßt die Gebärde dem Wort, das Wort der Gebärde an.«

7. *Nehmen Sie Einwände vorweg:*
Formulieren Sie selbst mögliche Einwände, mit denen sich der Zuhörer identifiziert. So nehmen Sie zeitweilig auch die Rolle des Zuhörers ein und vermeiden eine Ablehnung Ihrer Worte, weil Sie nur von Ihrer eigenen Meinung sprechen. Hüten Sie sich aber davor, Widerlegungen in einer Art vorzubringen, die dem anderen bescheinigen, es fehle ihm an logischem Denkvermögen. So fühlt sich der Zuhörer angegriffen und versperrt sich Ihren Darlegungen gänzlich.

8. *Vermeiden Sie Floskeln:*
Hüten Sie sich vor Allerweltswendungen, die Klarheit vermissen lassen. Vermeiden Sie die Satzeinleitung: »Ich gehe davon aus, daß . . .« Dabei wird erst im Nebensatz gesagt, was eigentlich wichtig ist. Verzichten Sie auch auf Modewörter wie Goodwill, Comeback, Teamwork, implizieren, Denkpause, Stellenwert, Denkanstoß und ähnliche.

9. Bleiben Sie beim Thema:
Sehr viele Redner schweifen zu leicht vom Thema ab. Damit langweilen sie die Zuhörer. Hüten Sie sich davor, alles an den Mann zu bringen, was Sie wissen. Greift Sie ein Zuhörer mit der Überlegenheitsfloskel an:»Ich habe bei dem Redner vermißt. . .«, so weisen Sie ihn darauf hin, daß eine Rede weder ein Buch noch eine Vortragsreihe ist. Sagen Sie vielmehr das Wichtige und Notwendige im richtigen Augenblick. Hüten Sie sich vor Redseligkeit.

10. Fassen Sie Ihre Ausführungen zusammen:
Halten Sie eine längere Rede, dann sollten Sie Ihren Zuhörern eine Zusammenfassung Ihrer Darlegungen geben. Selbst wenn Sie der Meinung sein sollten, die Zusammenfassung erübrige sich, geben Sie dennoch eine. Denn in den meisten Fällen beschäftigt sich der Zuhörer mit dem, was Sie sagen, zum erstenmal. Dann ist es durchaus natürlich, wenn ihm manche Ihrer Gedanken wieder entfallen. Um so dankbarer wird er deshalb sein, wenn Sie zum Schluß eine Zusammenfassung geben, die die wichtigsten Punkte des Gesagten noch einmal anführt.

11. Fordern Sie die anderen zum Handeln auf:
Sie begehen einen großen Fehler, wenn Sie den Schluß verpatzen. Legen Sie die Schlußsätze am besten vorher fest. Vergessen Sie dabei nicht: Hierbei geht es häufig darum, die Menschen mit aller Kraft zu einem bestimmten Handeln aufzurufen. Sprechen Sie daher die letzten Worte mit aller Ausdruckskraft und legen Sie Ihre ganze Begeisterungsfähigkeit in die Sprache. Beherzigen Sie Aristoteles Wort: »Reden ist die Kunst, Glauben zu erwecken.« Verzichten Sie also keineswegs auf ein beeindruckendes Ende der Rede, denn davon hängt entscheidend ihre Wirkung ab.

Bemühen Sie sich um die hier dargelegten Punkte. So werden Sie die Macht der Sprache nicht nur nutzen, um besser zu informieren, sondern Sie werden auch leichter überzeugen. Wie bei der Ausbildung jeder Fähigkeit ist es hier ebenfalls wichtig, regelmäßig zu üben. Sehr häufig folgen auf Anfangserfolge Rückschläge, oder Ihre Redegewandtheit scheint sich nicht weiter zu verbessern. Lassen Sie sich davon nicht entmutigen. In der Entwicklung jeder Fertigkeit spielt sich dieser Prozeß ab. Sie machen plötzlich von neuem Fortschritte, wenn Sie dies am wenigsten erwarten. Wichtig für Sie ist, daß Sie ganz davon durchdrungen sind, Ihre Ziele zu erreichen und die Menschen Ihrer Umgebung zu überzeugen.

Nachdem Sie erfahren haben, wie Sie am besten vorgehen, wenn Sie eine Zuhörerschaft in einer Rede zu informieren haben, beschäftigen wir uns nun kurz mit den Motiven, die Sie bei anderen ansprechen müssen, wenn Sie sie für Ihre Art des Denkens gewinnen wollen.

Die drei Motive, die Sie ansprechen müssen, wenn Sie sie überzeugen wollen

1. *Sprechen Sie das Vertrauen des anderen an:*
   Sie werden andere um so leichter überzeugen, wenn es Ihnen gelingt, eine persönliche Verbundenheit mit den Zuhörern herzustellen. Sind Ihnen die Zuhörer nicht genauer bekannt, dann sagen Sie: »Wir sind zur Lösung von Problemen alle gemeinsam aufgerufen. Schließlich ziehen wir ja alle an einem Strang« usw. Benutzen Sie »wir« und nicht »ich«. Es wurde schon auf den Nutzen hingewiesen, Ihre Rede nach Tunlichkeit mit einer humorvollen Geschichte einzuleiten. Sie sprechen damit die Gefühle der anderen an, die Atmosphäre beginnt sich zu lockern und die Mitmenschen werden zugänglicher. Nehmen Sie noch Ihre Mimik und Gestik zu Hilfe, und Sie vermögen einen persönlichen Kontakt zu Ihren Zuhörern aufzubauen.

2. *Sprechen Sie das Sicherheitsbedürfnis der Menschen an:*
   Jeder Mensch verlangt nach Sicherheit und Geborgenheit. Beginnen Sie die Rede damit, wie viele Menschen mit Besorgnis um die Entwicklung in einem von Ihnen genannten Lebensbereich erfüllt sind, dann wir das Interesse der Zuhörer rasch geweckt. Dieses Problem geht schließlich alle an.

3. *Benutzen Sie das Unabhängigkeitsmotiv:*
   Sprechen Sie den Wunsch nach Unabhängigkeit in Ihren Zuhörern an. Unterstreichen Sie, daß Sie niemanden überreden oder gar einen Zwang ausüben möchten. Stellen Sie die Bedeutung Ihres Anliegens für jeden Zuhörer heraus. Betonen Sie: Es geht Ihnen um eine objektive Darstellung von Gegebenheiten. Sagen Sie schon am Anfang, daß Sie am Ende zu weiteren Fragen und Diskussionen zur Verfügung stehen werden. Weisen Sie darauf hin, daß Sie für kritische Bemerkungen durchaus dankbar sind. So sprechen Sie auch jene

Menschen an, die nüchterner und nicht so schnell durch Gefühle zu beeinflussen sind, wie die meisten von uns.

Bemühen Sie sich stets, die drei genannten Grundmotive beim anderen anzusprechen. Natürlich dürfen Sie nie vergessen: Der Mitmensch ist nur für das empfänglich, was seinem eigenen Interesse dient. Aber darauf wurde schon wiederholt hingewiesen. Bemühen Sie sich also, Ihre Redekunst in diesem Sinne zu verbessern.

Sie vermögen Ihre Redegewandtheit zu steigern, wenn Sie sich auch hierbei der Technik der Selbstbejahung bedienen.

SELBSTBEJAHUNGSTEXT ZUR STEIGERUNG DER REDEFÄHIGKEIT

»Ich vermag immer besser zu sprechen. Ich vermag immer besser zu reden. Erfolgreich zu reden ist eine Sache des Selbstvertrauens. Daher glaube ich mich. Ganz fest glaube ich an mich. Indem ich immer positiv denke, steigt mein Selbstvertrauen – immer mehr – immer mehr. Stets bemühe ich mich, gute Gedanken zu entwickeln und meine Gedanken einfach und klar auszudrücken – einfach und klar – einfach und klar. Regelmäßig bemühe ich mich um eine gute Aussprache. Ich bin bemüht, meiner Stimme einen angenehmen Klang zu geben. Regelmäßig arbeite ich an mir. Es gelingt mir immer besser, meine Gedanken zu entwickeln. Was ich im stillen Zimmer kann, das vermag ich auch vor vielen Zuhörern. Mein Selbstvertrauen und meine Sicherheit strahlen nach außen – immer mehr – immer mehr. Mit meiner Ausstrahlung gewinne ich die Mitmenschen für mich. Stets beginne ich den ersten Satz mit einem Lächeln. Wenn ich meine Gedanken in der richtigen Weise vortrage, dann kann ich besser überzeugen. Daher bemühe ich mich, meine Denkkraft zu schulen. Immer bin ich bestrebt, meine Gedanken einfach und klar darzulegen. Regelmäßig arbeite ich an meiner Sprache und erweitere meinen Wortschatz, damit mein Ausdruck besser wird. Sorgfältig bereite ich meine Reden vor. Es gelingt mir immer besser. So gelingt es mir auch, Stegreifreden zu halten. Zu allem bin ich fähig, wenn ich an mich glaube. Daher glaube ich an mich und meinen Erfolg – ganz fest – ganz fest. Ich erreiche, was ich will. Ich kann reden, kann überzeugen, kann reden, kann überzeugen.«

Wie bei den anderen Selbstbejahungstexten gilt auch hier: Die Wirkung ist dann um so größer, wenn Sie vorher eine Entspannungs- und Meditationsübung machen. Lassen Sie sich bei der Selbstbejahung von dem Gefühl durchdringen, daß Sie ein guter Redner werden. Wenn Ihnen dies gelingt, wird auch Ihre Karriere im Beruf nicht auf sich warten lassen. Arbeiten Sie regelmäßig daran, Ihre Redetechnik zu verbessern und beachten Sie die in diesem Abschnitt dargelegten Punkte. Bemühen Sie sich, diese Techniken in der Familie zu üben. Um so leichter wird es Ihnen dann gelingen, sie auch auf dem Arbeitsplatz anzuwenden. Ergreifen Sie jede Möglichkeit zu sprechen. So werden Sie in der Öffentlichkeit immer besser zu reden verstehen.

13. Das systematische Überzeugungsgespräch

In diesem Abschnitt wird Ihnen ein rohes Gerüst vermittelt, an das Sie sich halten können, wenn Sie ein Überzeugungsgespräch führen wollen. Da wir die einzelnen Techniken schon in den vorangegangenen Abschnitten dieses Kapitels besprochen haben, wollen wir hier die Techniken in einem Plan kombinieren, nach dem Sie Ihre Überzeugungsstrategie aufbauen. Gehen Sie also in folgender Reihenfolge vor:

1. Stärken Sie Ihr Selbstvertrauen und Ihre Überzeugungskraft, um die Mitmenschen zu überzeugen: Sie wissen, wie wichtig es ist, bei anderen Vertrauen zu erwecken. Führen Sie daher Ihre Selbstbejahungsübung aus Kapitel 2, Abschnitt 3, regelmäßig durch. Es ist sogar zu empfehlen, diese Übung kurz vor einem Überzeugungsgespräch zu machen.

2. Leiten Sie die Unterhaltung mit einem Kompliment ein. Bewundern Sie etwa die Kleidung oder das gute Aussehen des Gesprächspartners oder erwähnen Sie einen seiner Erfolge und zeigen Sie, wie beeindruckt Sie davon sind: Sie wissen, wie wichtig es ist, den Mitmenschen Anerkennung zukommen zu lassen; richten Sie sich danach.

3. Sprechen Sie mit Begeisterung, doch hüten Sie sich vor Überschwenglichkeit und Aufdringlichkeit: Wie Sie sich erinnern, kann nur der begeistern, der auch selbst begeistert ist. Lassen Sie sich ganz von Ihrem Ziel durchdringen. Geben Sie sich völlig dem Gefühl hin, dieses Ziel erreichen zu können. So halten Sie Ihre Begeisterungsfähigkeit wach und vermögen andere zu begeistern.

4. Erkunden Sie die Meinung des anderen und versuchen Sie, Übereinstimmungen zu erzielen: Nehmen wir einmal an, Sie kennen nicht die

Einstellung Ihres Gegenübers zu der Angelegenheit, in der Sie ihn überzeugen wollen. Schneiden Sie dann ein unverfängliches Thema an, daß Ihnen erlaubt, später auf Ihr eigentliches Anliegen zu sprechen zu kommen. Bringen Sie den anderen dazu, über seine Einstellung zu sprechen. Greifen Sie jedoch nicht seine Meinung an. Stellen Sie vielmehr deutlich die Punkte heraus, in denen Sie beide gleicher Ansicht sind.

5. *Verwenden Sie einen Köder:* Sie wissen, wie sehr jeder von uns darauf aus ist, einen Gewinn für sich zu haben. Verwenden Sie daher einen Köder und nennen Sie Vorteile für den Zuhörer. Sie wirken sehr objektiv, wenn Sie auch einen Nachteil nennen, der allerdings nicht schwerwiegend sein darf.

6. *Verwenden Sie bildhafte Darstellungen und setzen Sie die Macht der Sprache ein:* Bemühen Sie sich, das Gefühl des anderen anzusprechen. Wenden Sie all die Techniken an, die im vorangegangenen Abschnitt dargelegt wurden.

7. *Lassen Sie Ihr Gegenüber selbst die Folgerungen ziehen und führen Sie keine Überraschungsangriffe:* Bemühen Sie sich, die Tatsachen so darzustellen, daß der andere selbst seine Schlußfolgerungen in der von Ihnen gewünschten Richtung zieht. Denn wir alle nehmen nur Wahrheiten an, die wir selbst gefunden haben. Wenn Sie einen »Frontalangriff« führen, wird der andere nur trotzig. Da er schließlich nicht sein Gesicht verlieren möchte, wird er seine Meinung nicht ändern.

Zeigt Ihr Gesprächspartner trotz intensiver Bemühungen Ihrerseits kein Interesse, beendigen Sie das Gespräch. Sagen Sie ihm, die von ihm ins Feld geführten Argumente seien es wert, ein anderes Mal nochmals besprochen zu werden. Bereiten Sie dann aufgrund der gewonnenen Informationen ein weiteres Überzeugungsgespräch vor. Sie kennen jetzt die Einstellung des Partners und vermögen sich um so besser vorzubereiten. Sie überdenken nochmals alle dreizehn goldenen Regeln der Menschenüberzeugung und versuchen, das nächste Gespräch unter Beachtung derselben aufzubauen. Wenn Sie beim nächsten Mal geschickt vorgehen, werden Sie in den meisten Fällen auch Erfolg haben.

ZUSAMMENFASSUNG

In diesem Kapitel sind Sie mit dreizehn goldenen Regeln bekannt gemacht worden, um andere Menschen von sich zu überzeugen. Gewiß werden Sie die eine oder andere Methode bewußt oder unbewußt schon angewandt haben. Doch es geht darum, alle dreizehn Regeln bewußt anzuwenden. So erweitern Sie das Repertoire und die Durchschlagskraft Ihrer Überzeugungsmöglichkeiten.

Bemühen Sie sich daher, jeden Tag mindestens fünf der in diesem Buch dargelegten dreizehn Regeln zur Anwendung zu bringen. Dazu müssen Sie natürlich das Buch wiederholt zur Hand nehmen. Und üben Sie alle dargelegten Grundsätze ein. Verfolgen Sie die Wirkung Ihrer Überzeugungskunst und bauen Sie beim nächsten Mal auf Ihrer Erfahrung auf. Wenn Sie die Regeln oft genug anwenden, werden Sie sie bald automatisch beherrschen.

Das Erlernen jeder Fertigkeit – auch der Kunst, Menschen zu überzeugen – bereitet zunächst Mühe. Der Vergleich mit einem Schachspieler bietet sich an. Auch ihm macht es anfangs Schwierigkeiten, sämtliche Spielregeln im Kopf zu behalten. Je besser er aber alle Regeln beherrscht und so alle Zugmöglichkeiten übersieht, desto leichter und schneller wird es ihm gelingen, sich optimal auf die jeweilige Situation einzustellen und den richtigen Zug zu machen. Auch die dreizehn goldenen Regeln der Menschenüberzeugung lernen Sie nur durch Übung. Indem Sie diese immer anwenden, werden die Beeinflussungstechniken in Ihrem Unterbewußtsein wie in einem Computer gespeichert. Wenn Sie Ihren Gesprächspartner noch aufmerksam beobachten, vermögen Sie schon an seiner Mimik die Wirkung Ihrer Worte zu erkennen. Ausgehend von den bereits gespeicherten Daten sucht Ihr Unterbewußtsein nach weiteren Techniken, um in ähnlichen Situationen ebenfalls Erfolg zu haben. Natürlich sollten Sie jeden Einfall auf seine Zweckmäßigkeit überprüfen, bevor Sie ihn verwenden. Doch je mehr Sie üben, desto leichter und schneller wird Ihnen das gelingen. So werden Sie auch auf Angriffe immer erfolgreicher reagieren. Sie entwickeln Schlagfertigkeit, die Ihnen hilft, sich auf jede Situation einzustellen. Das setzt aber voraus, daß Sie Ihren Gesprächspartner immer unauffällig beobachten. Der andere muß also immer im Mittelpunkt Ihres Interesses stehen, denn wie ein hervorragender Computer liefert Ihr Unterbewußtsein Ihnen nur dann die optimalen

Überzeugungstechniken, wenn es mit den richtigen Informationen gefüttert wird.

Überlegen Sie sich schon vor einem Gespräch, was der andere wohl alles sagen könnte. Spielen Sie die Unterhaltung im Geiste auf verschiedene Arten durch. Welches Verhalten Ihr Gegenüber auch zeigen wird, es wird Ihnen nach solchen Übungsspielen leichterfallen, die richtige Überzeugungstechnik auszuwählen.

Napoleon zum Beispiel spielte vor jeder Schlacht die Möglichkeiten durch, die sich während des Kampfes seiner Ansicht nach ergeben konnten. Natürlich war es ihm nicht möglich, jedes Detail des Kampfverlaufs einzuplanen. Immerhin reichten aber seine Gedankenspiele aus, ihn selbst in der Aufregung der Schlacht schnell das Richtige tun zu lassen. Nun besteht zwischen der Strategie des Krieges und der Kunst der Menschenüberzeugung in den Fragen der Taktik kein großer Unterschied. Spielen Sie daher möglichst viele Varianten eines bevorstehenden Gesprächs vorher durch, und Sie werden wirkungsvoll zu argumentieren vermögen. Üben Sie durch regelmäßige Anwendung alle dreizehn goldenen Regeln wirksamer Beeinflussung! Der Aufwand dafür lohnt sich gewiß. Denn nicht immer ergibt sich die Möglichkeit eines zweiten Informationsgesprächs. Daher dürfen Sie Ihre Chance nicht leichtfertig verspielen!

Kapitel 7

Wie Sie das Verhalten anderer ändern können

1. Konsequenz ist eine wichtige Voraussetzung

Als der fleißige und begabte junge Ingenieur Müller in seiner Firma Gruppenleiter wurde, war er darüber sehr erfreut. Doch es stellte sich bald heraus, daß er weitaus besser mit Zahlen und Zeichnungen umgehen konnte als mit Menschen. Schon nach vier Wochen wurde ihm ein anderer Ingenieur als Mitarbeiter zugewiesen. Sehr bald wußte Herr Müller: Der Neue war nicht fleißig und versuchte der Arbeit gern aus dem Weg zu gehen. Nun wollte Müller nicht auf eine Kündigung des Neuen hinarbeiten. Da er selbst erst vor kurzem Gruppenleiter geworden war, fürchtete er, beim Abteilungsleiter in ein schlechtes Licht zu geraten. Obendrein war er sicher, in Zukunft nicht so schnell wieder einen Mitarbeiter zugewiesen zu erhalten. Daher machte er seinem Herzen Luft und wies Herrn Soll darauf hin, daß er zu wenig arbeite. Wider Erwarten zeigte sich Herr Soll einsichtig und versprach, sich zu bessern. Nach seinen Vorwürfen tat es Herrn Müller leid, daß er gegenüber seinem Mitarbeiter heftig geworden war. Um sein schlechtes Gewissen zu beruhigen, war er in der nächsten Zeit besonders freundlich zu ihm. Dies verstand Herr Soll sehr geschickt auszunutzen und zog Herrn Müller auch noch in sehr vertrauliche Gespräche. So verlor Müller sein Ansehen, und die Folge war, daß Soll wieder genauso wenig tat wie zu Anfang. Herr Müller gab auf und arbeitete nun selbst um so mehr, um den Faulen durchzubringen.

Glauben Sie ja nicht, Herr Müller sei ein Einzelfall. Ich kenne viele Menschen, die mit einem solchen Problem nicht fertig werden. Solche Situationen finden Sie nun nicht nur allein im Arbeitsleben. Mir ist ein netter älterer Herr bekannt, der einen Sohn Ende der Zwanzig hat. Er studiert inzwischen im zehnten Semester, ohne auch nur das Vorexamen gemacht zu haben. Da der Vater seinem Sohn ein Auto gekauft hat und ihn auch reichlich unterstützt, sieht der Sprößling keine zwingende Notwendigkeit, sein Studium zu beenden. Der Sohn macht Reisen, hat viele Freunde und ist eher damit beschäftigt, seinen Vergnügungen nachzugehen, als sich seinem Studium zu widmen. Glauben Sie nicht, der nicht besonders reiche Vater hätte sich nicht bemüht, den Sohn zu ändern. Mehrmals in der Woche ärgert sich der Vater über ihn und macht dem Sohn Vorwürfe. Doch das kümmert ihn nicht. Schließlich erhält er ja ständig, was er braucht: genügend Geld, um bestens zu leben und seinen Vergnügungen nachzugehen. Und so reibt sich der Vater selbst auf, ohne den Sohn zur Arbeit zu bewegen. Dabei brauchte er seinem Sohn nur das Geld zu sperren, und schon hätte er ihm die Voraussetzungen für sein Bummlerleben genommen.

Worum es sich auch immer handelt: wenn Sie das Verhalten anderer ändern wollen, dürfen Sie kein schwankendes Rohr im Winde sein; Sie müssen sich konsequent verhalten. Ich kenne einen sehr bekannten Professor, der von sich einmal in der Öffentlichkeit bekannte: »Ich gehörte in meiner Jugend zu denen, die sich während des Studiums für alles interessierten. So vergingen schnell fünf Jahre, und ich hatte mein Studium nicht abgeschlossen. Da erhielt ich einen Brief meines Vaters, in dem er mir mitteilte, er würde mir nur noch für ein weiteres Jahr Geld schicken. Ich wußte sehr genau«, sagte der Professor, und in seiner Stimme war deutlich Bewunderung für das Verhalten seines alten Herrn herauszuhören, »mein Vater würde seine Ankündigung auch wahrmachen. Daran gab es für mich keinen Zweifel. Daher strengte ich mich an und bestand mein Diplom sogar mit sehr gut.«

Ob nun am Arbeitsplatz, im geschäftlichen Umgang mit Menschen oder auch in der Familie: überall müssen Sie sich damit auseinandersetzen, wie Sie das Verhalten anderer Menschen beeinflussen können. Nun ist es aber keineswegs so, daß Sie das Verhalten anderer einfach dadurch ändern, indem Sie gleichsam mit einem harten Schädel durch die Wand rennen. So sagte bei meinen Seminaren ein Teilnehmer, sein Chef habe ihm geraten, im Umgang mit Untergebenen den Befehlston zu vermeiden und statt dessen geschickt an die Mitarbeitsfreude seiner Leute zu appellieren, um so mehr Unterstützung zu finden. Der Ratschlag war durchaus richtig. Denn wer nur auf seine Macht und seinen Einfluß pocht, hat zwar ein Druckmittel in der Hand, doch mit schroffem Befehlston und dürren Anordnungen wird er die Menschen nicht dazu bringen, ihn wirkungsvoll zu unterstützen.

Wir wollen uns daher in diesem Kapitel darüber unterhalten, wie Sie das Verhalten von Menschen ändern können. Welche Grundhaltung ist einzunehmen? Und welcher inneren Einstellung müssen wir uns befleißigen? Die dargelegten Beispiele zeigen deutlich, daß es immer Menschen gibt, die Wohlwollen und Entgegenkommen als Schwäche ansehen. Es ist daher wichtig, bei allem Wohlwollen und aller Aufgeschlossenheit den Mitmenschen gegenüber stets auf Distanz zu achten und sich vor plumper Vertraulichkeit zu hüten. Dennoch sollen die anderen die positiven Wellen spüren, die von Ihnen ausgehen. Niemand darf aber dabei das Gefühl haben, mit Ihnen machen zu können, was er will. Auch hier kommt es sehr darauf an, sich der beiden Pole menschlichen Verhaltens – Wohlwollen und Distanz – in ausgewogener Weise zu bedienen. Praktizieren Sie daher regelmäßig den in Kapitel 4, Abschnitt 3, angegebenen Selbstbejahungstext. Dann gelingt es Ihnen immer besser, sowohl positive und sympathische Ausstrahlung als auch gleichzeitig innere Festigkeit an den Tag zu legen. Und mit dieser seelisch-geistigen Grundhaltung werden Sie das Verhalten anderer mit den in diesem Kapitel dargelegten Beeinflussungstechniken verändern. Ärgern Sie sich daher nicht über Ihre Mitmenschen, sondern bemühen Sie sich, die Techniken anzuwenden, die ich Ihnen anzugeben bemüht bin. Sie werden erstaunt sein, wie Sie das Verhalten anderer ändern können, ohne sich Ihre Mitmenschen zu Feinden zu machen.

2. Sagen Sie durch die Blume, worum es Ihnen geht

Vielleicht gehören auch Sie zu den Leuten, die stolz von sich meinen: »Ich sage immer offen, was ich denke.« Äußerten Sie also bisher immer offen, was Sie von anderen denken? Und haben Sie immer Ihren Gefühlen freien Lauf gelassen? Dann können Sie gewiß selbst am besten beurteilen, wie wenig Sie damit das Verhalten anderer Menschen in Ihrem Sinn beeinflußt haben. Vielleicht fällt Ihnen aber auf Anhieb keine eigene Erfahrung ein. Dann lassen Sie mich die Folgen eines solchen Verhaltens an einem Beispiel verdeutlichen.

Nehmen wir einmal an, Sie kommen hungrig von der Arbeit nach Hause. Sie setzen sich an den Tisch und entdecken, daß das Abendbrot noch nicht zubereitet ist. Zornig denken Sie: Den ganzen Tag habe ich schwer gearbeitet und kann am Abend nicht einmal pünktlich mein Abendessen bekommen. Wenn dann vielleicht noch Ihre Frau sagt, die Fertigstellung der Mahlzeit würde eine weitere halbe Stunde dauern, werden Sie noch wütender und poltern los: »Den ganzen Tag plagt man sich ab, und dann ist nicht einmal das Nachtmahl fertig!« Die Folgen liegen auf der Hand. Ihre Frau ist nun beleidigt. Sie will sich verteidigen und sagt Ihnen einige Grobheiten. Die Situation spitzt sich zu, und zu einer friedlichen Einigung wird es in der nächsten Zeit gewiß nicht kommen.

Beide Ehepartner werden in einem solchen Fall stolz von sich behaupten, sie hätten dem anderen »ordentlich« ihre Meinung gesagt. Doch sieht man den Sachverhalt genauer an, so ergibt sich: Beide haben in Wirklichkeit nur Ihrem Zorn freien Lauf gelassen und versuchten so, sich am anderen abzureagieren. Doch damit wurden nur Abwehrreaktionen ausgelöst, und so wurde jede Chance vertan, das Verhalten des Partners positiv zu beeinflussen.

Nun, wie hätte man in diesem Fall vorgehen können? Was hätte man tun sollen, um den Haussegen wieder ins Lot zu bringen? Der Mann – Sie – hätte nur nach folgender Technik zu verfahren brauchen:

1. Er registriert seine Absicht, seiner Frau sagen zu wollen, daß ihm etwas nicht recht ist.
2. Er sagt es noch nicht. Vielmehr schiebt er eine Pause von einigen Sekunden ein und fragt sich, wie wohl die Wirkung seiner Worte und seines Verhaltens auf seine Frau sein werden. Mit anderen Worten: Er überlegt die Erfolgsaussichten seiner Handlungsweise. Dies wird ihm um so leichter gelingen, wenn er sich in die Lage seiner Frau versetzt, und da er sie liebt, will er sie ja nicht sinnlos verletzen.
3. Nur wenn er seine beabsichtigte Handlung als zweckmäßig erkennt, führt er sie aus. Sonst unterläßt er sie und sucht nach einer besseren Verhaltensweise.

Hätte der zornige Ehemann – hätten Sie – so gehandelt, dann wäre ihm – Ihnen – klargeworden, daß mit einem Wutausbruch keine Verhaltensänderung bei seiner – Ihrer – Frau zu bewirken sein würde. Und es wäre ihm – Ihnen – bewußt geworden, daß durch solches Verhalten das Problem nicht aus der Welt zu schaffen sei, sondern daß sich als zusätzliche Schwierigkeit noch weiterer Unfrieden im Hause ergeben wird.

»Wie hätte ich mich aber dann verhalten sollen, um das Verhalten meiner Frau zu ändern?« werden Sie nun gewiß fragen. Nun, Sie hätten nur Folgendes zu sagen brauchen: »Auf dem ganzen Heimweg habe ich mich schon auf das gemütliche Abendessen gefreut. Was habe ich für einen Hunger!« Welche Folgen hätten sich nun ergeben? Ihre Gattin wäre sehr stolz darauf gewesen, daß ihr Essen Ihnen immer so gut schmeckt. Dann wäre es ihr um so peinlicher und unangenehmer gewesen, das Essen diesmal nicht rechtzeitig zubereitet zu haben. Sie würde Ihnen deshalb versichern, es sei eine Ausnahme, daß sie sich diesmal verspätet habe. Da Ihre Frau nicht durch Vorwürfe provoziert wurde, hatte der Familienfrieden nicht gelitten. Darüber hinaus dürfte sich Ihre Frau auch ohne Ihr Murren beim nächsten Mal alle Mühe geben, das Essen nicht verspätet auf den Tisch zu bringen.

Doch es ist gar nicht so einfach, sich von einer falschen Gewohnheit zu trennen. Natürlich hört sich das alles in der Theorie einfach an. Sie kennen aber jetzt eine wirkungsvolle Technik, wie Sie Ihr Verhalten ändern: Sie müssen nur eine kurze Pause zwischen Ihrem Denken und Sprechen einlegen und über die Zweckmäßigkeit Ihres beabsichtigten Handelns nachdenken. So vermögen Sie sich von falschen Gewohnheiten zu distanzieren, mit denen Sie Ihre Schwierigkeiten bisher nur erhöhten, anstatt sie zu verringern.

Folgende Geschichte ereignete sich vor etlichen Jahrzehnten, als es für Europäer noch leicht möglich war, nach Zentralchina zu reisen. Zu jener Zeit besuchte ein Schweizer seinen chinesischen Freund in Peking und war für mehrere Wochen Gast in dessen Haus. Dringende Geschäfte veranlaßten den Chinesen, seinen Freund für etwa zwei Wochen ohne seine Gesellschaft zu lassen. »Ich bin in wenigen Tagen wieder hier. Meine Diener werden sich um dich kümmern, so als ob ich anwesend wäre«, versprach der Chinese seinem Freund und stellte ihm in Aussicht, so schnell wie möglich zurückzukehren. Doch während der Abwesenheit des Hausherrn kümmerten sich die Diener nicht um den Gast. Sogar das Essen ließ zu wünschen übrig. Zunächst wollte der Schweizer seiner Empörung Luft machen und den Dienern in seinem Zorn deutlich sagen, was er von ihrem Diensteifer hielt. Doch dann besann er sich eines Besseren. Denn ihm wurde klar: Mit heftigen Reaktionen hätte er vor den Dienern obendrein auch noch sein Gesicht verloren. Daher verhielt er sich vollkommen anders, als die Diener erwarteten. Er gab ihnen nämlich den Auftrag, seine Koffer zu packen.

Beunruhigt fragten sie, warum denn das geschehen solle. Schließlich wollte der Hausherr schon in wenigen Tagen wieder zurück sein. Da antwortete der Gast überlegen lächelnd: »Ich ziehe in das Stadthotel. Denn dort versteht man es ausgezeichnet, sich auf die Bedürfnisse von Europäern einzustellen.« Die Diener erschraken. Sie flehten ihn an, im Hause zu bleiben, sie wollten ihm von nun an dieselben Annehmlichkeiten bieten wie das Personal im Stadthotel. Zunächst zögerte der Gast noch, auf den Vorschlag einzugehen. Da ihn die Diener drängten, es doch wenigstens noch einmal zu versuchen, willigte der Schweizer schließlich ein. Die Diener gaben sich nun große Mühe um den Gast. Schließlich wollten sie sich ja nicht vom Hotelpersonal beschämen lassen. Der kluge Mann verlebte also noch herrliche Tage, bis sein Freund von seiner Reise zurückkehrte.

Hat diese Geschichte nicht deutlich gezeigt, wie man spielend das Verhalten anderer verändern kann und dabei im Ansehen sogar noch steigt? Um welche Situation es sich auch immer handelt: hüten Sie sich, Ihrer Verärgerung freien Lauf zu lassen. Sagen Sie vielmehr durch die Blume, worum es Ihnen geht. So vermögen Sie Ihre Mitmenschen häufig leicht zu beeinflussen. So sparen Sie den Aufwand, wochenlang mit Vorwürfen auf andere einzureden und schließlich doch nichts zu erreichen und dazu noch an Ansehen zu verlieren.

Betrachten Sie daher jede Herausforderung als Möglichkeit, die Macht Ihrer Persönlichkeit durch Klugheit und Liebenswürdigkeit zu demonstrieren. Bedienen Sie sich dazu der in diesem Kapitel dargelegten Techniken.

3. So kritisieren Sie, ohne sich Feinde zu schaffen

Es gibt sehr viele Menschen, die Hemmungen haben, anderen Menschen entgegenzukommen, und daher werden sie andere nie für ihre Ziele zu gewinnen vermögen. Im ersten Kapitel wurde dargelegt, wie man die Angst vor den Mitmenschen verlieren und die Kraft und den Mut finden kann, sich aus der eigenen Isolierung zu lösen. Nun existiert aber noch eine weitere Schwierigkeit, die viele Menschen davon abbringt, andere von sich zu überzeugen; die meisten Menschen glauben nämlich, daß man verschiedene Dinge dem anderen nicht sagen dürfe. Aus Furcht vor den Reaktionen der Mitmenschen treten solche Menschen gleichsam auf der Stelle, weil sie weder wagen, ihre Probleme zu lösen, noch ihre Wünsche zu äußern.

Sie wissen: Es hat keinen Zweck, den Mitmenschen mit Vorwürfen auf die Nerven zu gehen und es ist ebenso falsch, nur von seinen eigenen Interessen zu reden und sich nicht auch auf die Wünsche des anderen einzustellen. Wer jedoch in der Vorstellung befangen ist, manche Themen mit anderen nicht besprechen zu können, wird die Kunst der Menschenüberzeugung nie beherrschen.

In Wirklichkeit können Sie mit Ihren Mitmenschen durchaus über alles sprechen. Es ist einzig und allein wichtig, wie Sie es sagen. »Der Ton macht die Musik« ist ein altbekanntes Sprichwort. Wie Sie anderen Unangenehmes »durch die Blume« sagen können, ist Ihnen schon im vorangegangenen Abschnitt dargelegt worden. Hier sollen Sie nun eine weitere wirksame Methode kennenlernen, das Verhalten von Menschen zu beeinflussen, ohne sich Feinde zu schaffen.

Ich habe einen guten Bekannten; es ist ein gebildeter Mann und von der Absicht durchdrungen, einmal die oberen Leitern der Politik zu erklimmen. Sein Problem ist, er müßte zunächst in den Stadtrat oder Landtag gewählt werden. Im letzten Wahlkampf hatte er sich sehr engagiert, und erst vor wenigen Tagen besuchte er mich, um mich nach meiner Meinung zu einer von ihm vorbereiteten Rede zu fragen. Ich möchte Sie hier nicht mit Einzelheiten seiner Wahlrede langweilen. Sie bezog sich auf Finanzprobleme des Staates, war mit Fachausdrücken gespickt, und es lag auf der Hand, daß er damit gewiß keine Wähler dazu bringen würde, ihm ihre Stimme zu geben. Nun wäre er gewiß sehr enttäuscht gewesen, hätte ich ihm gesagt, wie wenig passend ich seine beabsichtigte Rede fand. Daher meinte ich: »Ihre Rede wäre ausgezeichnet, wenn Sie sie vor einem parlamentarischen Arbeitsausschuß von Fachkundigen halten wollten. Dort würden Sie damit gewiß großen Eindruck machen. Bei einem Wahlkampf muß man sich aber auf die Mentalität der Leute einstellen. Setzen Sie sich das zum Ziel, so werden Sie Ihre Wähler ausgezeichnet ansprechen.« Stolz über mein Lob ging mein Bekannter nach Hause und arbeitete eine Rede aus, mit der er schließlich die Bürger seines Wahlkreises von sich überzeugen konnte.

Nach welchem Rezept war ich verfahren? Ich gab ihm zunächst Lob und Anerkennung und wies ihn erst dann auf seinen Fehler hin. Bemühen auch Sie sich, diese Technik anzuwenden. Nehmen wir wieder, wie schon vorhin, an, Sie seien ein verheirateter Mann und kommen zum Beispiel von der Arbeit nach Hause. Sie stellen fest, daß das Essen versalzen ist; nun schimpfen Sie nicht einfach drauf los. Sie sagen vielmehr: »Das Essen schmeckt aber heute nicht so ausgezeichnet wie sonst!« Ein arabisches Sprichwort sagt: »Ein Wort ist ein Pfeil, der, einmal von der Sehne geschnellt, nicht mehr zurückgeholt werden kann.« Denken Sie stets daran, wenn Sie wieder in Versuchung kommen sollten, nur zu kritisieren, ohne gleichzeitig ein Kompliment anzubringen.

Nach derselben Technik sollten Sie auch Ihre Kinder behandeln. Sagen Sie also nicht nur, was Ihr Kind besser machen könnte. Gewöhnen Sie sich daran, selbst den geringsten Erfolg zu loben. So schulen Sie sich außerdem im positiven Denken, und Ihr Kind wird Ihnen für das Lob dankbar sein. Gewöhnen Sie sich grundsätzlich an, mehr zu loben als zu kritisieren. So werden Sie Ihr Kind am besten beeinflussen. So schaffen Sie die besten Voraussetzungen, daß sich die Möglichkeiten Ihres Kindes entfalten.

Die Anwendungsmöglichkeiten der Technik, Kritik mit Komplimenten zu verbinden, sind vielfältig. Eine der besten Überzeugungsreden, nämlich die Ansprache des Mark Anton in Shakespeares Drama *Julius Cäsar*, bedient sich ihrer. Sie erinnern sich: Cäsar ist von Brutus und den übrigen Verschwörern ermordet worden. Antonius, der Freund Cäsars, versucht das Volk gegen die Mörder aufzuhetzen. Hätte Antonius Brutus direkt angegriffen, so hätten ihn die Zuhörer verjagt, da die Stimmung im Volk gegen Cäsar gerichtet war. So macht Antonius dem Brutus nur Komplimente und kritisiert ihn indirekt. Es gelingt ihm tatsächlich, die Stimmung im Volk zu verwandeln. Lassen Sie mich zur Veranschaulichung einen kleinen Auszug aus der berühmten Rede (in Wahrheit eine wunderbare Überzeugungsleistung) des Antonius (3. Akt, 2. Szene) bringen:

Erster Bürger:	He, bleibt doch. Hören wir den Mark Anton!
Dritter Bürger:	Laßt ihn hinaufgehen auf die Rednerbühne. Ja, hört ihn! Edler Mark Anton hinauf!
Vierter Bürger:	Was sagt er da von Brutus?
Dritter Bürger:	Er sagt, um Brutus willen findet er Sich uns gesamt verpflichtet.

| Vierter Bürger: | Er täte wohl, dem Brutus hier nichts Übles nachzureden. |

Erster Bürger: Cäsar war ein Tyrann.

| Dritter Bürger: | Ja, das ist sicher. Es ist ein Glück, Daß Rom ihn los ward. |

| Zweiter Bürger: | Still! Hört doch, was Antonius sagen will. |

Antonius: Ihr edlen Römer!

Bürger: Still, hört ihn doch!

Antonius: Mitbürger! Freunde! Römer! Hört mich an!
Begraben will ich Cäsar, nicht ihn preisen.
Was Menschen Übles tun, das überlebt sie;
Das Gute wird mit ihnen oft begraben.
So sei es auch mit Cäsar. Der edle Brutus
Hat euch gesagt, daß er voll Herrschsucht war.
Und war es das, wo wär's ein schwer' Vergehen,
Und schwer hat Cäsar auch dafür gebüßt.
Hier mit des Brutus Willen und der anderen,
Denn Brutus ist ein ehrenwerter Mann, –
Das sind sie alle, alle ehrenwert –
Komm ich, bei Cäsars Leichenzug zu reden.
Er war mein Freund, war mir gerecht und treu.
Doch Brutus sagt, daß er voll Herrschsucht war –
Und Brutus ist ein ehrenwerter Mann

Er [Cäsar] brachte viel Gefang'ne heim nach Rom,
Wofür das Lösegeld den Schatz gefüllt.
Sah das der Herrschsucht wohl an Cäsar gleich?
Wenn Arme zu ihm schrien, so weinte Cäsar:
Die Herrschsucht soll aus härter'm Stoff bestehen.
Doch Brutus sagt, daß er voll Herrschsucht war –
und Brutus ist ein ehrenwerter Mann;

Ich will, was Brutus sprach, nicht widerlegen,
Ich spreche hier von dem nur, was ich weiß.
Ihr liebtet all' ihn [Cäsar] einst nicht ohne Grund.

Brechen wir hier ab. Die Rede des Mark Anton ist lang und ein Musterbeispiel für ausgezeichnete Überredungskunst. Er unterstreicht (natürlich nicht ohne Ironie) ständig, welch ehrenwerter Mann Brutus ist. Dabei wird er nicht müde, die Vorzüge Cäsars auf die bildhafteste Weise zu schildern und die Gefühle der Zuhörer anzusprechen. Mark Anton stellt auch absichtlich sein eigenes Licht unter den Scheffel, wenn er sagt: »Nicht euer Herz zu stehlen komm ich, Freunde. Ich bin kein Redner, wie Brutus es ist.« Mit seiner blendenden Redekunst überzeugt er schließlich das Volk, und die Zuhörer wollen schließlich sogar das Haus des Brutus in Brand stecken, den sie doch noch kurz zuvor als ihren Befreier gefeiert haben.

Halten wir fest: Kritisieren Sie Ihre Mitmenschen nur dann, wenn Sie ihnen gleichzeitig auch Komplimente machen. Verfahren Sie selbst bei Ihren Widersachern so; der beabsichtigte Erfolg ist Ihnen gewiß, und die Umwelt wird für Sie Partei ergreifen. Versuchen Sie jedoch das Verhalten der Mitmenschen nur dann zu ändern, wenn dies für das Erreichen Ihrer Ziele unbedingt notwendig ist. Denn Sie wissen ja: Besserwisser und notorische Schwätzer mögen die Menschen nicht. Manchmal kann es durchaus besser sein, zu schweigen und nicht zu reden. Auf der Wartburg steht ein alter Spruch: »Klug zu reden ist oft schwer / Klug zu schweigen noch viel mehr.«

Seien Sie also mit Kritik zurückhaltend. Kein Mensch vermag leicht Kritik zu ertragen. Überlegen Sie also stets vorher, ob Ihnen die Kritik des Mitmenschen überhaupt nützt. Seien Sie nicht rechthaberisch. Und begleiten Sie jede Kritik mit einem Kompliment.

4. Wie Sie anderen helfen können

Sehr oft werde ich bei meinen Seminaren gefragt: »Wie kann ich anderen helfen.« Es ist eine Frage, die meist von seelisch-geistig wertvollen Menschen gestellt wird, die nicht nur an ihr eigenes Wohl, sondern auch an das Glück der Mitmenschen denken. Erst neulich wurde ich wieder von einem besorgten Firmenchef angesprochen, wie er einem seiner Angestellten behutsam helfen könne. Bereitwillig informierte er mich über all das, was der Unglückliche schon vergeblich versucht hatte. »Ein Kurs zur ›Selbsterfahrung‹ hat dem Mann überhaupt nichts gebracht; ganz im Gegenteil. Seine Minderwertigkeitsgefühle wurden im Rahmen der Gruppe nur noch verstärkt. Selbst ich«, fuhr der Mann bekümmert fort, »wage nicht mehr, ihn auf sein mangelndes Selbstvertrauen hinzuweisen. Mein Mitarbeiter würde fürchten, selbst bei mir sein Ansehen verloren zu haben, und die Folgen wären für ihn katastrophal.«

Ich riet dem Mann, seinem Mitarbeiter ein gutes Buch zu schenken und ihm behutsam und geschickt nahezulegen, es auch zu lesen. Auf die Frage, welches Buch ich empfehlen würde, nannte ich *Die universellen*

Kräfte Ihrer Psyche. Da ich viele Menschen kenne, denen dieses mein Buch schon geholfen hat, endlich selbstbewußter zu werden und glücklicher zu leben, sehe ich darin eine gute Möglichkeit, auf behutsame Weise auf Menschen einzuwirken, die mit diesem Problem zu kämpfen haben.

Vielleicht ist aber Ihre Situation eine ganz andere; Sie möchten zum Beispiel tatkräftig dazu beitragen, daß ein Familienangehöriger oder ein Freund glücklich wird. Schon in der Bibel steht geschrieben, welche Grundeinstellung Sie dazu nicht einnehmen dürfen: »Richtet nicht, damit ihr nicht gerichtet werdet. Denn mit dem Urteil, mit dem ihr richtet, werdet ihr gerichtet werden, und mit dem Maß, mit dem ihr meßt, wird euch gemessen werden.«

Vor dem Hintergrund der Wirkungsweise des Unterbewußtseins werden diese Worte um so verständlicher. Denn denken Sie über einen Mitmenschen schlecht, so beeinflussen Ihre Gedanken Ihr Unterbewußtsein negativ, und Sie werden selbst zum Opfer Ihrer negativen Einstellung. Versuchen Sie daher immer, den Mitmenschen in seinen positiven Eigenschaften zu bestärken, strahlen Sie Sicherheit, Verständnis, Güte und Wohlwollen aus. Machen Sie sich ständig Sorgen um jemanden, so schaffen Sie Leid, weil sich negative Gedanken auch Ihrem Geist einprägen. Damit helfen Sie Ihrem Mitmenschen nicht. Sie helfen ihm, wenn Sie Verständnis, Liebe und Güte ausstrahlen. Sie wirken dann als Helfer, wenn Sie an das Gute im anderen und an seine Entwicklungsmöglichkeiten glauben. Nun ist das gewiß nicht immer einfach, und zweifellos müssen Sie die Kräfte des Guten erst in sich selbst zur Entfaltung bringen, wenn Sie damit auf andere wirken wollen.

Meditieren Sie zu diesem Zweck. Wenn Sie dann jene Stille erreichen, in der Sie gleichsam von einer inneren Kraft durchdrungen werden, so richten Sie all Ihre Kraft auf den Menschen, dem Sie helfen wollen. Stellen Sie sich vor, wie von Ihnen Energien auf den anderen überströmen und wie Sie verborgene Kräfte im Nächsten wecken. Lenken Sie Gedanken der Liebe auf den Betreffenden. Glauben Sie an seine Entwicklungsmöglichkeit, ohne sich um seine Zukunft zu ängstigen.

Verfahren Sie so, schaffen Sie bei sich selbst die seelischen Voraussetzungen, Ihrem Mitmenschen auch in Rat und Tat zu helfen, ohne seine Persönlichkeit gewaltsam ändern zu wollen. Das Glück, das Sie dem anderen schenken, strahlt auch wieder auf Sie zurück. Es ist eine alte

Wahrheit: Wer gibt, der empfängt auch. Indem Sie die Grenzen Ihres Ich überschreiten, helfen Sie sich auch selbst.

Nun gibt es Menschen, die sich selbst nicht helfen können, weil sie nicht fähig sind, sich einmal gemachte Fehler zu verzeihen. So erklärte mir einmal eine ältere Dame, sie sei häufig von Schuldgefühlen geplagt, weil sie eine längst verstorbene Verwandte nicht liebevoll genug behandelt habe. Sie bedaure ihr Verhalten zutiefst, und es schmerze sie sehr, das alles nicht ungeschehen machen zu können. Sie würde sich heute jedenfalls anders verhalten. Dennoch denke sie sehr oft daran. Wer nun aber ständig an das Schlechte denkt, verstärkt es nur. Daher sagte auch Jesus zu dem Sünder: »Deine Sünden sind dir vergeben. Gehe hin und sündige fortan nicht mehr.« Mir gelang es, der Dame klarzumachen, daß man sich und anderen dann am besten hilft, wenn man Gutes tut, und angesichts dieser Erkenntnis lernte sie auch bald, sich selbst zu verzeihen.

Machen Sie sich über Ihre Nächsten keine negativen Gedanken und schaffen Sie nicht unnötige Sorgen. Erfährt der andere davon, so hat er zu seinen eigenen Kümmernissen auch noch Ihre Ängste; so bürden Sie ihm eine unnötige Leidenslast auf. Außerdem wissen Sie: »Alle Dinge gehen vom Geist aus«, und jeder Gedanke hat die Tendenz, sich einmal zu verwirklichen. Übertragen Sie daher auf Ihre Mitwelt nur positive Gedanken. Wenn Sie in Ihrem Bewußtsein Wünsche des Glücks für andere Menschen hegen, wird keine düstere Vorstellung von Ihnen Besitz ergreifen. Verfahren Sie so, werden Sie Ihren Mitmenschen auch noch dann helfen, wenn Sie von ihnen getrennt sind, denn liebevolle Gedanken überbrücken jede Entfernung.

Setzen Sie also unheilsamen Gedanken stets Gedanken des Wohlwollens und der Liebe entgegen. So verringern Sie das Leid der Welt, nicht indem Sie sich Sorgen machen. Meditieren Sie regelmäßig. Sie gewinnen Abstand von Verzweiflung und Selbstmitleid und kommen mit Kräften in Berührung, die Sie mit jeder Situation fertig werden lassen.

Ist ein Verwandter oder Freund verstorben, dann verdunkeln Sie durch Ihre Verzweiflung und Ihren Kummer nicht das Andenken an ihn. All die Tränen, die vergossen werden, sind nutzlos und helfen niemandem. Sind Sie religiös eingestellt und glauben an ein Weiterleben nach dem Tode, dann wünschen Sie dem Dahingeschiedenen alles Gute. Richten Sie gute Gedanken auf den Verstorbenen und wünschen Sie, er möge glücklich sein. Tun Sie im Namen des Verstorbenen Gutes. Nur so vermögen Sie ihm noch zu helfen. Halten wir zum wiederholten Male fest: Richten Sie meditierend Gedanken der Liebe und der Güte auf den Mitmenschen, dem Sie helfen wollen. So wird Ihnen die Kraft zuteil, dem anderen auch durch die Tat zu helfen. Tun Sie anderen Gutes, so helfen Sie sich selbst und werden glücklicher.

5. Das richtige Verhalten bei Angriffen

Was Sie auch immer tun, Sie werden es nicht immer vermeiden können, daß Sie nicht nur einer Sache wegen, sondern häufig auch persönlich angegriffen werden. Mit gehässiger Kritik versuchen weniger Erfolgreiche als Sie, Ihnen zu schaden. Erfolgreiche Menschen haben keine Zeit und auch keinen Spaß daran, ihre Mitmenschen schlecht zu machen, denn sie sind ständig mit der Entfaltung ihrer Fähigkeiten beschäftigt. Da es nun leider immer Menschen gibt, die andere schädigen wollen, müssen Sie sich davor hüten, sich auf die Ebene solcher Zeitgenossen hinabziehen zu lassen. Mit Selbstbewußtsein wird es Ihnen gelingen, die gehässige Kritik einfach abprallen zu lassen. Wenn Sie zeigen, daß Sie sich über den Angriff ärgern, so ist der Neider sicher, daß seine negativen Gedanken bei Ihnen angekommen sind. Damit haben Sie Ihrem Angreifer die Beeinflussung Ihres Geistes- und Gemütszustandes eingeräumt. Ärgern Sie sich, freut sich Ihr Gegner und ist auch noch stolz auf seinen Erfolg.

Nun gibt es gelegentlich auch eine berechtigte Kritik. Können Sie ihr etwas Positives entnehmen, so tun Sie es. Lassen Sie den Kritiker aber niemals wissen, daß er Ihnen einen wertvollen Hinweis gegeben hat. Stellt der Kritiker fest, daß er Sie weder kränken noch unsicher machen kann, so wird er sehr bald schweigen. Arbeiten Sie regelmäßig an der Steigerung Ihres Selbstvertrauens, und machen Sie die empfohlene Selbstbejahungsübung. Je stärker Sie vom eigenen Wertbewußtsein durchdrungen sind, je intensiver Sie an der Verwirklichung Ihrer Ziele arbeiten, desto weniger vermag gehässige Kritik auf Sie Einfluß zu nehmen.

Vergessen Sie nicht: Sie werden nie verhindern können, unsachlich und ungerecht beurteilt zu werden. Wichtiger ist, was Sie selbst von sich halten, als was ein Neider über Sie denkt.

Natürlich wäre es auch falsch, einen gehässigen Angriff mit gleichen Waffen zu beantworten. Sie würden Ihrem Gegner nicht nur Macht über sich einräumen, sondern ihm auch deutlich zeigen, daß Sie auf derselben Stufe wie er stehen. Hüten Sie sich also davor, sich provozieren zu lassen. Gelingt das dem Gegner, so hat er schon sein Ziel erreicht, und Sie haben an Ansehen eingebüßt. Bewahren Sie daher stets Ruhe, und zeigen Sie selbstbewußte Gelassenheit.

Es wäre aber andererseits völlig falsch, sich bei Angriffen überhaupt nicht zu wehren. Folgend sind einige Verhaltenstechniken genannt, wie Sie auf Angriffe besser reagieren können.

1. Nehmen wir an, Sie werden persönlich angegriffen. Weisen Sie den Angriff zurück, indem Sie sagen:»Sie wissen ganz genau, es ist nicht so, wie Sie sagen!« Und – lächeln Sie dazu.
2. Eine gute Möglichkeit, einen Angreifer abzuwehren, besteht darin, etwas zu tun, das den anderen verwirrt. Sie erinnern sich an die Geschichte des Grafen und seiner ungetreuen Ehefrau: Indem er das Fenster öffnete und die Leute segnete, verwirrte er sowohl seine Frau als auch seinen Nebenbuhler und erwies sich in der heiklen Situation und bei dem Angriff auf seine Ehre als moralischer Sieger.
3. Erholen Sie sich genügend und schlafen Sie sich auch immer aus. Nur der wird meistens angegriffen, der Ermüdungserscheinungen zeigt. Sie fordern Angriffe heraus, wenn Sie bei Diskussionen und Unterhaltungen nicht mehr aufmerksam sind. Jeder Mensch hat ein feines Gespür dafür. Viele werden die Chance nutzen, Sie zu erschüttern, wenn sie an Ihnen Schwächen feststellen. Gewöhnen Sie sich an, im Alltag stets aufmerksam zu sein, und üben Sie regelmäßig Ihre Beobachtungsgabe. So wird es Ihnen auch gelingen, stets Herr der Situation zu bleiben.
4. Gehen Sie auf Ihre Kritiker zu. Es wäre vollkommen falsch, wenn Sie gehässigen Kritikern aus dem Wege gingen. Das tun Sie aber, wenn Sie aus Angst um solche Menschen einen großen Bogen machen oder sich zum Beispiel bei einem Empfang um eine direkte Konfrontation mit Ihrem Gegner drücken wollen. So signalisieren Sie, daß Sie sich vor dem Kritiker fürchten. Gehen Sie statt dessen auf ihn zu. Lächeln Sie ihn an. Und demonstrieren Sie Ihre Sicherheit, die Sie durch Selbstbejahungsübungen und Meditation verstärken. Tun Sie das auch bei Menschen, die Ihnen Übles nachsagen und Sie verleumden. Da Ehrabschneider gewöhnlich hinter Ihrem Rücken intrigieren, werden sie durch Ihr Verhalten so verunsichert, daß sie bald damit

aufhören. Biedern Sie sich jedoch Ihrem Verleumder niemals an und hofieren Sie ihn nicht. Das würde Ihnen zu Recht als Schwäche ausgelegt werden.

5. Lassen Sie sich nicht unter Druck setzten. Sie werden immer Menschen treffen, die Sie indirekt herabzusetzen versuchen, indem sie Ihnen Befehle zu erteilen versuchen. Solche Menschen halten es gar nicht für nötig, an Sie eine Bitte zu stellen. Sie sagen einfach: Geben Sie mir den Bleistift, Feuer, den Schirm – oder worum es sich auch immer handelt. Lassen Sie sich jedoch einen solchen Ton nicht gefallen, sondern stellen Sie die Frage: »Haben Sie mich um etwas gebeten?« Wenn die Frage kein Angriff und nur eine Nachlässigkeit im Umgangston war, wird der andere nun sicher sagen: »Ich habe Sie gebeten, mir den Bleistift zu reichen.« Lenkt der andere jedoch nicht ein, so erwidern Sie gelassen: »Ich dachte, Sie hätten mich um etwas gebeten«, und erfüllen den Wunsch des anderen nicht.

Nach dieser Technik sollten Sie übrigens auch verfahren, wenn jemand versucht, Sie unter Druck zu setzen. Sagt zum Beispiel ein Kunde, ein Arbeitskollege oder wer es sonst auch immer sein mag: »Wenn Sie nicht bald die Arbeit fertig machen, so werde ich mich über Sie beschweren«, so entgegnen Sie einfach: »Haben Sie mich um etwas gebeten?« Natürlich können Sie mit dieser Technik nicht ständig arbeiten. Es ist besser, den anderen keinen berechtigten Grund zur Klage zu geben, damit Sie sich kein Ultimatum stellen lassen müssen.

6. Verstärken Sie mit dem in Kapitel 4 angegebenen Selbstbejahungstext Ihr sicheres Auftreten und beachten Sie das Dreizehn-Punkte-Programm für erfolgreiches Auftreten. Je selbstsicherer und selbstbewußter Sie auftreten, desto weniger wird man Sie angreifen, denn die Angriffe der anderen sind nur zu oft die Antwort auf unsere eigenen Schwächen.

Mit Ihrem sicheren und selbstbewußten Auftreten werden Sie zwar viele Angreifer abschrecken, dennoch müssen Sie sich aber damit abfinden, gelegentlich Angriffen ausgesetzt zu sein. Zeigen Sie dann Ihre Selbstsicherheit. Zur Kunst der Menschenführung gehört es nicht nur, andere zu beeinflussen, sondern auch, einem Angreifer auf überlegene Weise zu begegnen.

6. Wie Sie Feindschaften beenden

Es ist gewiß nicht möglich, für alle Menschen die gleiche Zuneigung zu empfinden. Vor einem sollten Sie sich jedoch in jedem Fall hüten: einen Mitmenschen zu hassen – selbst wenn er Ihnen noch so Übles angetan hat! Sie erinnern sich: All die negativen Gedanken über den anderen versinken in Ihrem Unterbewußtsein und quälen Sie selbst. Halten Sie sich stets vor Augen: Haß verbindet Sie mit dem Menschen, den Sie nicht mögen. Ihr Feind hat Macht über Ihre Gedanken, Ihre Stimmung, Ihren Schlaf und sogar über Ihre Gesundheit, denn Haß und Zorn sind die Ursache vieler Krankheiten. Schlagen Sie daher die Kette der Feindschaft entzwei, die Sie mit einem Gegner verbindet. Wenn Sie das tun, so erkennen Sie: Der Haß unterdrückt die in Ihnen verborgenen Glücksmöglichkeiten. Erst wenn Sie die Gedanken der Feindseligkeit aufgeben, fließen Ihnen neue Kräfte zu. Lenken Sie daher Ihr Denken in positive Bahnen. Räumen Sie nie mehr einem Menschen die Möglichkeit ein, Gefühle des Hasses und der Feindschaft bei Ihnen auszulösen, denn damit schaden Sie sich selbst. Vergeben Sie vielmehr Ihrem Gegner und verwenden Sie die nun freiwerdenden positiven Kräfte dazu, Ihre Ziele zu erreichen.

Nun ist es gewiß eher schwierig, sich sofort von jedem Gedanken des Hasses und der Feindschaft zu trennen. Nur zu oft hat man sich ja lange in dieser Gewohnheit geübt. Seien Sie daher achtsam in Ihrem Denken. Registrieren Sie einen Gedanken der Feindschaft, so richten Sie sofort Ihr Interesse auf erfreulichere Dinge. So wird es Ihnen schließlich gelingen, sich langsam von der schlechten Gewohnheit zu trennen. Meditieren Sie regelmäßig und Sie werden erkennen: Wenn Sie mit den tiefsten Kräften Ihrer Seele eins werden, lösen sich Haßgefühle gegenüber Mitmenschen auf. Versuchen Sie, Ihrem Feind nur Gutes zu wünschen. Indem das Gute in Ihnen immer größer wird, befreien Sie sich von den unseligen Gefühlen des Hasses und der Feindschaft.

Verfallen Sie nicht in den Fehler zu meinen, Ihr Gegner solle sich erst mit Ihnen aussöhnen, dann wären auch Sie bereit, sich von feindseligen Gefühlen zu trennen. So wären Sie vielleicht für immer mit feindseligen Gefühlen an den anderen gekettet. Bringen Sie vielmehr dem anderen Vergebung und Wohlwollen entgegen. So werden Sie die meisten Menschen dazu bewegen können, sich Ihnen mit einer positiven Einstellung zu nähern. Hierbei handelt es sich um eine alte Weisheit, die schon in der Bibel (Matthäus 7, 12) als goldene Regel aufgeführt ist: »Alles, was ihr wollt, das euch die Menschen tun, das sollt ihr ihnen tun.«

Daher ist die von vielen Religionen geforderte Nächstenliebe nicht allein als Gebot aufzufassen, das anderen nützt; denn wer sie praktiziert, entfaltet damit seine eigenen Glücksmöglichkeiten. Lassen Sie also keine Gedanken des Hasses gegen den Nächsten groß werden. Wünschen Sie selbst Ihrem Feind alles Gute.

Buddha zählte die Herzenstrübungen auf, die beseitigt werden müssen, bevor der Mensch zu der befreienden Liebe gelangt: »Habsucht, Bosheit, Zorn, Niedertracht, Heuchelei, Neid, Geiz, Eigensucht, Trug, Tücke, Starrsinn, Streitsucht, Dünkel, Anmaßung, Lässigkeit.« Wenn Sie sich nun bemühen, Aufmerksamkeit auf Ihre Gefühle zu lenken, werden Ihnen jene unheilsamen Zustände bewußt, und Sie vermögen sich auch von ihnen zu trennen.

7. So schaffen Sie Kontakte und gewinnen Freunde

Nachdem Sie wissen, wie Sie sich von Haß und Feindschaft trennen, wollen wir uns mit der Frage beschäftigen, wie Sie Kontakte schaffen und Freunde gewinnen können. Nach den bisherigen Darlegungen liegt es auf der Hand: Sie haben sich erst selbst den Menschen als Freund zu zeigen, wenn Sie Freunde gewinnen wollen. Sie wissen, daß lieblose, kalte, gehässige und neidische Menschen nie Freunde finden, denn ihr Verhalten stößt jeden ab.

Nun gibt es allerdings viele Menschen, die kontaktarm sind und es auch nicht wagen, sich anderen zuzuwenden. Sie werden schon unsicher, wenn nur jemand in ihre Nähe kommt. Ständig sind sie von der Angst geplagt, sie könnten etwas falsch machen oder sich blamieren.

So steigern Sie Ihre Kontaktfähigkeit

Ein Rezept, wie Sie die Angst vor anderen verlieren und eigene Hemmungen ablegen können, stellt die Selbstbejahungsübung zur Steigerung der Kontaktfähigkeit dar, bei der Sie wie folgt vorgehen: Machen Sie zunächst die schon bekannte Entspannungsübung. Haben Sie dann vom Alltag abgeschaltet, so sprechen Sie die nachfolgenden Worte in Gedanken und geben sich ganz der Wirkung der Worte hin.

SELBSTBEJAHUNGSTEXT ZUR STEIGERUNG DER KONTAKTFÄHIGKEIT

Wellen der Sympathie strahlen von mir dem Mitmenschen entgegen – immer mehr – immer mehr. Ich bin ein positiver Mensch – ganz positiv. Diese Eigenschaft macht mich für meine Mitmenschen immer anziehender – immer anziehender. Ich bringe meinen Mitmenschen Verständnis entgegen. Interessiert höre ich ihnen zu. Ich weiß, ich bin ein positiver Mensch – ganz positiv. Ich tue alles, um meine Fähigkeiten und Kräfte zu entfalten. Daher bin ich durchdrungen vom eigenen Wertgefühl. Stets finde ich die Kraft, auf meine Mitmenschen zuzugehen. Ich schenke ihnen ein freundliches Wort. Ich zeige ein Lächeln. Das macht mich allen sympathisch. Dennoch biedere ich mich nicht an, ich wirke nie aufdringlich. Ich interessiere mich für den Nächsten und höre ihm gern zu. So werde ich meinen Mitmenschen immer sympathischer – immer sympathischer. Ich spüre schon jetzt: Das Wohlwollen, das ich anderen entgegenbringe, strahlt wieder auf mich zurück. Daher bin ich ganz sicher – ganz sicher.

Ebenso wichtig für die Wirkung der anderen Selbstbejahungstexte gilt auch hier: Sie erhöhen sie, wenn Sie vorher eine Meditationsübung machen.

So schaffen Sie sich Freunde

1. Betreiben Sie regelmäßig die Selbstbejahungsübung zur Steigerung der Kontaktfähigkeit. So überwinden Sie Ihre Kontaktscheu. Schulen Sie Ihre Achtsamkeit im Umgang mit anderen. Achten Sie darauf, ob Sie Unsicherheitsgesten zeigen, wie zum Beispiel das Streichen des Haares oder des Bartes, unsicheres Auf- und Abgehen, Bleistifttrommeln oder andere Gesten, mit denen Sie Ihre Angst überspielen wollen.

2. Mit der Ausstrahlung von Sympathie überwinden Sie die Revierangst der Mitmenschen. So wie jedes Tier hat jeder Mensch die Angst, ein anderer könne in sein »Revier« einbrechen und es ihm streitig machen. Negatives Denken herrscht bei den meisten Menschen vor. Setzen Sie sich zum Beispiel an einen Tisch, an dem schon jemand Platz genommen hat, wird Ihnen kaum Sympathie entgegenschlagen. Doch mit der Technik der Selbstbejahung werden Sie auch diese Hürde nehmen.

3. Versuchen Sie stets, den anderen in den Vordergrund zu stellen und nicht sich. Bringen Sie ihn dazu, von seinen Interessen zu sprechen.

Machen Sie es also nicht wie jener Schauspieler, der sagte: »Jetzt haben wir lange genug von mir gesprochen. Sprechen wir einmal von Ihnen. Wie hat Ihnen mein letzter Film gefallen?« Lösen Sie sich von Ichbezogenheit. So vermeiden Sie, zuviel über sich zu erzählen.

4. Bemühen Sie sich um Freundlichkeit, Höflichkeit und Toleranz. Wie man in den Wald hineinruft, so schallt es auch heraus. Vergessen Sie nie, den Mitmenschen auch Anerkennung zu geben. Beginnen Sie ein Gespräch mit einem aufrichtigen Lob. Sagen Sie zum Beispiel Eltern, was für nette Kinder sie haben. Auch ein Bergsteiger wird von großer Sympathie für Sie erfaßt werden, wenn Sie zugeben, wie sehr Sie ihn wegen seines Mutes bewundern usw. Denken Sie nach, und Sie werden bei jedem Menschen etwas finden, was interessant genug ist, gelobt zu werden.

5. Gelingt es Ihnen einmal nicht, Kontakte zu schaffen, so verzweifeln Sie nicht. Es ist nichts Schlimmes passiert. Überlegen Sie vielmehr, was Sie falsch gemacht haben, und vermeiden Sie beim nächsten Mal den Fehler.

6. Beginnen Sie ein Gespräch stets so, daß der andere zuerst zustimmen muß. Sie erinnern sich: Hat er erst einmal Ja gesagt oder freundlich mit dem Kopf genickt, haben Sie schon eine positive Atmosphäre geschaffen. Dazu kann eine harmlose Bemerkung über die Preise dienen, über das Wetter oder über eine andere Angelegenheit, die Ihren Gesprächspartner mitbetrifft. Danach können Sie ein ergiebigeres Thema anschneiden.

7. Sagen Sie dem anderen nach seinem Urlaub oder an einem Montag, er sehe erholt aus. Fragen Sie ihn, was er in den Ferien oder am Wochenende gemacht hat. Erkundigen Sie sich nach Einzelheiten seines Steckenpferdes, und Sie werden erstaunt sein, wie schnell Sie Kontakte schaffen.

8. Hüten Sie sich, jemanden ohne Not darauf hinzuweisen, er sei dabei, etwas Unsinniges zu tun. Hat sich zum Beispiel jemand dafür entschieden, eine teure Weltreise zu machen, so wäre es falsch, ihm vorzuwerfen, er würde das Geld vergeuden. Wenn er Ihnen von seinen Plänen erzählt, hofft er doch nur, von Ihnen bestätigt zu werden. Seien Sie daher tolerant und lassen Sie ihm die Freude. Versuchen Sie vielmehr, sich in den anderen hineinzuversetzen, und Sie werden ihn auch verstehen. Hüten Sie sich davor, jemanden zu

beschimpfen, wenn er anderer Ansicht ist. Meiden Sie Themen, die zu starken Differenzen führen könnten.

9. Denken Sie positiv über Ihre Mitmenschen, und nehmen Sie nicht das Schlimmste von ihnen an. Schließen Sie also nicht von schlechten Erfahrungen mit einigen Menschen auf alle anderen. Je mehr Sie sich in positivem Denken üben, desto mehr verblaßt eine solche üble Erfahrung.

10. Merken Sie sich den Namen des Gesprächspartners. Sein Name ist für ihn das wichtigste Wort. So schaffen Sie schnell eine Atmosphäre des Vertrauens. Sind Sie nicht sicher, ob Sie den Namen auch richtig behalten haben, dann erkundigen Sie sich noch einmal; es würde Ihren Gesprächspartner gewiß unangenehm berühren, wenn Sie seinen Namen verstümmeln.

11. Sparen Sie sich die Mühe, notorische Besserwisser, Starrköpfe und Egozentriker zu überzeugen.

12. Bemühen Sie sich immer, einen allgemein interessierenden Unterhaltungsstoff bereitzuhaben und halten Sie sich auf möglichst vielen Wissensgebieten auf dem Laufenden. So vermögen Sie Ihren Gesprächsstoff immer der Situation anzupassen.

Am Anfang des Buches wurde darauf hingewiesen, wie wichtig eine wohlwollende Distanz zum Nächsten ist. Die Frage drängt sich auf: Wie vertragen sich nun aber wohlwollende Distanz, Kontaktfreudigkeit und Freundschaft? Sie wissen, wie wichtig es für Sie ist, die Achtung, das Vertrauen und die Zuneigung Ihres Mitmenschen zu gewinnen. Sie wissen aber auch um die Notwendigkeit der Kunst der klugen Distanzierung. Kluge Distanzierung bedeutet nun aber nichts anders als

○ nicht über den eigenen Erfolg zu reden, um nicht der Mißgunst der anderen Nahrung zu geben;

○ sich anderen gegenüber nicht anzubiedern, nicht aufdringlich zu sein;

○ Verständnis für den anderen zu zeigen, sich aber vor grenzenloser Gutmütigkeit zu hüten;

○ daß Ihre Mitmenschen nicht alles über Sie wissen dürfen, denn nur so bleiben Sie interessant;

○ daß das achtungsvolle »Sie« die menschlichen Schwächen in Schach hält und den zwischenmenschlichen Beziehungen meist dienlicher ist als das Du;

O daß Ihre Mitmenschen das Gefühl haben sollten, Sie zeigen Entgegenkommen, lassen sich aber nicht ausnutzen.

Selbstverständlich kommt es vor, daß gelegentlich Menschen aufeinander treffen, die einander nicht nur sympathisch sind, sondern deren Meinung auch in ganz entscheidenden Punkten übereinstimmt. Dann wird die kluge Distanzierung langsam abgebaut.

Doch auch hierbei sollten Sie behutsam vorgehen und nie vergessen: Selbst ein Freund ist immer noch ein Mensch mit seinen Schwächen. Es werden viele Freundschaften dadurch zerstört, daß man zuviel Kontakt miteinander hat und einander gegenseitig auf die Nerven geht. Sie können zwar mit einem Freund mehr über sich selbst sprechen als mit einem oberflächlichen Bekannten; hüten Sie sich aber davor, von einem Freund das Glück zu erhoffen, das Sie nur in sich selbst finden können. Sie müssen in die Tiefen Ihres Unter- und Überbewußtseins vordringen, um das Gefühl der Isolierung zu überwinden und eine über Ihr materielles Leben hinausgreifende Geborgenheit zu empfinden.

8. So spornen Sie andere zur Mitarbeit an

Ich habe sehr oft Menschen in leitenden Positionen getroffen, die alles selbst machen wollten. Sie hatten nie den Erfolg, den sie sich wünschten. Viele von ihnen erlitten spätestens zwischen fünfzig und sechzig Jahren einen Herzinfarkt. Ganz gleich, ob Sie nun eine leitende Position in der Industrie innehaben oder einer aufreibenden Tätigkeit als berufstätige Frau nachgehen oder einfach Hausfrau sind: Sie werden ohne die Mitarbeit anderer nie auskommen. Daher ist es wichtig, die richtige Technik anzuwenden, andere zur Mitarbeit anzuspornen.

Wenn Sie andere Menschen zur Mitarbeit gewinnen wollen, so hüten Sie sich vor drei falschen Techniken:

1. Versuchen Sie, Mitarbeiter nie mit Geld zu motivieren. Es ist nicht das optimale Mittel, einen guten Mitarbeiter zu gewinnen, und die Wahrscheinlichkeit ist sehr groß, einen Mitarbeiter zu finden, dem es mehr um das Geld als um die Pflichten geht.

2. Vermeiden Sie Druck, um den anderen zur Annahme eines von Ihnen gemachten Angebots zu bewegen, denn ein solcher Mitarbeiter wäre für Sie eher eine Belastung als eine Hilfe.

3. Hüten Sie sich auch davor, jemandem eine Chance anzutragen, indem Sie sagen: Sie sind der Tüchtigste unter meinen Leuten. Ich will Sie daher zu meinem Mitarbeiter machen. Sprechen Sie den Betreffenden so an, wird er zwar vermutlich Ihr Angebot annehmen. Doch er wird immer davon überzeugt sein, daß er das Angebot Ihrem Eigennutz verdankt – und darüber wird er nur allzu leicht vergessen, daß er eine einmalige Chance angeboten erhält, die seine Bewährung erfordert.

Um den richtigen Mitarbeiter zu finden, müssen Sie in ganz anderer Weise vorgehen. Es wurde schon am Anfang des Buches darauf hingewiesen, daß Menschen den Drang nach Anerkennung und Geltung haben. So mancher strengt sich jahrzehntelang an, um einmal einen Orden oder eine Beförderung zu erhalten, die ihm das Gefühl gibt, anderen überlegen zu sein. Die Sehnsucht nach Titeln treibt die eigenartigsten Blüten. Um einen Ehrendoktor- oder Professorentitel zu erhalten, sind schon manche Leute einem Schwindler aufgesessen. Die Sehnsucht aber nach echter Anerkennung und Bedeutung wohnt in jedem Menschen. Diese Sehnsucht müssen Sie ansprechen, wenn Sie einen anderen Menschen zur Mitarbeit bewegen wollen.

So spornen Sie andere Menschen zur Mitarbeit an:

1. Legen Sie Ihren Mitmenschen dar, um welche außerordentliche Chance es sich bei Ihrem Angebot handelt.
2. Erläutern Sie die menschlichen und fachlichen Ansprüche, die die Arbeit erfordert. Sprechen Sie über Rechte und Pflichten, die mit der Arbeit verbunden sind.
3. Weisen Sie darauf hin, daß es sich im Fall der Übertragung der Aufgabe um eine Beförderung oder Auszeichnung handeln würde.
4. Bitten Sie den Angesprochenen, sich zu überlegen, ob er sich ebenfalls für den richtigen Mann für diese anspruchsvolle Aufgabe hält.
5. Fordern Sie den anderen auf, Sie am nächsten Tag um die Übertragung der Aufgabe zu bitten, wenn er sich den Anforderungen gewachsen fühlt.
6. Bittet der Betreffende um die Übertragung der Position, dann bringen Sie zum Ausdruck, daß sich der Bewerber für die endgültige Übertragung der Aufgabe noch in seiner Arbeit bewähren muß.

Fassen Sie Ihre Ausführungen kurz. Lassen Sie sich nicht in ein längeres Gespräch verwickeln. Sonst könnte nur zu leicht der Eindruck entstehen, Sie möchten den Bewerber um jeden Preis als Mitarbeiter gewinnen.

9. Wie Sie Konflikte lösen

Selbst wenn Sie die in diesem Buch angegebenen Techniken anwenden, werden Sie gelegentlich die Feststellung machen, daß Konflikte manchmal unvermeidbar sind, und es stellt sich die Frage: Wie verhalte ich mich richtig bei einem Konflikt? Kann man auch bei einem Konflikt seine Meinung, seine Interessen und vielleicht auch seine Enttäuschung ausdrücken, ohne Gefahr zu laufen, den Konflikt noch zu verschärfen? Und die wichtigste Frage: Muß ein Konflikt zwangsläufig im Streit und ohne Einigung enden?

Jeder Mensch kann sehr schnell in einen Konflikt verwickelt werden. Das mag beispielsweise geschehen, wenn Ihnen ein Konkurrent im Beruf die Position streitig machen will oder der Ehepartner versucht, Sie mit noch mehr Arbeit als bisher zu belasten. Untersuchungen haben ergeben, daß achtzig bis neunzig Prozent aller Menschen Konflikten nicht richtig begegnen können, und anstatt sie zu lösen, vergrößern sie sie noch.

Hier eine Übersicht über falsches Verhalten und seine Nachteile bei der Konfliktlösung.

1. Man versucht, dem Konflikt aus dem Weg zu gehen und gibt sich friedfertig. Dennoch frißt der Ärger den Betroffenen auf.
2. Ein Partner versucht, dem anderen gut zuzureden. Doch so ergibt sich auch nicht immer eine Einigung.
3. Die Konfliktlösung wird verschoben, weil man hofft, das Problem würde sich später von selbst lösen. Der unterdrückte Ärger schadet aber nur der Gesundheit der Betroffenen.
4. Es wird die »Salamitaktik« angewendet und heute ein und morgen ein anderes Teilproblem aufgegriffen. Die Folge ist, daß niemand weiß, was der eine und der andere eigentlich wollen; gegenseitig wird das Verhalten als Bedrohung empfunden. Eine Dauerfeindschaft ist die Folge.
5. Der Betroffene wird persönlich angegriffen. Auch hier verschärft sich der Konflikt nur.

6. Einer der Partner handelt nach dem Spruch: Der Klügere gibt nach. Die Folge ist, daß eigene Interessen geopfert werden.

7. Der Bedrängte startet einen Großangriff. Der Angegriffene erliegt nun dem Eindruck, er solle an die Wand gedrückt werden. Auch hier ist eine sich vertiefende Feindschaft die Folge.

Wie muß nun aber in Erhoffung einer Konfliktlösung vorgegangen werden? Drei große Schritte gilt es zu beachten:

1. Vermeiden Sie jede Eskalation. Lassen Sie sich nicht provozieren. Hüten Sie sich also, aus der Haut zu fahren, denn so werden Sie nie Herr der Situation. Denken Sie daran: Der Mensch wird zwangsläufig zum Opfer seines negativen Denkens. Strahlen Sie Ruhe und Gelassenheit aus. Nur so schaffen Sie die Grundlage für eine Konfliktlösung.

2. Legen Sie die Interessenmitte fest. Die goldene Mitte liegt dort, wo Vor- und Nachteile auf beiden Seiten gleich verteilt werden. Dazu ist es notwendig, daß beide Seiten Abstriche von ihren Erwartungen machen, ohne die eigenen Interessen aufzugeben. Nun ist es gewiß nicht einfach, immer die Kompromißlinie zu finden. Denken Sie darüber besonders nach einer Meditationsübung nach. Es wird Ihnen so leichter fallen, das Problem von allen Seiten zu sehen.

3. Suchen Sie das Gespräch mit dem Gegenspieler. Vereinbaren Sie mit ihm ein Gespräch. So gewinnt er nicht den Eindruck, Sie wollten ihn überfahren. Führen Sie das Gespräch in jedem Fall unter vier Augen, damit der Gegenspieler nicht das Gefühl hat, vor anderen das Gesicht zu verlieren. Geben Sie ihm zu verstehen, daß Sie eine positive Meinung von ihm haben, und schenken Sie ihm aufrichtige Anerkennung. Bringen Sie Ihre Sicht der Situation zum Ausdruck. Vermeiden Sie jedoch, den anderen persönlich anzugreifen. Nur wenn Sie nicht persönlich werden, haben Sie eine Chance, den Konflikt zu lösen. Legen Sie dem Gegenspieler Ihre Sicht der Kompromißlinie dar. Nicht selten erfolgt dann ein Angriff, und »es wird scharf geschossen«. Lassen Sie sich dadurch aber nicht aus der Ruhe bringen. Strahlen Sie weiter innere Ruhe und Gelassenheit aus.

Wenn Sie sich so verhalten, wird der Angreifer in Zukunft vorsichtiger sein. Stets spielt sich derselbe Prozeß ab: Haben Sie sich einmal überfahren lassen, wird man in Zukunft immer wieder versuchen, Ihnen

Ihr Recht zu nehmen. Vielleicht wenden Sie jetzt ein: Und was ist, wenn man zu keiner Einigung kommt?

Diese Situation ist nach meiner Erfahrung höchst selten. Im allgemeinen wird Ihnen Ihr Kontrahent immer irgendwelche Zugeständnisse machen, vorausgesetzt, Sie haben nicht schon lange Zeit vorher Ihr Ansehen systematisch ruiniert. Sie haben aber auch noch in anderer Hinsicht einen Gewinn: Menschen schätzen immer den Selbstbewußten, der sich zu behaupten weiß und sich sein Recht nicht nehmen läßt. Natürlich bedeutet das nicht, daß Sie ein notorischer Querulant werden und mit jedem einen Streit anfangen sollen. Wenn man Sie als konsequenten und aufrichtigen Menschen kennt, wird man Ihnen immer Respekt und Achtung entgegenbringen. Mit der hier dargelegten Technik lösen Sie Ihre Konflikte. Nur so behaupten Sie sich, und nicht, indem Sie ängstlich einer Konfliktlösung aus dem Wege gehen und obendrein noch über den anderen hinter seinem Rücken schlecht reden.

ZUSAMMENFASSUNG

1. Voraussetzung dafür, das Verhalten anderer zu ändern, ist Konsequenz im eigenen Verhalten.

2. Vermeiden Sie den Befehlston; stellen Sie immer die gemeinsamen Interessen in den Vordergrund. Sagen Sie statt »Sie müssen« besser »Wir wollen«.

3. Sind Sie plump vertraulich, verlieren die Mitmenschen die Achtung vor Ihnen.

4. Denken Sie erst über die Zweckmäßigkeit Ihrer Äußerungen nach, bevor Sie sprechen.

5. Strahlen Sie innere Ruhe aus. So stehen Sie über jeder Situation.

6. Sie können einem Menschen alles sagen. Es kommt nur darauf an, wie Sie es tun.

7. Sprechen Sie immer erst ein oder besser mehrere Komplimente aus, bevor Sie kritisieren. Hüten Sie sich vor zersetzender Kritik.

8. Versuchen Sie, das Verhalten eines Menschen nur dann zu ändern, wenn es die Verwirklichung Ihrer Ziele erfordert.

9. Sie helfen dem Nächsten, indem Sie an das Gute in ihm glauben, ihm Verständnis schenken und sich nicht unnötige Sorgen machen. Denken Sie positiv und vertrauen Sie auf die Zukunft.

10. Lassen Sie gehässige Kritik überlegen an sich abprallen. So geben Sie dem Neider keine Macht über Sie. Enthält die Kritik einen wertvollen Hinweis für Sie, so nutzen Sie ihn.

11. Lassen Sie sich nicht provozieren und greifen Sie den Gegner nicht persönlich an.

12. Sie erschüttern einen Angreifer, wenn Sie etwas tun, was ihn verwirrt.

13. Gehen Sie auf den Gegner zu, so beweisen Sie Sicherheit.

14. Lassen Sie sich nicht unter Druck setzen und verwandeln Sie ein Ultimatum mit der Frage: »Haben Sie mich um etwas gebeten?« in eine Bitte.

15. Haß unterdrückt Ihre Glücksmöglichkeiten und verbindet Sie auf leidvolle Weise mit dem Gehaßten.

16. Registrieren Sie einen negativen Gedanken bei sich, so wenden Sie sich positiven Dingen zu. Sie helfen sich selbst, wenn Sie Ihren Feinden vergeben.

17. Praktizieren Sie die goldene Regel der Menschenüberzeugung, nach der das Gute wieder auf Sie zurückkommt, das Sie anderen tun.

18. Meditieren Sie. Meditation löst Haßgefühle auf. Richten Sie in der Meditation wohlwollende Gedanken auf die Mitmenschen.

19. Machen Sie die Selbstbejahungsübung zur Steigerung Ihrer Kontaktfähigkeit.

20. Mit dem Dreizehn-Punkte-Programm schaffen Sie Kontakte und gewinnen Freunde.

21. Gewinnen Sie mit der rechten Beeinflussungstechnik den richtigen Mitarbeiter.

22. Lösen Sie Konflikte, indem Sie eine mögliche Kompromißlinie festlegen und dem Angreifer Anerkennung zollen.

Kapitel 8

So schützen Sie sich vor Manipulation

1. Manipulation nimmt Ihnen die freie Entscheidung und schädigt Ihre Interessen

Wollen Sie Ihre Interessen wahren und Ihre Ziele erreichen, müssen Sie Ihre Mitmenschen überzeugen. Genauso wichtig ist es jedoch auch, auf der Hut zu sein, nicht selbst von anderen nachteilig beeinflußt zu werden. Sie haben sich also vor Manipulation zu schützen. Das Wort Manipulation kommt vom lateinischen *manus* = die Hand. In der Legende vom heiligen Genulf wird berichtet, daß ein Ehemann seine Frau zu dem Heiligen brachte, der sie von ihrer Blindheit heilte. Für das Lenken und Führen der armen Frau durch den Ehemann wurde im Text der Geschichte das Wort »manipulare« verwendet. Heute hat die Bedeutung des Wortes eine Einschränkung erfahren, und man versteht unter Manipulation nur noch die gezielte Beeinflussung des Denkens, Fühlens und Handelns allein zum Eigennutz dessen, der manipuliert (Manipulator).

Absicht jeder Manipulation ist es, Ihnen etwas vorzumachen, um Sie um so leichter in die Irre zu führen. Wie schon erwähnt, hat den Nutzen dabei ausschließlich der Manipulator. Ziel der Manipulation ist es ferner, Ihre Freiheiten durch Beeinflussung einzuschränken und Situationen zu schaffen, in denen Sie nicht anders handeln können, als es von der Manipulation gewünscht wird.

Während ich dabei bin, dieses Kapitel zu schreiben, finde ich fast täglich in den Zeitungen Berichte über einen Sexualverbrecher, der sich als Arzt ausgab. Seine Technik war immer dieselbe: er versetzte Frauen durch Telefonanrufe in Angst und Schrecken, weil sie angeblich unter Krebsverdacht ständen. Es liegt auf der Hand, daß der angebliche Arzt nur an einer »Untersuchung« interessiert war. Doch ersparen wir uns

indiskrete Einzelheiten. Auch finanziell kam der Mann auf seine
Rechnung. Ohne mißtrauisch zu werden, zahlten viele seiner Opfer
hohe Geldsummen für eine solche »Untersuchung«.

Meinen Sie nicht, nur leichtsinnige Menschen oder vielleicht nur
Frauen würden von Schwindlern hereingelegt. So mancher sorgfältige
und kritische Bankdirektor ist einem Betrüger aufgesessen, und die
Bank hat dadurch Millionen verloren. Denken Sie bitte nach, und
überlegen Sie: Wie oft haben Sie sich schon von jemandem täuschen
lassen? Sie können noch soviel arbeiten und andere Menschen von sich
überzeugen, lassen Sie sich aber einmal manipulieren, so verlieren Sie
vielleicht all das, wofür Sie jahrelang gearbeitet haben.

Eben daher ist es so wichtig, sich mit den Methoden der Manipulation
zu beschäftigen. Zum Wesen von Menschen, die andere manipulieren,
gehört es, nicht aufzufallen und kein Mißtrauen zu erregen. Wer möchte
sich schon manipulieren lassen? Ziel der Manipulation wird es also
immer sein, eine geheime Beeinflussung auszuüben, denn nur so erreicht
der Manipulator seine Absicht.

Viele Menschen unterschätzen die Wirkung der Manipulation. Doch
dies ändert nichts an der Tatsache, daß fast alle geschickten Manipulationen zugänglich sind. Nach H. Benesch und W. Schmandt sind es vor
allem:

○ die schlecht Informierten und die Unwissenden;
○ die Naiven und die isoliert Lebenden;
○ die Nichtleser und die Flüchtigleser;
○ die Unkonzentrierten und die nur halb Hinhörenden;
○ die selbst Unsicheren und die Leichtgläubigen;
○ die Tagträumer und die unkritischen Zeitgenossen;
○ diejenigen, die die Initiative gerne anderen überlassen, und die
  fanatischen Parteigänger;
○ die von sich Eingenommenen und Leute mit geringem Langzeitge-
  dächtnis;
○ diejenigen, die sich nur kurzfristig für etwas interessieren, und solche
  mit geistigen Scheuklappen und engem geistigem Horizont;
○ ängstliche Menschen;
○ leicht verletzliche Menschen und aggressiv Erregbare.

Wenn wir ehrlich sind: zu irgendeiner der genannten Gruppen gehört
jeder von uns. Daher ist es offenkundig, wie leicht jeder auch das Opfer
von Manipulationen werden kann. Manipulation baut aber nicht nur

allein auf den Persönlichkeitsmerkmalen der Menschen auf. Sie arbeitet mit scheinlogischen Begründungen und bedient sich geeigneter Stimmungen und Bilder in der Absicht, auf diese Art auf das Unterbewußtsein einzuwirken. Unsachliche Behauptungen, leere Versprechungen und das Arbeiten mit dem Aberglauben gehören zum Handwerkszeug des Manipulators. Eben weil es den Manipulatoren darum geht, daß ihre Techniken nicht aufgedeckt werden, müssen Sie sie kennenlernen. Denn Wissen ist Macht, und je besser Sie über die Techniken der Manipulatoren informiert sind, desto leichter vermögen Sie sich ihrem Einfluß zu entziehen.

2. Die Techniken der Manipulation

Von den vielen Manipulationstechniken sind die suggestive Beeinflussung des Unterbewußtseins und das Auslösen von Verwirrung die bekanntesten. Daneben gibt es aber eine Reihe weniger bekannter Methoden, die Sie sich einprägen sollten.

Die Beeinflussung des Unterbewußtseins durch das Prinzip der Wiederholung

Keine der Firmen, die ein Produkt auf den Markt bringen, begnügt sich damit, nur ein Zeitungsinserat aufzugeben oder nur einen Fernsehspot senden zu lassen. Wie ein Platzregen geht die Werbung auf den Menschen nieder, und sie ist erfolgreich. Plötzlich ist vielen Millionen Menschen ein Werbeslogan bekannt, und sogar die Kinder auf der Straße singen die Werbemelodien. Durch ständige Wiederholung ist also die Botschaft ins Bewußtsein des Menschen gelangt. Aber wir dürfen annehmen, daß die ständige Wiederholung noch stärker auf das Unterbewußtsein der Menschen einwirkt. Sie wissen ja, wie sehr das Unterbewußtsein den Menschen lenkt und leitet.

Wie stark die Wirkung einer Botschaft sein kann, wenn sie genügend oft wiederholt wird, soll folgende Begebenheit zum Ausdruck bringen: Ein Mann wurde von seiner Frau gebeten, er möge sich doch einmal einer vorbeugenden Krebsuntersuchung unterziehen lassen. Im Interesse seiner Gesundheit kam der Mann dem Wunsch seiner Gattin nach. Der untersuchende Arzt war sich aber seines Befundes nicht sicher und schickte den Patienten vorsorglich zu einem Spezialisten. Doch zu der weiteren Untersuchung kam es nicht mehr. Die Besorgnis seiner Frau, die bangemachende Formulierung des Arztes und die Sorgen, die er sich

um seine Gesundheit machte, zermürbten den Mann völlig. Noch vor
der weiteren Untersuchung nahm er sich aus Angst das Leben.
Beschränken wir uns auf dieses Beispiel. Vergessen Sie nie, wie groß die
Wirkung einer Botschaft sein kann, wenn Sie diese ständig hören.

Doch nicht nur ständige Wiederholung schläfert die selbständige
Denkfähigkeit ein. Man kann die Vernunft des Menschen auch auf
andere Art betäuben. Denken Sie nur an die einlullende Musik in
Selbstbedienungsläden oder anderen Geschäften. So mancher Kunde
kauft dann mehr, als er eigentlich geplant hat.

Manipulieren, indem Angst erregt wird

Es wurde schon darauf hingewiesen: Die Menschen sind nicht objektiv
und lassen sich überwiegend von ihren Gefühlen leiten. Gelingt es dem
Manipulator, Gefühle so richtig anzuheizen, verlieren die meisten
Menschen die Vernunft, und der Manipulator hat dann leichtes Spiel.

Wenn zum Beispiel ein Versicherungsvertreter einen Mann besucht,
dessen bester Freund vor wenigen Tagen durch einen Autounfall ums
Leben kam, dann vermag er ihn leicht in Angst und Schrecken zu
versetzen. Der Mann wird vielleicht einen Versicherungsvertrag unterschreiben, der für ihn die ungünstigste von allen Versicherungsmöglich-
keiten überhaupt darstellt.

Sie wissen, wie sehr die Angst das logische Denken lähmt. In seiner
Angst stellt sich der Mensch verheerende Folgen einer Sachlage vor, und
so wird er noch stärker von der Angst getrieben. Bald wird daraus eine
Gewohnheit, und er kommt davon nicht mehr los. Es ist wohl nicht
nötig zu schildern, wie leicht ein ängstlicher Mensch zum Opfer eines
Manipulators werden kann. Nahezu alle Manipulationen mit der Angst
setzen den Menschen auch noch unter Zeitdruck, und die Folge ist, daß
die Angst wächst. »Wir können die Ware nicht für Sie reservieren, und es
ist unbestimmt, ob wir überhaupt Nachlieferungen erhalten«, sagt so
mancher Verkäufer und löst damit absichtlich Ungewißheit beim
Kunden aus.

Wie man sich einer solchen Manipulation gegenüber behaupten kann,
hat einmal Adenauer deutlich bewiesen. Er war zu jener Zeit noch
Regierungschef und mußte wegen einer Bronchienerkrankung zu Hause
bleiben. Der Kanzler lag zwar nicht zu Bett, dennoch schrieben alle
Zeitungen über seine Krankheit. Die Bundestagsfraktion der CDU
ängstigte sich, denn Adenauer hatte immer noch nicht die Frage geklärt,

wer denn eigentlich sein Nachfolger werden sollte. Daher gaben seine Parteifreunde dem Abgeordneten Pferdmenges den Auftrag, den Kanzler zu besuchen und dabei die Frage seines Nachfolgers anzuschneiden. Doch Pferdmenges hatte damit wenig Erfolg. Selbst Hinweise auf den angegriffenen Gesundheitszustand Adenauers veranlaßten diesen nicht, die Nachfolgefrage zu klären, und so verließ Pferdmenges unverrichteter Dinge den Kanzler.

Als der Krankenbesucher wieder nach Hause kam, empfing ihn seine Frau Dora; die Angst um den Gatten stand ihr deutlich ins Gesicht geschrieben. Was war passiert? Als der erfolglose Abgesandte auf dem Weg nach Hause war, hatte Adenauer mit Frau Pferdmenges telefoniert. Er sagte, ihr Mann gefalle ihm gar nicht, er solle dringend einen Arzt aufsuchen. Bei seinem Besuch in Röndorf habe er immer krauses Zeug geredet, ständig vom Tod gesprochen und sich über die unmöglichsten Dinge Gedanken gemacht. Nun war Pferdmenges alles klar. Adenauer hatte noch geschickter als er mit der Angst zu manipulieren verstanden, und Pferdmenges schwor sich, nie mehr einen solchen Auftrag zu übernehmen.

Den Gefahren einer Manipulation der Gefühle ist jeder um so stärker ausgesetzt, je mehr auch andere Menschen davon beeinflußt werden. Gefühle stecken an, wir werden häufig einfach mitgerissen. Die letzten Kriege haben deutlich gezeigt, wie leicht die Haßgefühle ganzer Völker aufgestachelt werden können.

Ob es sich nun um die Manipulation eines Menschen oder einer Masse handelt, die Technik ist stets dieselbe:
1. Die Gefühle des Menschen werden angestachelt.
2. Die Gefühle werden benutzt, um vernünftiges Denken zu verdrängen.
3. Der Manipulator versucht, seine eigennützigen Pläne durchzusetzen.

Wenden wir uns aber nun einer weiteren Möglichkeit der Manipulation zu, die sich auf Gefühle stützt.

Manipulieren, indem Vertrauen erweckt wird

Ein Vertreter versucht, an Haustüren Bücher für einen Buchklub zu verkaufen. So klingelt er bei Müller. Herr Müller erscheint an der Haustür. Der Vertreter zeigt einige Bücher vor und fragt, ob Müller ein Buch kaufen wolle. Herr Müller sagt nein und schließt die Tür. Der beabsichtigte Verkauf ist also mißlungen.

Anders sieht dagegen der Erfolg aus, wenn der Verkäufer zunächst Herrn Müllers Vertrauen gewinnt. Er geht nach einer schon in Kapitel 6, Abschnitt 10, erwähnten Technik vor und versucht, mit vielen bejahenden Antworten des Mannes Vertrauen aufzubauen. Das erreicht er mit folgenden Fragen: »Sind Sie Herr Müller?« – »Ja.« – »Sie haben doch Kinder?« – »Ja.« – »Dann geht es Ihnen wie allen Eltern, sie haben Schwierigkeiten, ihren Kindern bei Hausaufgaben in Literaturgeschichte zu helfen.« Wieder erhält der Verkäufer ein Ja zur Antwort und hat es nun wesentlich leichter, sein Verkaufsgespräch erfolgreich zu beenden.

Nun ist gegen die Technik, Vertrauen zu erringen, gewiß nichts einzuwenden; Sie erinnern sich: Auch Sie müssen das Vertrauen Ihrer Mitmenschen gewinnen, wenn Sie sie von etwas überzeugen wollen. In Manipulation artet es aber aus, wenn der Manipulator das Vertrauen des Menschen mißbraucht, um ihn hereinzulegen. Oder anders ausgedrückt: Indem der Manipulator das Vertrauen des Mitmenschen gewonnen hat, durchbricht er schon die Abwehrschranken des anderen, und so findet er für seine Manipulation weniger Widerstand.

Die Manipulation des Denkens

Denken ist zum großen Teil ein unbewußter Vorgang. Werden zum Beispiel die beiden Worte Auto und Meer genannt, so entsteht eine ganze Reihe von Vorstellungen in Ihrem Geiste. Denken vollzieht sich über Vorstellungsinhalte, Verknüpfungen und Aneinanderreihungen, vieles läuft ohne willentliche Lenkung ab. Denken ist also keineswegs ein Prozeß, der sich immer nüchtern und bewußt abspielt. Es spielt vielmehr eine ganze Reihe von Vorstellungen hinein, die aus dem Unterbewußtsein kommen und auf die der Denkende keinen Einfluß hat. Denkprozesse laufen im allgemeinen so schnell ab, daß diese Zusammenhänge nicht auf Anhieb erkannt werden. Der Manipulator versteht es nun sehr geschickt, diesen Strom von Vorstellungen zu hemmen und in die von ihm gewünschte Richtung zu leiten.

Eine weitere Tatsache schränkt die Denkfähigkeit ein: Denken wird nur derjenige richtig können, der sich auch darin übt. Doch anstatt sich kritisch mit den Dingen auseinanderzusetzen und sich nüchtern einen eigenen Standpunkt zu erarbeiten, scheuen viele Menschen diesen Aufwand. Daher fallen sie nur zu leicht schon auf absichtlich irreführende Redewendungen und oberflächliche Beeinflussungen herein.

Logisches Sachdenken ist außerdem nur dann möglich, wenn jemand über die notwendigen Informationen verfügt. Nun nimmt leider die Informationsfülle immer mehr zu, und die Merkfähigkeit des Menschen sinkt. Wie schon erwähnt, baut der Manipulator auch auf Minderwertigkeitsgefühlen, Verlegenheit und anderen Verunsicherungen des Betroffenen auf. Außerdem wird die Denkfähigkeit eines Menschen nicht nur infolge von Angst beeinträchtigt, sondern auch durch Bilder, wie sie in der Werbebranche üblich sind: mit diesen werden Gefühle angesprochen, und dabei wird nur zu oft das logische Denken ausgeschaltet.

Halten wir fest: Denken ist zum großen Teil ein unbewußter Vorgang, und nur ein kleiner Teil des Prozesses läuft bewußt ab. Besonders in das unbewußt ablaufende Denken greift der Manipulator ein.

Nachstehend werden Ihnen nun einige der Tricks genannt, mit denen Manipulatoren Ihr Denken zu beeinflussen suchen.

Manipulatorische Tricks, die das logische Denken behindern

1. Mit Schlagwörtern (englisch:*catch words* = Fangwörter) versucht der Manipulator, mehr aus einer Sache zu machen, als überhaupt dahintersteckt. Denken Sie nur an das Wort »Superweiß« (weißer als weiß ist nicht möglich!), das als Schimpfwort gebrauchte Wort »Reaktion« und an viele andere mehr. Da solche Worte im Inhalt nicht genau oder völlig unzutreffend angewendet werden, wird der Betroffene zum Opfer seiner eigenen Wunschvorstellungen und Vorurteile. Dieselbe Wirkung haben auch viele Fremdwörter. Auch mit ihnen lassen sich viele einfache Sachverhalte verschleiern.

2. Neue Begriffe werden geschaffen. Denken Sie nur an das Wort »Null-Wachstum«. Die Wirtschaft entwickelt sich nicht weiter. Dennoch spricht man von einem »Wachstum«, um zu verhindern, daß negativ besetzte Begriffe wie »Stagnation« in Gebrauch genommen werden.

3. Nichtssagende Formulierungen werden zur Beeinflussung verwandt. Das geschieht, wenn ein Verkäufer einem Kunden sagt: Über den Preis werden wir uns schon einigen können. Er stellt sich dabei einen hohen, der andere einen möglichst niedrigen Preis vor. Die Katze läßt der Manipulator erst dann aus dem Sack, wenn der Kunde bereits angebissen hat und sich schon in den Fängen des Beeinflussers befindet.

4. Es werden wichtige Tatsachen bewußt nicht erwähnt. Ein Hausbesitzer verschweigt vielleicht beim Verkauf des Hauses entscheidende Mängel. Oder ein Chef verspricht einem Bewerber eine Karriere
   in der Firma, obwohl schon alle interessanten Posten besetzt sind
   und in absehbarer Zukunft keine Möglichkeit für einen beruflichen
   Aufstieg gegeben ist.

5. Der Manipulator wendet die Technik der Übertreibung an. Ein
   Autoverkäufer verkauft einen Gebrauchtwagen und versichert
   (mündlich!), der Wagen werde noch mindestens zwanzigtausend
   Kilometer ohne Reparaturen laufen. Dabei könnte er in Wirklichkeit schon nach tausend Kilometern auseinanderfallen.

6. Wichtige Einwände werden zerstreut. Als ich noch Student in
   Berlin war, wurden die Volkswagenaktien ausgegeben, und ich
   kaufte eine zu etwa zweihundertdreißig Mark. Nach der Ausgabe
   stiegen und stiegen sie an der Börse und wurden schließlich mit
   elfhundert Mark pro Stück notiert. Zu diesem Zeitpunkt wollte ich
   verkaufen, weil ich der Meinung war, daß kein Baum in den Himmel
   wachse. Ein Berliner Börsenmakler wollte jedoch meine Bedenken
   zerstreuen. Er meinte, ich hätte vom Bankgeschäft keine Ahnung.
   Leider hörte ich auf ihn.

7. Menschen werden mit Fangfragen in die Irre geführt. Wenn ein
   Besucher einer Wahlversammlung den Redner der Regierungspartei
   fragt, warum denn die Regierung so viele Mißerfolge habe, ohne
   einen einzelnen zu nennen, veranlaßt er den Redner, über sämtliche
   Rückschläge seiner Parteipolitik zu sprechen, und so sinkt das
   Ansehen der Partei und des Redners.

8. Falsche Informationen werden in Umlauf gebracht. Ein Mann lobt
   zum Beispiel die Ware seiner Firma und macht jene der Konkurrenz
   schlecht; ihn interessiert nur, seine Provision zu erhalten.

9. Der Manipulator benutzt Mehrdeutigkeiten. So sagt zum Beispiel
   ein Redner, der nichts mehr zu sagen weiß oder der endlich nach
   Hause gehen will: »Ich gehe davon aus, daß niemand weitere Fragen
   zum Thema hat.«

10. Es wird mit der Beeinflussung durch andere gearbeitet. Man möchte
    Sie vielleicht zum Kauf eines Gegenstandes bewegen. Dann wird
    darauf hingewiesen, Ihr Bekannter Y und Ihre Nachbarn Z und

noch andere hätten sich schon vor Ihnen dazu entschlossen. Dabei weiß jeder, daß viele Menschen sich ebenso irren können wie ein einzelner.

11. Eine Meinung wird geschickt verdreht. Denken Sie an die erwähnte Rede des Mark Anton. Zunächst gibt er Brutus zum Schein recht, beeinflußt aber dann das Volk gegen ihn.

12. Schmeicheleien setzen die Kritikfähigkeit der Menschen herab.

13. Man versucht, seine Fahne immer nach dem Wind zu hängen. Es gibt ein altes Sprichwort: »Der Erfolg hat viele Väter, der Mißerfolg keinen.« Hat jemand Erfolg, so versucht mancher, Anteil daran zu haben. Hat er dies aber nicht, so hat man ihm »natürlich« schon immer davon abgeraten. Mit dieser Taktik wird man sogar zumeist recht behalten.

14. Eine Autorität pocht darauf, von einer Sache mehr als Sie zu verstehen. Hier dient ebenfalls das schon unter Punkt 6 erwähnte Beispiel zur Veranschaulichung.

15. Es wird mit der Wiederholung von Unwahrheiten gearbeitet. Doch eine Unwahrheit wird nicht dadurch wahr, daß sie immer wieder wiederholt wird.

16. Der Manipulator macht andere Menschen lächerlich, indem er zum Beispiel sagt: »Sie halten sich wohl für Einstein oder für den amerikanischen Präsidenten?«

17. Da bei den meisten Menschen negatives Denken vorherrscht, findet üble Nachrede oft offenere Ohren, als wenn über einen Menschen Positives berichtet wird.

Diese siebzehn Möglichkeiten stellen nun gewiß nicht alle Tricks der manipulatorischen Beeinflussung erschöpfend dar, und sie ließen sich sicher noch ergänzen. Auf einen Trick schon regelrecht betrügerischer Manipulation sei aber zum Abschluß besonders hingewiesen, weil ihm nämlich schon viele Menschen zum Opfer gefallen sind.

Eine besondere Form der Täuschung besteht darin, eine nur begrenzt gültige Aussage zu einer unbedingt gültigen Aussage zu machen. Beispiel: In Kolumbien ist Gold gefunden worden. Bogotá liegt in Kolumbien. Also ist in Bogotá Gold zu finden. (Was natürlich ebenso wenig wahrscheinlich ist wie in einer anderen Großstadt!)

An einem weiteren Beispiel aus dem täglichen Leben läßt sich der Sachverhalt ebenfalls veranschaulichen: Vor einigen Wochen erhielt ich eine Reklameschrift über die Herausgabe einer Weihnachtstellerserie durch eine Porzellanfabrik zugesandt. In der Reklame wurde etwa wie folgt argumentiert: Sie kennen die bekannten Rosenthal-Weihnachtsteller. So wie jene Teller eine gewaltige Wertsteigerung erfahren haben, ist auch bei unseren Weihnachtstellern mit einem großen Wertzuwachs zu rechnen. Zu Ihrer Information: Die Firma Rosenthal brachte seit 1971 jedes Jahr einen Weihnachtsteller in begrenzter Stückzahl heraus, der von dem bekannten dänischen Künstler Winbladt entworfen wurde. Der 1971 zum Preis von hundertfünfzig D-Mark herausgebrachte Teller wird heute um einige tausend D-Mark unter Sammlern gehandelt. – Und wie sieht die Realität aus? Wenn nun jemand von dem Wertzuwachs des bekannten Rosenthaltellers auf die Gewinnerwartung desjenigen Weihnachtstellers schließt, der von der besagten Firma herausgebracht wird, so vergißt er dabei drei wesentliche Punkte. Entscheidend für den Wertzuwachs sind der Name des Künstlers, der Name der Porzellanfirma und natürlich auch die garantierte nur kleine Stückzahl. So kann es durchaus möglich sein, daß im Falle der werbenden Firma entgegen deren Suggestionen kein nennenswerter Wertzuwachs erfolgt.

Wie wenig man von einem Teil auf das Ganze schließen kann, beweist auch folgende wahre Begebenheit: Vor Jahren tauschte ein bekannter Edelsteinhändler aus Idar-Oberstein eine größere Anzahl kostbarer Smaragde gegen Platindraht. Gewiß ist Ihnen bekannt, daß Platin um ein Vielfaches teurer ist als Gold. Da der Edelsteinhändler aber vorsichtig war, ließ er den Anfang des Drahtes untersuchen. Das Ergebnis war, daß das untersuchte Stück tatsächlich aus dem kostbaren Platin bestand. Beruhigt führte er den Tausch mit den ihm unbekannten Männern durch. Als er einige Zeit später den Draht verkaufen wollte, erfuhr er, daß er getäuscht worden war. Nur der Anfang des Drahtes bestand aus Platin. Die Betrüger hatten offenbar ein Stück Platindraht mit einer Drahtrolle einer nicht wertvollen Legierung zusammengeschweißt. So wurde der Edelsteinhändler mit einem einfachen Trick hereingelegt. Dabei ist das Prinzip dieser Betrüger gar nicht neu. So mancher Goldfälscher hat wertloses Metall mit einer dünnen Goldschicht umgeben, um es dann als Gold zu verkaufen. Verfallen daher auch Sie nicht in den Fehler, eine begrenzt gültige Aussage für eine allgemein richtige zu halten.

Kennen Sie den Witz von dem Bauern, der von einer Bank mehrere tausend Mark erhält? Als er von seiner Frau gefragt wird, ob er denn auch das Geld gewissenhaft nachgezählt habe, antwortete er nur: »Bis fünfhundert Mark habe ich mitgezählt. Da es bis zu diesem Betrag gestimmt hat, habe ich nicht weiter kontrolliert.«

Auch ich habe früher über den Witz gelacht. Als ich jedoch vor mehreren Jahren einmal bei einer Bank eine größere Summe Geldes in Geldbündeln erhielt, zählte ich es so, wie es die meisten Menschen tun, nämlich indem ich die Scheine auf der einen Seite des Bündels bewegte. Der Bankbeamte sagte zu mir: »Wissen Sie, wir sind ja sicher ehrlich. Aber hüten Sie sich in Zukunft, das Geld so zu zählen. In einem dickeren Geldbündel könnten leicht einige Scheine gefaltet worden sein – und schon zählen Sie jeden gefalteten Schein doppelt.«

Eine andere Möglichkeit, zum Opfer eines Trugschlusses zu werden, besteht darin, einer Mehrdeutigkeit zu unterliegen oder über die Bedeutung eines Wortes falsch informiert zu sein.

Ein junger Mann scheute die Kosten einer Rechtsberatung. So telefonierte er mit einem Rechtsanwalt, ob er eine unverbindliche Auskunft erhalten könnte. Der Anwalt sagte zu, und der junge Mann erhielt die Auskunft. Sehr erstaunt war er, als er danach doch eine Rechnung des Anwalts erhielt. Auf seine Beschwerde hin klärte ihn der Anwalt auf, daß das Wort »unverbindlich« etwas ganz anderes bedeutet als »kostenlos«; er habe ihm nur eine unverbindliche Beratung zugesichert, also eine ohne Gewähr, nicht aber eine kostenlose! Wie könnte der Irrtum des Mannes wohl entstanden sein? Wahrscheinlich hatte er unter irgendwelchen Anzeigen einmal von kostenloser und unverbindlicher Zusendung von Prospektmaterial gelesen. Von beiden Worten blieb ihm nur das eine Wort im Gedächtnis, und so verband er die Bedeutung des Wortes »unverbindlich« mit dem Inhalt des Wortes »kostenlos«.

Es gibt nun auch noch einige wichtige Tatsachen, die es dem Manipulator ermöglichen, Ihr Denken zu beeinflussen.

○ Sehr oft sind dem Menschen selbst die Gründe seines Verhaltens nicht bekannt.
○ Jedermann hält die eigene Meinung oder die von Menschen, die ihm sympathisch sind, für die richtige.
○ Der Mensch weiß häufig selbst nicht, was er will.

○ Der einzelne läßt sich vom Manipulator Angst machen, etwas zu verpassen, wenn er dieses oder jenes nicht mitmacht.

○ Routinehandlungen und Unachtsamkeit hindern den Menschen oft, Sachverhalte klar aufzunehmen und zu einem fundierten Urteil zu kommen.

○ Menschen wollen aus Eitelkeit von anderen ihre Meinung bestätigt erhalten. Sie machen sich nicht die Mühe, selbst Zusammenhänge zu durchleuchten.

○ Was jemand leicht versteht, weckt nicht seine Aufmerksamkeit. Daher erzählen Manipulatoren immer etwas, was der Mitmensch nicht ganz versteht, und so steigt der Sprechende in der Achtung des Zuhörenden.

In diesem Abschnitt wurden nun Tricks erwähnt, mit denen Manipulatoren ihre Opfer hinters Licht führen. Gauner und Manipulatoren haben schon immer andere Menschen getäuscht, solange die Menschheit existiert. Da Sie nun die meisten Tricks kennen, werden Sie sich ihren Eingriffen hoffentlich leichter zu entziehen vermögen.

3. So fallen Sie nicht in die Grube

Nach Beendigung meines Studiums war ich bei einer Firma in einer Abteilung beschäftigt, die sich u.a. mit langfristiger Planung zu beschäftigen hatte. Der Direktor der Abteilung, dem die entscheidende Verantwortung oblag, war immer sehr unsicher; er scheute sich, die Verantwortung zu übernehmen, die er zu tragen hatte. Stets vermied er ängstlich, sich festzulegen, um sich dann im Falle eines Mißlingens um so leichter rausreden und den Fehler seinen Untergebenen zuschieben zu können. Ein schon älterer und berufserfahrener Arbeitskollege hatte diese Taktik erkannt und verstand geschickt, sie zu vereiteln. Nicht etwa, indem er zum Chef ging und sagte: »Sie Schlitzohr, wir kennen Sie schon! Sie möchten nur Ihren Kopf retten und jeden Reinfall anderen zuschieben.« Mein Kollege machte es wesentlich geschickter und für ihn auch ungefährlicher. Nach jeder Besprechung leitete er dem Direktor und allen anderen Beteiligten eine schriftliche Kurzfassung all dessen zu, was besprochen und festgelegt worden war. Auf die Frage des Direktors, warum er dies mache, antwortete er: »Dies ist im Interesse der ganzen Angelegenheit wichtig. Sowohl das Unternehmen als auch die Planung werden davon profitieren.« Dagegen konnte der Direktor nichts sagen, und so wurde ihm geschickt die Möglichkeit genommen, sich später herausreden zu können.

Meinen Sie nun nicht, dies sei ein Einzelfall. Bei vielen Unternehmungen wird danach verfahren! Schon J. Boren belustigte sich über ein solches Verhalten und sagte: »Wenn verantwortlich, überlege; wenn in der Patsche, delegiere; wenn im Zweifel, murmle.«

Nehmen wir einen anderen Fall. Nehmen wir an, Sie erhalten von Ihrem Vorgesetzten eine Aufgabe übertragen, doch es werden nicht die Hilfsmittel bereitgestellt, die Sie benötigen. Sie wagen nicht, beim obersten Chef vorstellig zu werden, da Sie zu großen Respekt vor ihm haben. Das Unvermeidbare tritt ein. Sie scheitern an der Aufgabe oder führen sie nicht wunschgemäß aus. Und am Ende macht man Sie für das Mißlingen verantwortlich. Schließlich war es Ihre Schuld, nicht genug Initiative entwickelt zu haben, wird nachträglich argumentiert. Der Vorgesetzte weiß zwar, daß es sich nicht so verhält. Doch er kann Sie für das Versagen verantwortlich machen und ist den Schwarzen Peter los.

Sollten Sie in Zukunft mit einer solchen Praktik Bekanntschaft machen, so verfahren Sie wie folgt: Wird Ihnen die notwendige Hilfe bei der Erfüllung eines Auftrages nicht gegeben, so versuchen Sie zunächst, diese in mündlichen Rücksprachen zu erwirken. Haben Sie damit auch keinen Erfolg, so halten Sie die Situation in einer Aktennotiz fest, ohne allerdings den Vorgesetzten direkt anzugreifen. In den meisten Fällen wird sich der Vorgesetzte dann sehr schnell an seine Mitverantwortung erinnern und Sie in der notwendigen Weise unterstützen.

Natürlich ist es mit dieser Technik dann schwer, sich selbst herauszureden, wenn die Sache trotzdem fehlschlägt. Es ist aber immer noch besser, selbst einen Fehler zu begehen und daraus zu lernen, als aus fremder Schuld als Versager dazustehen. Obendrein werden Sie meistens sowieso keine Möglichkeit haben, sich herauszureden, ganz gleich, ob Sie für den Mißerfolg zum Teil oder zur Gänze verantwortlich sind. Und vergessen Sie nicht: Sie werden nur dann erfolgreich sein und Ihr Selbstvertrauen stärken, wenn Sie auch bereit sind, Verantwortung zu übernehmen. Wenden Sie diese Methode an, so wird Ihr Ansehen beim Chef und bei den Kollegen steigen. Wenn Sie Rückgrat zeigen, hat man mehr Respekt vor Ihnen, und man hält Sie nicht für einen Schwächling, mit dem man alles machen kann. Außerdem ersparen Sie sich viel Ärger und schonen Ihre Nerven für die Verwirklichung Ihrer Ziele.

Begnügen Sie sich im Umgang mit Behörden nicht allein mit einer telefonischen Auskunft. Nicht selten gibt man Ihnen eine falsche Auskunft, wenn Sie bei einem Amt in einer für Sie wichtigen Sache nachfragen. Erfahren Sie Monate oder vielleicht Jahre später, Sie wurden falsch informiert, ist meistens schon alles verloren; und der Beamte kann sich gar nicht mehr erinnern, Sie falsch unterrichtet zu haben.

Lassen Sie sich auch nicht durch mündliche Beeinflussungen zum Handeln, insbesondere nicht zum Nachgeben, manipulieren. Nicht nur ich, auch andere haben damit schon schlechte Erfahrungen gemacht. Wenn Sie zum Beispiel einem Finanzbeamten Ihre Steuererklärung abliefern, so versucht dieser oft, einzelne Punkte in Ihrer Gegenwart zu streichen. Geben Sie dann nicht klein bei, sondern bitten Sie um einen schriftlichen Bescheid. Sie zwingen damit den Beamten, die Angelegenheit noch mehrmals zu durchdenken, und er ist mit einer schriftlichen Ablehnung jedenfalls vorsichtiger, denn er muß auch noch den Grund für seine Ablehnung schriftlich angeben. Seien Sie aber auch vorsichtig, wenn Ihnen weder mündlich noch schriftlich angekündigt wird, daß Teile Ihrer absetzbaren Ausgaben gestrichen werden. Ich habe die Erfahrung gemacht, daß Steuerbeamte dies gelegentlich auch ohne Information des Steuerpflichtigen tun. Nun kann man gewiß nicht die schlechten Erfahrungen bei einem Finanzamt auf alle anderen übertragen – damit täte man vielen pflichtbewußten Beamten Unrecht –, aber aus gegebener Veranlassung habe ich es mir jedenfalls zur Gewohnheit werden lassen, die Arbeit meines zuständigen Finanzamtes durch einen Steuerfachmann überprüfen zu lassen.

Hüten Sie sich auch davor, Kaufverträge oder überhaupt Verträge sofort zu unterschreiben und sich dabei nur auf die Ausführungen der anderen Partei zu verlassen. So mancher ist dabei schon von schwarzen Schafen hereingelegt worden. Nehmen Sie daher das Vertragsformular mit nach Hause und überlegen Sie sich die ganze Angelegenheit in Ruhe. Sind Ihnen eine oder mehrere Klauseln nicht klar, so nehmen Sie bei einem rechtskundigen Freund oder, wenn die Sache wichtig ist, noch besser bei einem Anwalt Zuflucht. Lesen Sie immer auch das Kleingedruckte. Und lassen Sie sich mündliche Zusagen schriftlich bestätigen. Mancher, der diesen Aufwand scheute, hat deshalb schon viel Geld verloren. Dabei hätte er sich seinen Verlust und sehr viel Ärger ersparen können, wenn er sich nur sorgfältig informiert hätte.

Sorgfältiges Studium von Vertragsbedingungen und das Einholen von Auskünften haben mit negativem Denken überhaupt nichts zu tun. Denn wenn Sie sich mit Ihrer Unterschrift den Vertragsbedingungen unterwerfen, werden Sie an ihrer Erfüllung nicht vorbeikommen, selbst wenn Sie sich noch so sehr wünschen, Sie hätten den Vertrag nicht unterschrieben.

Sind Sie der Meinung, daß alles – in welcher Angelegenheit auch immer – nach Ihrem Wunsch geregelt ist, so scheuen Sie sich nicht, der Behörde oder der anderen Partei schriftlich davon Mitteilung zu machen. Sie können zum Beispiel einer Bausparkasse schreiben: »Ich gehe davon aus, daß die Überweisung des Geldes für den Bau nun ohne weitere Formalitäten zum erwünschten Zeitpunkt erfolgt, und bitte um Bestätigung.« Auf diese Weise verhindern Sie, daß der Geldeingang doch nicht rechtzeitig erfolgt, weil man noch weitere Formalitäten von Ihnen wünscht. Mißverständnisse klären sich auf diese Weise rechtzeitig auf, ohne daß Sie zu Schaden kommen.

Worum es sich auch immer handelt, es ist immer besser, eine schriftliche Zusammenfassung der Dinge von Ihrem Standpunkt aus zu geben und sie dem anderen zur Bestätigung zuzuleiten, als Gefahr zu laufen, einer absichtlichen Täuschung, einer Unklarheit oder einem Mißverständnis zum Opfer zu fallen. Zugegeben, einige der hier gegebenen Ratschläge erfordern einen gewissen Aufwand. Doch Sie sollten ihn nicht scheuen, denn er macht nur einen Bruchteil des Aufwandes aus, den Sie haben, wenn Sie zu Schaden kommen. Optimismus ist zwar angebracht und unbedingt wichtig. Doch hüten Sie sich, mangelnde Gewissenhaftigkeit mit der Wunschvorstellung zu vertuschen, es werde schon alles gutgehen. Vergessen Sie in Ihrem Optimismus auch die Gründlichkeit nicht, dann werden Sie Ihre Ziele erreichen.

4. Wie Sie manipulatorischer Einwirkung entgehen

Menschen sind immer dann leicht manipulierbar, wenn sie

1. über ein nur geringes Selbstbewußtsein verfügen und anderen immer mehr zutrauen als sich selbst;
2. den eigenen Gefühlen nicht mit der notwendigen Distanz gegenüberstehen und

3. ihre Denkfähigkeit nicht schulen und kritiklos auf Oberflächlichkei-
ten hereinfallen.

Zu Punkt 1: Wie Sie Ihr Selbstbewußtsein bestärken und steigern, haben
Sie schon im zweiten Kapitel dieses Buches erfahren. Mit den
Selbstbejahungsübungen bauen Sie, wenn Sie diese regelmäßig machen,
Ihr Selbstbewußtsein systematisch auf, und indem Sie sich im positiven
Denken üben, verhindern Sie, daß Angst und Sorge Ihr Selbstbewußt-
sein erschüttern. Mit Selbstbeobachtung werden Sie sich auch Ihrer
Sympathien und Antipathien, Ihrer Vorurteile und Nachgiebigkeiten
bewußt und vermögen aufgrund der so gewonnenen Selbsterkenntnis
ein individuelles Programm zu entwickeln, wie Sie sich jeglichen
Manipulationen entziehen können.

Wie sich Odysseus vor Manipulation schützte, ist uns in Homers
Epos aus dem neunten vorchristlichen Jahrhundert, der *Odyssee,*
überliefert worden. Die gefährlichen Sirenen betörten die Seeleute mit
ihren Gesängen und verführten sie dazu, in das Meer zu springen und in
ihren Armen den Tod zu finden. Odysseus entkam der Gefahr, weil er
seinen Gefährten die Ohren mit Bienenwachs verstopfte und sich selbst
an den Mastbaum des Schiffes fesseln ließ.

Auch Sie vermögen sich der Beeinflussung durch andere zu entziehen
und ein ganz persönliches Programm dafür zu entwickeln. Zunächst
müssen Sie sich jedoch in Selbsterkenntnis erst einmal Ihrer eigenen
Schwächen bewußt werden. Beobachten Sie sich also. Denken Sie nach
der Meditation über Ihr während des Tages gesetztes Handeln nach. So
gelangen Sie zu Selbsterkenntnis und vermögen sich ein neues Verhalten
anzueignen. Da Sie sich auch bemühen, persönliche Ziele zu entdecken
und Ihre ganze Kraft auf ihre Verwirklichung zu richten, verstärken Sie
Ihre Widerstandskraft gegen Manipulationen jeder Art. Denn wer damit
beschäftigt ist, seine Wünsche zu verwirklichen, verfügt nicht über die
Schwäche, sich zu seinem Nachteil beeinflussen zu lassen. Und so
ergeben sich für Manipulationen wenig Ansatzpunkte, ihr Ziel bei Ihnen
zu erreichen.

Zu Punkt 2: Schon in Kapitel 6, Abschnitt 7, wurde darauf
hingewiesen: Wenn jemand das Gefühl des zu Überredenden anspricht,
kann er sich noch so kluge Argumente ersparen. Die Menschen meinen
zwar immer, sie würden nur nach dem Gebot des Verstandes handeln.
Tatsächlich werden wir aber stärker von Gefühlen beeinflußt, als wir

glauben. Emotionen lenken die meisten Menschen mehr als Vernunft und Einsicht. Überlegen Sie sich nur einmal, was Sie sich in der letzten Zeit alles gekauft haben. Haben Sie es tatsächlich nur des Nutzens wegen gekauft, oder ging es Ihnen auch darum, sich persönlich Geltung zu verschaffen? Wie viele Menschen kaufen sich z. B. nur aus Geltungsbedürfnis ein großes Auto? Die Menschen werden durch manipulatorische Suggestionen beim Geltungsbedürfnis gepackt. Sie lassen sich aber auch oft einreden, was modern sei und was man benötige, damit sie nicht rückständig oder armselig abschneiden. So entsinne ich mich noch ganz genau, daß ich mir von einem Verkäufer eine superlange Hose aufschwatzen ließ, nur weil sie angeblich modern war. Da ich beim Gehen mit den Absätzen auf den Hosenrändern herumtrat, zog ich sie bald nicht mehr an.

Da viele Menschen ihre individuellen Wünsche gar nicht kennen, lassen sie sich nur zu oft von anderen Bedürfnisse einreden. Wenn schließlich der Wunsch erfüllt ist, erwächst daraus keine nachhaltige Befriedigung. Vieles, was wir uns einreden lassen, fasziniert uns nur, bis wir es besitzen, und Manipulation hetzt uns in Bedürfnisse hinein, an deren Erfüllung wir später keinen Geschmack mehr finden.

Nehmen Sie sich also vor, sich von niemandem mehr an der Nase herumführen zu lassen. Nun kann es allerdings nicht darum gehen, Gefühle ganz abzuschaffen. Sie sind ein wichtiger Faktor unseres Lebens und nicht wegzudenken. Vielmehr müssen wir lernen, unseren Gefühlen auch einmal mit Vernunft zu begegnen. So vermögen wir uns von oberflächlichen Gefühlszwängen zu lösen und tieferer Gefühle fähig zu sein. Nicht die Leugnung, sondern die Verinnerlichung von Gefühlen muß also die Aufgabe sein. Nur so erwächst uns jene nachhaltige Befriedigung, nach der wir zutiefst suchen. Achten Sie auf Ihre Gefühle, so werden Sie nicht so schnell zum Opfer von Verhaltensklischees. Setzen Sie sich eigene Ziele und versuchen Sie, den Sinn Ihres Lebens herauszufinden. Dann entwickeln Sie Wertmaßstäbe, die Sie vor der Manipulation durch andere schützen.

Zu Punkt 3: Sie werden Ihre Immunität gegen Manipulationen schon dadurch erhöhen, daß Sie um die Möglichkeiten und die Techniken wirksamer Manipulation wissen. Doch das allein reicht nicht aus, um Sie zu schützen. Sie schützen sich noch besser vor Überrumpelungen, wenn Sie Ihre Fähigkeit zum selbständigen Denken schulen. Denken Sie nicht, damit seien übergroße Anforderungen verbunden. Wie bei jeder Sache reicht es auch hierbei aus, klein anzufangen. Begnügen Sie sich nie mit oberflächlichen Erklärungen. Fragen Sie stets nach dem Warum. Versuchen Sie, logische Beziehungen zwischen Sachverhalten herzustellen. Nur so gewinnen Sie eigene Erkenntnisse. Je länger Sie sich in dieser Technik üben, desto mehr wächst Ihre Denkfähigkeit und Ihre kritische Einstellung gegenüber den Belangen des Lebens. Natürlich sollten Sie auch Ihre Erfahrungen beachten. Und bemühen Sie sich, möglichst viele neue Informationen aufzunehmen. Ihre Urteile können nur dann ausgewogen sein, wenn Sie über alles Informationsmaterial verfügen.

Halten wir fest: Setzen Sie sich eigene Ziele und streben Sie danach, sie zu erreichen. Erweitern Sie Ihr Wissen, und schulen Sie Ihre Denkfähigkeit. Dann wird Ihnen nicht nur die Freude zuteil, sich selbst zu verwirklichen; Sie werden auch immun gegen Manipulationen. Achten Sie auf Ihre Gefühlsregungen. Lösen Sie sich von Gefühlszwängen und schaffen Sie so die Möglichkeit für die Entfaltung tiefer Gefühle und eines befriedigenden Gefühlslebens.

5. So entziehen Sie sich aufdringlicher Einwirkung

Es gibt Menschen, die ihren Einfluß in einer Rücksichtslosigkeit geltend machen wollen, daß sie uns lästig werden. Denken Sie etwa an einen Vertreter, den Sie nicht loswerden können, an einen fanatischen Werber für eine Partei, eine Sekte, einen Verein oder auch an einen jener »guten Freunde«, die Sie in Richtung eines bestimmten Handelns oder einer angeblich notwendigen Entscheidung bedrängen. Solche Leute werden nicht müde, Ihnen »zwingende« Gründe darzulegen. Stellen Sie dann einfach wiederholt die Frage: »Warum sollte ich das tun?« Spätestens nach dem dritten oder vierten Warum wird der Sie Bedrängende unsicher werden. Und wenn er beispielsweise am Schluß etwa sagt: »Das müssen Sie ganz einfach tun, Sie sind doch kein Feigling«, werden Sie ihn völlig entwaffnen, wenn Sie fragen: »Warum darf ich nicht feige sein?« Eine Variation dieser Technik besteht darin, bei der Argumentation des anderen einzuhaken, indem Sie eine Sie besonders störende Einzelheit herausgreifen und konsequent darauf »herumhacken«. Sie brauchen dann nur noch hinzuzufügen: »Wie Sie wissen, der Teufel steckt im Detail. Und darüber setze ich mich nicht hinweg.«

Wenn Sie konsequent die beiden Techniken anwenden, wird bald jedem, der auf Sie einwirken will, die Lust vergehen, Sie beeinflussen zu wollen, und er sucht sich ein Opfer, bei dem er leichter sein Ziel erreicht.

6. Die richtige Verhaltensweise gegenüber Ärzten

Es liegt auf der Hand, daß das höchste und kostbarste Gut, das ein Mensch besitzt, seine Gesundheit ist. Alle Erfolge helfen ihm nicht, wenn er an seiner Gesundheit Schaden nimmt. Daher hat das, was für den Umgang mit Vertretern aller Berufsstände gilt, für den Arzt seine ganz besondere Bedeutung: blindes Vertrauen schadet nur.

Es ist zwar verständlich, wenn sich Menschen in ihrer Not und Verzweiflung ganz auf den Arzt verlassen. Hierbei gehen die Patienten davon aus, daß der heutigen medizinischen Wissenschaft nahezu nichts mehr unmöglich sei, und daß alle Ärzte das tun, was für das Wohl des Patienten notwendig ist. Leider ist das ein gefährlicher Trugschluß. Es gibt zu viele Opfer ärztlicher Behandlungsfehler. Die meisten davon Betroffenen liegen auf dem Friedhof. Und wahrscheinlich sind auch Ihnen aus Ihrem Bekanntenkreis solche Fälle bekannt.

Vor vierzig Jahren erzählten Ärzte meiner Mutter, sie werde wegen ihres schwachen Herzens bald sterben. Sie starb jedoch nicht daran, sondern an einer Lebererkrankung, und dies nicht »bald« danach, sondern im Jahre 1979. Die Lebererkrankung rührte nach Aussagen der Ärzte von einer Infektion her, die sie sich bereits in der Nachkriegszeit zugezogen hatte. Doch erst 1976 wurde die Krankheit erkannt. Noch drei Wochen vor ihrem Tod erklärte uns ein junger Arzt in einem Berliner Krankenhaus, meiner Mutter würde nur »etwas Wasser abgezogen«, und dann hätte sie noch eine ganz normale Lebenserwartung. Zu dem Eingriff kam es allerdings nicht mehr.

Noch fehlen Zahlen darüber, wie viele Patienten, die von ärztlichen Schiedsstellen abgewiesen wurden, oder Angehörige von an Kunstfehlern Verstorbenen, vor Gericht zogen und dort obsiegten. Es ist auch verständlich, wenn das Selbstschutzbedürfnis der Ärzte zu einer mangelnden Bereitwilligkeit führt, jemals ein Versagen zuzugeben. »Rund achzig Prozent aller Fehler«, notiert eine Studie der amerikanischen Soziologin Marcia Millmann, »wurden durch die Eigenart des ärztlichen Selbstverständnisses unter den Teppich gekehrt, wobei die Ärzte einander hilfreich beistanden.« Immerhin legte vor einiger Zeit die Gutachterkommission für ärztliche Behandlungsfehler im deutschen Bundesland Nordrhein-Westfalen eine Statistik über ihr bisher dreieinhalbjähriges Wirken vor. Gerechnet wurde von dieser Institution zunächst mit 200 Anträgen pro Jahr. Tatsächlich gingen jedoch allein seit 1975/76 rund 2250 ein! Bei 693 Entscheidungen wurden 120 Behandlungsfehler anerkannt, also etwa siebzehn Prozent.

Die Zeitschrift *Stiftung Warentest* schreibt im Heft Nr. 8, August 1979, zu dem Problem: »Vieles hat sich gebessert – gewiß. Doch für den einzelnen ist es nach wie vor nicht einfach, die mannigfaltigen Hürden zu überspringen, die Ärzteschaft, Versicherungsgesellschaften, Gutachterkommissionen, Schiedsstellen und Justiz errichtet haben.«

Nun existiert bis heute noch kein Rechtsanspruch des Patienten auf Herausgabe der ärztlichen Unterlagen, und dem Patienten obliegt die Beweislast. Es liegt auf der Hand, wie schwer es ist, einem Arzt einen Kunstfehler nachzuweisen. *Warentest* empfiehlt daher einen juristischen Kunstgriff: Der Geschädigte wandelt die Klage in eine Aufklärungspflichtverletzung um, und dann trifft die Beweislast den Arzt. Er muß dann einwandfrei belegen können, daß er den Patienten genügend über die Risiken der Behandlung aufgeklärt hat.

Wenn der Patient merkt, daß etwas schiefgelaufen ist, kann es schon längst zu spät sein. Es ist daher wesentlich besser, sich schon während der Behandlung von Leichtgläubigkeit zu trennen. Liselotte Bappert, die das Buch *Der Knoten* mit dem Untertitel »Vertrauen und Verantwortung im Arzt-Patienten-Verhältnis am Beispiel Brustkrebs« geschrieben hat, erzählt darin, was ihr der sie behandelnde Professor erklärt hatte: »Die Partnerschaft zwischen Arzt und Patienten besteht darin, daß der Arzt die Verantwortung übernimmt und der Patient das tut, was der Arzt sagt.« Inzwischen weiß Liselotte Bappert: Hätte sie diesen Satz immer befolgt, so würde sie wahrscheinlich nicht mehr leben!

Wie kann nun aber der Patient Mitverantwortung für seine Gesundheit übernehmen und sich nicht allein darauf beschränken, rechtzeitig zum Arzt zu gehen? Dazu sei Ihnen das folgende Fünf-Punkte-Programm, Mitverantwortung an der eigenen Gesundheit zu tragen, empfohlen:

1. Ein Patient sollte nie seine kritische Urteilsfähigkeit aufgeben. Lassen Sie Ihre Bedenken vom Arzt nicht dadurch zerstreuen, daß er auf seine Autorität pocht. Lassen Sie sich eindeutig sagen, welche Diagnose Ihr Arzt stellt.

2. Informieren Sie sich genau über Ihre Krankheit. Machen Sie es aber nicht so, wie jener junge Mann, der über dreißig Bücher über Geisteskrankheiten las, um eine solche dann endlich auch an sich zu

entdecken. Interessieren Sie sich für den in der Packung liegenden Informationszettel Ihres Medikaments und die darauf beschriebenen Nebenwirkungen.
3. Hüten Sie sich vor den beiden Extremen, Beschwerden zu verharmlosen oder ihnen eine übertriebene Wichtigkeit zu geben.
4. Lassen Sie sich vom Arzt restlos aufklären. Stellen Sie bei Ihren einzelnen Besuchen Widersprüche in den Ausführungen des Arztes fest, so sprechen Sie ohne Hemmungen offen darüber. Denken Sie stets daran: Ihre Gesundheit'steht auf dem Spiel. Sie sind zwar auf das Wissen des Arztes angewiesen, denken Sie jedoch stets mit. Schließlich kennen Sie sich selbst am besten.
5. Wechseln Sie den Arzt, wenn Ihre Bedenken nicht ausgeräumt werden oder Sie den Eindruck haben, nicht besonders sorgfältig untersucht zu werden.

Es geht hier keineswegs darum, gegen die Ärzteschaft zu polemisieren. Doch es wäre vollkommen falsch und wirklichkeitsfremd, in jedem Arzt einen unfehlbaren Menschen zu sehen. Dennoch muß das Verhältnis Patient-Arzt nicht darunter leiden. Sie können den Arzt weiterhin als Ihren Freund und Helfer ansehen, selbst wenn Sie ihn nicht mehr für unfehlbar halten.

7. Kämpfen Sie für Ihr Recht, ohne ein Querulant zu werden

Es wurde schon darauf hingewiesen: Es ist vergeudete Energie, sich mit Mitmenschen zu streiten, wenn es sich zum Beispiel um politische, weltanschauliche oder religiöse Ansichten handelt. Rechthaberei bringt Ihnen nichts. Sie müssen aber um Ihr Recht kämpfen, wenn für Sie viel auf dem Spiel steht. Das kann zum Beispiel dann sein, wenn sich eine Versicherung weigert, Schadensersatz zu leisten und sich mit Ausflüchten vor ihren Verpflichtungen zu drücken sucht. Oder ein selbstherrlicher Beamter einer Behörde verweigert Ihnen die Erfüllung Ihrer rechtmäßigen Ansprüche, und die Vorgesetzten des Beamten unterstützen ihn, indem sie Vorschriften völlig falsch auslegen.

Sind Sie eindeutig in Ihrem Recht verletzt worden, sollten Sie dieses Recht durchsetzen, nötigenfalls auch gerichtlich. Anstatt nun aber mit Hilfe eines Rechtsanwaltes für ihr Recht einzutreten, schrecken viele Menschen davor zurück. Und so profitieren immer noch viele Behörden

und viele skrupellose Geschäftemacher von der Ängstlichkeit mancher
Menschen. Was für den Umgang mit dem Arzt gilt, ist ebenso für den
Anwalt zu empfehlen. Sie brauchen zwar sein Wissen, denken Sie aber in
Ihrer Angelegenheit stets selbst mit. Und scheuen Sie sich nicht, Ihre
Meinung dem Anwalt gegenüber zum Ausdruck zu bringen, wenn Sie
Widersprüche entdecken.

Vor welchen Schwierigkeiten ängstliche Menschen auch immer
stehen, stets zählen sie alle möglichen Dinge auf, um sich dafür zu
rechtfertigen, daß sie versuchen, den Schwierigkeiten aus dem Wege zu
gehen. Tun Sie es ihnen nicht gleich. Mit dem richtigen Selbst- und
Gottvertrauen vermögen Sie allen Widrigkeiten des Lebens zu begegnen.

Selbst wenn Sie nicht an Gott glauben sollten, vermögen auch Sie die
universelle bergende Kraft des Seins in sich zu spüren. Meditieren Sie.
Meditierend kommen Sie, wie ich in meinem Buch *Die universellen
Kräfte Ihrer Psyche* aufgezeigt habe, mit jener nie versiegenden Kraft in
sich selbst in Berührung. Zwei Voraussetzungen sind dazu nötig:
Hingabe und Vertrauen. Vertrauen Sie auf die helfende Kraft in Ihrem
Innern. Geben Sie sich ihr in der Meditation hin, so spüren Sie die
tragende und stets bergende Kraft einer höheren Wirklichkeit.

Ich habe einen Bekannten, der im Zweiten Weltkrieg all sein Hab und
Gut verlor. Als der Krieg zu Ende war, wußte er: Alles ist vergänglich.
Doch er vertraute auf Gott und seine Kraft und fing wieder ganz von
vorn an. Heute ist er Besitzer einer großen Fabrik mit mehreren hundert
Beschäftigten.

Machen Sie sich also von Angst und Sorgen frei. Fassen Sie Vertrauen.
Lassen Sie sich Ihr Recht nicht nehmen. Selbst wenn Sie alle Techniken
der Menschenüberzeugung anwenden, kann es doch vorkommen, daß
Sie gelegentlich auch die Kraft finden müssen, einer weiteren Auseinandersetzung nicht aus dem Wege zu gehen. Versuchen Sie dann,
meditierend Ihre ganze Kraft zu sammeln, dann wird Sie auch diese
durchströmen und Ihnen helfen, die Auseinandersetzung erfolgreich zu
bestehen.

Meiden Sie nicht die Schwierigkeiten des Lebens. Sagen Sie nicht: Ich
will meine Ruhe haben! Fürchten Sie sich auch nicht vor Auseinandersetzungen, weil Sie darum bangen, gekränkt, verletzt oder enttäuscht zu
werden. Sie vermögen Ihre innere Kraft zu verstärken, indem Sie sich
der Macht positiver Vorstellungen bedienen.

Verfahren Sie dazu wie folgt: Führen Sie Ihre Entspannungsübung aus. Wenn Ihre Gedanken zur Ruhe gekommen sind, so sprechen Sie folgende Worte in Gedanken und geben sich ganz ihrer Wirkung hin.

Selbstbejahungstext zur Bewährung in jeder Lage

»Ich fühle mich eins mit den Kräften des Universums. Ich fühle mich eins mit der Kraft Gottes. Die lenkende und schützende Kraft Gottes (oder die Macht des Universums) durchdringt mich ganz. Energieströme verbinden mich mit den unendlichen Kräften des Alls. Ich fühle immer deutlicher, wie ich von innen her beschützt und geführt werde. Eine große Geborgenheit erfaßt mich. Denn ich bin eins mit den unendlichen Kräften des riesigen Alls. Ich fühle immer deutlicher, wie ich von innen her beschützt und geführt werde. Ich bin voll Vertrauen, daß ich zu meinem Guten und Wohl gelenkt werde. Es gelingt mir immer besser, die in mir wohnende Kraft zu nutzen. Sie verhilft mir zu Gesundheit, Selbstverwirklichung und Erfolg. Jene Kraft verbindet mich mit einer mein jetziges Leben übergreifenden höheren Wirklichkeit. So gelange ich zu innerer Ruhe, Gleichmut und Gelassenheit.«

Hierbei handelt es sich keineswegs um utopische Suggestionen oder um eine einlenkende Abschirmung von der Wirklichkeit. Denn indem Sie Ihrem Vertrauen in die helfenden Kräfte gedanklich Ausdruck verleihen, vermögen diese in Ihnen um so leichter groß zu werden.

Diese Kräfte helfen Ihnen auch bei Auseinandersetzungen. Ich kenne einen Unternehmer, den die Furcht vor einer Prozeßniederlage und der Gefährdung seiner Existenz schon fast völlig verzehrt hatte. Als er auf meinen Rat hin sein Selbstvertrauen systematisch zu bestärken begann, verlor er seine Angst, und als es ihm auch noch gelang, sich in der Meditation der Gegenwart Gottes bewußt zu werden, brachte er die notwendige Kraft und die Nerven auf, den Prozeß durchzustehen – den er übrigens gewann.

Verfallen Sie nicht in den Fehler, in Gedanken ständig um den Gegenstand Ihrer Sorgen zu kreisen. Achten Sie auf Ihre Gedanken und wenden Sie sich positiven Dingen zu, wenn Sorgen Sie zu quälen beginnen. Mit der Zeit gelingt es Ihnen immer besser, in sich hineinzuhorchen. In der Meditation stoßen Sie zum Kern Ihres Wesens vor, und Sie gewinnen die notwendige Distanz und innere Kraft, um unbeirrt um Ihr Recht zu kämpfen, ohne sich dabei von Sorgen und

Zweifeln auffressen zu lassen. Dann werden Angst und Minderwertigkeitsgefühle aus Ihrem Leben verschwinden. So werden Sie innerlich
heil und vermögen sich im Leben zu behaupten.

Hüten Sie sich aber davor, das Gewünschte erzwingen zu wollen.
Trennen Sie sich von negativem Denken und wenden Sie die Regeln
wirksamer Menschenbeeinflussung konsequent an, dann stellen sich die
Erfolge gleichsam wie von selbst ein.

ZUSAMMENFASSUNG

1. Manipulation nützt Ihre Schwächen und Leichtgläubigkeit aus, täuscht Sie und schädigt Ihre Interessen.

2. Jeder ist für Manipulationen empfänglich. Daher müssen die Techniken der Manipulation erkannt werden. So vermögen Sie sich besser zu schützen.

3. Zu den Techniken der Manipulation gehört das Prinzip der Wiederholung, das Erregen von Angst und die Steuerung Ihrer Denkvorgänge.

4. Schützen Sie sich vor den siebzehn Tricks, mit denen Ihr Denken manipuliert werden könnte.

5. Hüten Sie sich vor dem Fehlschluß, vom Teil auf das Ganze zu schließen.

6. Mangelnde Achtsamkeit und geringes Selbstvertrauen erleichtern die Arbeit derer, die Sie zu beeinflussen versuchen.

7. Lassen Sie immer gesunde, kritische Vorsicht walten. Hüten Sie sich aber davor, jeden für einen Gauner zu halten. Notwendige Vorsicht und Besonnenheit und eine negative Einstellung gegenüber den Mitmenschen haben miteinander nichts zu tun.

8. Übernehmen Sie selbst Verantwortung, doch scheuen Sie sich nicht, andere Zuständige in ihrer Mitverantwortlichkeit zu bemühen. So schützen Sie sich davor, sich ungerechtfertigt den Schwarzen Peter zuschieben zu lassen.

9. Unterzeichnen Sie Verträge nicht sofort. Überlegen Sie sich das Geschäft. Lesen Sie jede Klausel, auch kleingedruckte Bedingungen. Lassen Sie sich in wichtigen Sachen von einem Anwalt beraten.

10. Lassen Sie sich negative Bescheide von Behörden immer schriftlich geben.

11. Lösen Sie sich von Gefühlszwängen und schaffen Sie Raum für die Entfaltung tiefer Gefühle, die Ihnen auch wirklich Befriedigung verschaffen.

12. Entledigen Sie sich derer, die aufdringlich auf Sie einwirken wollen, indem Sie immer wieder fragen, warum Sie etwas tun sollen, oder greifen Sie eine störende Einzelheit heraus, von der Sie nicht abrücken.

13. Sehen Sie den Arzt und andere Fachleute wie Anwälte, Gutachter usw. als Freunde und Helfer, doch nicht als unfehlbare Menschen an.

14. Nehmen Sie zu entscheidenden Gesprächen immer einen Zeugen mit. Ein Bekannter von mir ist einmal von einem Architekten überrumpelt worden, der zu Unrecht behauptete, von ihm einen Auftrag erhalten zu haben. Viele Menschen wissen es nicht: Nicht nur schriftliche, auch mündliche Zusagen gelten. Und wenn sich zwei Zeugen gegen Ihre Aussage stellen, werden Sie in den meisten Fällen unterliegen.

15. Haben Sie über wichtige Dinge zu entscheiden, dann gehen Sie nicht davon aus, daß das richtig ist, was Sie bisher zur Sache gehört haben. Informieren Sie sich eingehend, nötigenfalls bei Fachleuten, und hören Sie nicht auf solche, die sich nur dafür halten. Denken Sie selbst dann noch kritisch mit.

16. Wenn Sie eindeutig in Ihrem Recht verletzt sind und gütliche Lösungsversuche nichts nutzen, sollten Sie sich nicht scheuen, Ihr Recht durchzusetzen, nötigenfalls sogar gerichtlich. Lassen Sie nicht zu, daß Geschäftemacher oder Behörden unverdient profitieren.

17. Durch positives Denken gewinnen Sie die Kraft, den Schwierigkeiten des Lebens nicht auszuweichen. Meditierend finden Sie zu Selbstvertrauen und Gelassenheit.

Kapitel 9

So sind Sie glücklich in Ehe und Partnerschaft

1. Routine und Bequemlichkeit sind das Ende einer Ehe

Wie jeden Morgen seit fast dreißig Jahren verabschiedete sich ein Mann von seiner Frau. Es schien alles beim alten zu sein. Als er jedoch am Abend von der Arbeit nach Hause zurückkehrte, fand er einen Zettel seiner Frau vor, auf dem nur vier Worte standen: »Ich komme nie wieder.« Nun saß der Mann jeden Abend allein zu Hause und dachte nach, was er in seiner Ehe alles falsch gemacht hatte. Nur wenige Tage waren notwendig, und er hatte einige Fehler selbst gefunden.

○ Zweimal in der Woche ging er abends allein in seinen Verein.
○ Vier Abende pro Monat verbrachte er mit Kegelfreunden.
○ Wollte die Frau einen Ausflug machen, wollte er meist lieber fernsehen.
○ Plante die Frau eine Urlaubsreise, so sagte er, im Garten sei es doch schöner.
○ Wollte die Frau mit ihm essen gehen, meinte er: »Kochen wir doch selbst!« - doch kochen mußte seine Frau.

Der Mann hat sich zwar vorgenommen, von nun an alles besser zu machen, doch bis heute ist seine Frau nicht zurückgekehrt.

Was die meisten Männer falsch machen

Viele Männer sehen in der Ehe nur eine Einrichtung, die ihrer Bequemlichkeit dient. Sie reden sich ein, ein guter Ehemann zu sein, weil sie für die Familie das notwendige Geld verdienen. Zugegeben, besonders viele Ehen junger Partner scheitern, weil es in der Ehe finanzielle Schwierigkeiten gibt. Auch sind die beruflichen Anforderungen anstrengend. Aber – wie eine alte Weisheit sagt – wir arbeiten, um zu leben, und wir leben nicht, um zu arbeiten. Frauen haben deshalb meist kein Verständnis dafür, daß sich Männer ihrer Ehe nicht mit demselben Interesse widmen wie ihrer Arbeit. Viele Männer begreifen dies erst, wenn ihnen die Ehefrau davongelaufen oder wenn sie verstorben ist; doch dann ist es zu spät.

»Mein Mann dreht sich nach der Liebe einfach auf die andere Seite, schläft ein und beginnt laut zu schnarchen«, beklagte sich eine selbst ebenfalls streng arbeitende Frau. »Seit Jahren macht er das, ich kann das nicht mehr aushalten. Mein Mann hat keine Ahnung, wie sehr sich eine Frau nach Zärtlichkeiten und liebevollen Worten sehnt.«

Frauen brauchen Zärtlichkeit, um sich geborgen zu fühlen. Haben Sie einmal darüber nachgedacht, ob Sie ein zärtlicher Ehemann sind? Sprechen Sie, diskutieren Sie mit Ihrer Frau? Pflegen Sie Gemeinsamkeiten, die Sie beide besonders glücklich machen? Wann waren Sie zum letztenmal gemeinsam im Theater? Wann auf dem letzten Wochenendausflug? Wann haben Sie Ihrer Frau zum letztenmal gesagt, wie faszinierend sie für Sie ist und wie sehr Sie sie lieben? Oder halten Sie das für überflüssig, weil Sie meinen, es sei selbstverständlich?

Wenn Sie die Liebe Ihrer Ehe erhalten wollen, dann geben Sie Ihrer Frau das Gefühl, sie begehrenswert zu finden. Bringen Sie Ihre Gefühle durch Gesten und durch Worte zum Ausdruck. Umarmen und streicheln Sie Ihre Frau. Bringen Sie ihr Blumen. Sie werden erstaunt sein, wie glücklich Sie Ihre Gattin machen.

Die meisten Frauen machen dieselben Fehler

Auch viele Frauen sehen, von ihren Männern enttäuscht, in der Ehe bald nur noch eine bequeme Institution ihrer Versorgung. Sie wissen nicht, daß auch ein Mann, wie immer hart er arbeitet und sich hart gibt, ein tiefes Bedürfnis nach Anerkennung und Zärtlichkeit hat. Gratulieren Sie Ihrem Mann zu einem beruflichen Erfolg? Sagen Sie ihm noch manchmal, wie sehr Sie ihn lieben? Zeigen Sie es ihm? Versuchen Sie, eine für ihn und seine Sorgen aufgeschlossene und in jeder Hinsicht interessante Partnerin zu sein? Können Sie ihm zuhören, ihn verstehen? Bereiten Sie ihm bisweilen eine freudige Überraschung – ein ohne äußeren Anlaß improvisiertes Festessen, ein verführerisches Stelldichein? Oder reden Sie immer von den Kindern, immer nur von Ihren (»meinem«) Haushalt oder, wenn Sie selbst auch berufstätig sind von Ihrer gewaltigen Überlastung? Gehören etwa auch Sie zu den Frauen, die meinen, sich der Liebe des Partners sicher zu sein, wenn Sie erst einmal verheiratet sind? Solche Frauen geben sich keine Mühe mehr. Aus Bequemlichkeit oder falscher Sparsamkeit vernachlässigen sie auch noch ihr Äußeres. Die Folge ist, daß der Mann beginnt, andere Frauen für attraktiver zu halten und ihnen seine Aufmerksamkeit zuzuwenden.

Wie Sie es besser machen können

Vergessen Sie nie – und dies gilt für beide Partner –: Es gibt nie ein abruptes Ende einer Ehe; dieses kommt schleichend. Es sind die vielen Kleinigkeiten, die zum Tod einer Ehe führen. Aufmerksamkeiten und Liebenswürdigkeiten in der Ehe erfordern keinen großen Aufwand. Trennen Sie sich von Gewohnheiten und Abstumpfung. Sie machen einen großen Schritt auf Ihr Ziel zu, bewußt zu leben, wenn Sie sich um mehr Aufmerksamkeit auch in der Ehe bemühen. Es fällt Ihnen dann leichter, all jenen Kleinigkeiten, die für eine glückliche Ehe wichtig sind, die ihnen zukommende Bedeutung beizumessen. Nehmen Sie sich am Abend die Viertelstunde oder die zwanzig Minuten Zeit, um eine Meditationsübung zu machen. Denken Sie über Ihre Ehe und Ihre Gefühle für Ihren Partner – Ihre Partnerin – nach. So wird es Ihnen besser gelingen, sich von Routine und Abstumpfung zu lösen. Stellen Sie Betrachtungen über die Vergänglichkeit Ihres eigenen Lebens an, und nutzen Sie die Chance, Ihre Frau – Ihren Mann – noch heute glücklich zu machen. Wie Sie Ihre Liebesfähigkeit systematisch verbessern können, habe ich übrigens auch in meinem Buch *Die universellen Kräfte Ihrer Psyche* beschrieben.

2. Was sich Frauen wünschen

Blumen wurden von Frauen schon immer als Zeichen der Anerkennung und der Liebe empfunden. Bringen Sie daher Ihrer Frau zumindest alle zwei Wochen einen Blumenstrauß mit nach Hause. Natürlich können Sie das auch häufiger tun. Verwöhnen Sie bisweilen auch Ihre Mutter mit einem Blumenstrauß. Sie werden sie glücklich machen.

Für Frauen spielen Kleider eine ganz besondere Rolle im Leben. Bringen Sie Ihrer Frau deutlich zum Ausdruck, wie sehr ihr ein neues Kleid steht und wie bezaubernd sie darin aussieht. Ganz besonders glücklich können Sie Ihre Frau machen, wenn Sie sie zum Kleiderkauf begleiten und sie dabei beraten. Sie meinen vielleicht, das liege Ihnen nicht? Nun, es gibt heute sehr viele Hobbyfotografen. Vielleicht ist

Fotografie auch Ihr Steckenpferd? Zur Kunst eines jeden Fotografen gehört es, ein gutes Motiv zu suchen, um ein schönes Bild zu machen. Schauen Sie auf Ihre Frau, wie auf ein Fotomotiv, und bemühen Sie sich herauszufinden, welches Kleid ihre Persönlichkeit besonders unterstreicht und worin sie ganz besonders reizend aussieht. Setzen Sie die Ausstrahlung Ihrer Frau mit dem unterschiedlichen Spiel von Form und Farben in Beziehung, die die unterschiedlichen Kleider hervorrufen. So lernen Sie nicht nur, Ihre Frau mit neuen Augen zu sehen. Sie wählen auch das Kleid, das Ihrer Frau besonders gut steht. Zwingen Sie ihr aber niemals ein Kleid auf, das Sie selbst nicht will. Sie geben Ihrer Frau aufgrund Ihres Interesses ein Gefühl von Bedeutung und das Erlebnis, im Mittelpunkt Ihrer Aufmerksamkeit zu stehen und in Ihnen ihren größten Bewunderer zu haben. Ist das Kleid, das Ihrer Frau besonders gut steht, teurer als Sie eigentlich eingeplant haben, so scheut sich Ihre Frau vielleicht davor, die Geldausgabe zu machen. Setzen Sie sich dann durch und sagen Sie: In diesem Kleid siehst du für mich am schönsten aus. Wir kaufen dieses Kleid. Lassen Sie sich nicht durch Bedenken Ihrer Frau davon abbringen. Ihre Frau erhofft von Ihnen, daß Sie bei Ihrer Meinung bleiben!

Vielleicht denken Sie, ich – der Autor – habe gut reden: Es geht doch dabei nicht um seine Geldbörse! Aber gerade an Ihre Börse sollen Sie denken. Ihre Frau wird das Kleid kaum so schnell ablegen, nachdem sie weiß, wie gut es Ihnen gefällt.

Machen Sie Ihrer Frau, wenn immer möglich, Komplimente und sagen Sie ihr, wie reizend, intelligent, fesselnd sie ist. Ihre Frau wird Sie um so mehr lieben. Viele Männer ahnen gar nicht, was ihre Frauen aus Liebe für sie zu tun bereit sind.

Es ist schon an anderer Stelle darauf hingewiesen worden: Enthalten Sie sich in der Ehe von Vorwürfen. Manche Männer behandeln den größten Grobian behutsamer als ihre eigene Frau. Nach außen hin spielen sie den lieben, netten Familienvater, doch zu Hause toben, brüllen und poltern sie herum. Nun gibt es leider Menschen, die glauben, es sei für die Ehe besonders förderlich, wenn alle vier bis sechs Wochen ein großer Krach stattfindet und man sich gegenseitig die häßlichsten Grobheiten sagt. Das Gegenteil ist der Fall. Aussprachen in der Ehe sind zwar durchaus notwendig, doch sie müssen vom Hintergrund des gegenseitigen Verständnisses, der Achtung und der Liebe aus geführt werden.

Gehen Sie daher immer behutsam vor. Mit Anerkennung, Komplimenten und Zärtlichkeiten können Sie eine Frau zu Dingen bewegen, die Sie mit den größten Vorwürfen oder mit dem heftigsten Krach nicht erreichen könnten.

Was Frauen an Männern besonders schätzen, hat die amerikanische Psychologin Carol Tavris erforscht:

1. Es ist keinesfalls das Aussehen eines Mannes allein, das Frauen fasziniert. Viel wichtiger sind andere Komponenten seiner Persönlichkeit.
2. Der Mann muß über Humor verfügen. Er muß Heiterkeit ausstrahlen und die Frau zum Lachen bringen können, wenn sie einmal völlig deprimiert ist.
3. Der ideale Mann löst sich von Routine. Er gibt der Frau das Gefühl, einmalig zu sein.
4. Der Mann strahlt Kraft und Zärtlichkeit aus. Eine Frau erwartet vom Mann, daß er sie beschützt und ihr gegenüber immer wieder zum Ausdruck bringt, daß er ohne sie nicht leben kann. Gleichzeitig muß er aber zeigen, daß er für seine Frau auch einzutreten vermag. Es kommt also auf die Kombination von Kraft und Zärtlichkeit an. Kraft allein hilft genausowenig wie nur Zärtlichkeit. Kraft allein wird als Tyrannei empfunden und Zärtlichkeit ohne Kraft als Schwäche.
5. Der Mann ist geduldig und läßt auch die Frau reden. Er schaut ihr dabei in die Augen und interessiert sich für das, was sie ihm sagt.
6. Jede Frau wünscht sich, daß ihr Mann ihren Wünschen nachkommt, und sei es nur der nach sanftem Streicheln oder der nach einem gemeinsamen Spaziergang.

Es ist also gar nicht so schwer, für Frauen gewinnend zu sein. Behandeln Sie deshalb Ihre Frau so, wie sie es sich wünscht. Über die Wünsche dürften nun keine Zweifel mehr bestehen. So machen Sie nicht nur Ihre Frau, sondern auch sich selbst glücklich. Stürzen Sie sich darum nicht in Ihre Arbeit, um Ihrer Frau ein noch größeres Auto, teure Pelze oder anderes mehr als Liebesersatz zu kaufen. Geben Sie Ihrer Frau Liebe und Zärtlichkeit. Das ist es, wonach sie sich sehnt.

Viele Frauen wagen gar nicht mehr, ihrem Mann ihre Sehnsucht nach Liebe einzugestehen. Sie senden daher versteckte Liebessignale und hoffen, daß sie ihr Partner empfängt. Solche versteckten Hinweise sind zum Beispiel folgende:

○ Die Frau legt die Lieblingsplatte des Mannes auf den Plattenspieler, wenn der Mann nach Hause kommt.

○ Sie sagt: »Es ist schön, daß wir den ganzen Abend für uns allein haben.«

○ Die Frau äußert: »Ich gehe heute früh zu Bett« – und denkt an Zärtlichkeiten und liebendes Beisammensein.

○ Sie kocht das Leibgericht des Mannes und stellt Kerzen auf den Tisch.

○ Die Frau erinnert den Mann, wie schön es im letzten Urlaub war.

○ Sie stellt das Lieblingsgetränk des Mannes bereit.

○ Sie ist besonders zärtlich zu ihm und streichelt dem Mann über den Kopf.

Achten Sie auf solche Signale! Nehmen Sie sich Zeit für Ihre Frau. Geben Sie Ihrer Frau die Zärtlichkeit und Liebe, nach der sie sich sehnt. Ist Ihre Ehe glücklich, leisten Sie überdies bei der Arbeit mehr als Ihr Arbeitskollege, der neben seiner Frau eine Freundin hat und dennoch im Grunde seines Wesens nicht glücklich ist.

3. Die geheimen Wünsche der Männer

Ich kenne seit vielen Jahren eine Frau, die ganz offensichtlich ihrem Mann das Gefühl gibt, ein ganz besonders intelligenter, liebenswerter und erfolgreicher Mann zu sein, (was er meiner Ansicht nach auch ist). Gleichwohl ist es nun keineswegs so, daß sich die Frau ihm unterordnet. Sie ist durchaus auch einmal anderer Meinung als ihr Mann. Sie kann ihn auch sehr geschickt auf gelegentlich sich äußernde Schwächen hinweisen. Da sie es aber besonders gut versteht, ihm ihre Zuneigung zu zeigen, tritt ihre behutsam vorgebrachte Kritik in den Hintergrund. Der Mann weiß: Er wird von seiner Frau geliebt, und ihre Liebe hat bei ihm immer noch mehr Liebe hervorgerufen.

Männer wünschen sich, von einer Frau anerkannt und bewundert zu werden. Das größte Glück, das einem Mann beschert werden kann, ist eine Frau, die unbeirrt an ihn glaubt. Leider machen in diesem Punkt viele Frauen Fehler. Sie nörgeln an ihrem Mann herum und behandeln ihn so, wie sie keinen fremden Mann je behandeln würden. So mancher Mann hat die Vorwürfe seiner Frau nicht mehr ertragen können, ist aus dem Haus gelaufen und im nächsten Wirtshaus gelandet. Nicht wenige Säufertragödien haben auf diese Weise ihren Anfang genommen.

Das muß nicht sein. Geben Sie Ihrem Mann die Anerkennung, die er verdient und nörgeln Sie nicht an ihm herum. Dann wird er nicht ins Wirtshaus oder zu einer Freundin laufen, damit er dort die Streicheleinheiten bekommt, die er zu Hause nicht erhält.

Nach einem meiner Seminare kam eine sehr attraktive Dame zu mir. Nebenbei erzählte sie mir, sie sei sechzig; ich hätte sie nie auf dieses Alter geschätzt. »Wissen Sie«, sagte sie zu mir, »mein Mann hat längst nicht so viel erreicht, wie die meisten seiner Schulkameraden. Dennoch liebe ich ihn über alles und habe erst neulich zu ihm gesagt: Du bist für mich der beste Mann. Ich hätte keinen besseren finden können. Selbst der Tod wird uns nicht trennen. Meine Seele wird dich finden, wo immer du auch sein magst.« Ich meine, diesem Mann ist mehr Glück beschieden als so manchem, dem Menschen nur deshalb Hochachtung entgegenbringen, weil er etwas mehr Geld und Ansehen als andere erworben hat.

Doch auf die seelische Liebe allein kommt es nicht an. Man weiß heute, daß sexuelle Probleme in nicht wenigen Fällen ein Grund für das Scheitern einer Ehe sind. Während sich die Frau vielleicht noch vor der Ehe alle Mühe gab, auf ihren Mann besonders attraktiv und anziehend zu wirken, vernachlässigt sie sich in bezug auf Figur und Aussehen in der Ehe. Kindererziehung, der Haushalt und andere Probleme stehen nun im Vordergrund. Kommt der Mann abgespannt von der Arbeit heim und freut sich schon auf ein schönes Beisammensein mit der Frau, wird er nur zu oft mit dem Tratsch über die Nachbarn belästigt. Gewiß sind manche dieser Frauen brave Ehefrauen. Sie kümmern sich um alles, nur nicht darum, dem Mann weiterhin eine verführerische Geliebte zu sein. Der Mann scheut sich, darüber zu sprechen, verdrängt seine Enttäuschung und meint, seine Frau sei nicht mehr an ihm interessert. Wen wundert es, wenn es dann einer anderen Frau gelingt, den Mann mit einiger Raffinesse für sich zu gewinnen, weil sie ihm das bietet, was er jahrelang bei seiner eigenen Frau vermißte! Sieht die Ehefrau dann ihre Fehler ein, ist es meistens schon zu spät. Ihr bleibt dann gewöhnlich nur noch die Hoffnung, daß die Beziehung ihres Mannes zu der Nebenbuhlerin auch bald zur Routine wird und er reumütig zu ihr zurückkehrt, wenn sie es nicht vorgezogen hat, sich scheiden zu lassen, weil sie diesen Zustand nicht aushält. Dabei hätte alles vermieden werden können: Die Frau hätte sich nur zu bemühen brauchen, ihrem Mann weiterhin auch Geliebte zu sein. Wie man das macht?

Denken Sie an die Zeit zurück, als Sie noch nicht verheiratet waren. Welche Mühe haben Sie sich damals gegeben, verführerisch auf den Mann Ihrer Wahl zu wirken. Wenn Sie sich schön machten, trafen Sie diese Vorbereitungen nicht in seiner Gegenwart. Schönheitspflege ist gut, aber nicht vor Ihrem Mann. Und übertreiben Sie nicht. Kein Mann liebt ein verwöhntes Modepüppchen.

Ich kenne eine fünfzigjährige Witwe, die einen neuen Ehemann sucht. Jedes Jahr fährt sie auf eine der sogenannten Schönheitsfarmen, um sich dort vierzehn Tage lang »verjüngen« zu lassen. Dennoch hat sie noch nicht den Mann gefunden, den sie sucht. Gepflegtes Aussehen allein hilft nicht, wenn nicht persönliche Ausstrahlung hinzukommt. Würde sich die Dame darum bemühen, eine Optimistin zu sein und Verständnis, Wohlwollen und Liebe ausstrahlen, so würde sie gewiß bald den richtigen Partner anziehen.

Hier nun einige Hinweise, wie Sie für einen Mann zur idealen Frau werden:

1. Geben Sie dem Mann das Gefühl, einmalig zu sein, und sagen Sie es ihm auch.
2. Lassen Sie den Mann wissen, daß Sie an ihn denken. Rufen Sie ihn im Büro an, und sagen sie ihm, Sie freuen sich schon, bis er nach Hause kommt.
3. Verbinden Sie eine Kritik stets mit einem Kompliment. Sagen Sie also nicht: Schon wieder hast du deine ausgebeulten Hosen angezogen! Äußern Sie vielmehr ihm gegenüber: Schade, daß deine gute Figur in dieser Hose nicht zur Geltung kommt!
4. Geben Sie dem Mann, wenn er bedrückt ist, Mut und Zuversicht, und sagen Sie ihm, er könne sich immer auf Sie verlassen.
5. Lassen Sie ihm auch einige Zeit für sich allein. Jeder Mensch muß erst zu sich selbst finden, bevor er dem anderen Liebe geben kann.
6. Kritisieren Sie Ihren Mann nicht vor anderen Menschen. Lassen Sie ihm die Anerkennung zuteil werden, die er verdient.
7. Bringen Sie Ihre Liebe zu ihm besonders dann zum Ausdruck, wenn er einmal betrübt sein sollte.
8. Streicheln Sie dem Mann über die Haare oder drücken Sie durch andere Zärtlichkeiten aus, wie sehr sie ihn mögen.
9. Bemühen Sie sich immer, Ihrem Mann nicht nur treusorgende Gattin, sondern auch eine zärtliche Geliebte zu sein.

Versuchen Sie, diese Punkte zu beachten. Sie werden erstaunt sein, wie glücklich Sie in der Ehe werden. Und das Glück, das Sie Ihrem Mann geben, wird vielfältig wieder zu Ihnen zurückkehren.

4. So beseitigen Sie Familienstreit

Vielleicht meint nun ein männlicher Leser, mit der Beherzigung der vorstehend gegebenen Ratschläge solle doch erst einmal seine Frau anfangen, und eine Leserin wiederum mag erwarten, daß ihr Mann als erster damit zu beginnen habe. So steht man seinem Glück im Wege. Stellen Sie nicht die negativen Seiten Ihres Partners in den Vordergrund. Sind sie verärgert, so ziehen Sie sich zu einer Meditationsübung zurück. Dringen Sie zu den universellen Kräften Ihrer Psyche vor, löst sich der Ärger auf. Sehr oft wird Ihnen dann auch einfallen, daß Sie eine Angelegenheit nur vom einseitigen Gesichtspunkt Ihrer eigenen Interessen aus sehen. Hegen Sie Gedanken der Harmonie und Liebe für den Ehegatten. Denken Sie abends darüber nach, was Sie am Tage falsch gemacht haben und wie Sie Ihre Beziehungen verbessern können. Vergessen Sie auch nie, wie wichtig es ist, optimistisch zu sein.

Sind Sie vielleicht der Meinung, nicht genug geliebt zu werden? Wer diese Ansicht vertritt, beweist sehr deutlich, daß er mehr an sich als am Partner interessiert ist. Strömen Sie die in der Meditation gewonnene Kraft auf Ihren Partner aus, und Sie werden erfahren, daß Liebe Gegenliebe hervorruft.

Kommen Sie – Mann oder Frau – müde und abgespannt nach Hause und sind leicht reizbar, so ziehen Sie sich zunächst einige Zeit zurück. Die Arbeitsspannung fällt dann von Ihnen ab und Sie sind für Ihren Partner wesentlich aufgeschlossener. Sie sehen die Probleme als das an, was sie sind: als Möglichkeit, immer größere Kräfte in Ihnen zu mobilisieren. Haben Sie einmal dieses Vertrauen, werden sich die besten Kräfte in Ihnen entfalten.

Selbstbejahungstext zur Entfaltung grösserer Liebesfähigkeit

»Ich sende Gedanken der Harmonie und der Liebe meiner Frau (meinem Mann, meinen Kindern) – immer mehr, immer mehr. Ich weiß, ich habe die Kraft, meine Familie glücklicher zu machen. Die Lebendigkeit meiner Kinder ist der Ausdruck ihrer körperlichen und seelischen Gesundheit. Ich tue alles, um ihre Lebensfreude zu fördern. Ich sende Gedanken der Liebe meinem Mann (meiner Frau). Ich sende Gedanken der Liebe meinen Kindern. Ich fühle, wie mich ein tiefes Gefühl der Liebe erfüllt. Ich fühle, wie Ströme der Liebe von mir ausgehen. Indem ich an meiner Persönlichkeitsentfaltung arbeite, verstärkt sich meine Liebesfähigkeit. Daher entfalte ich auch meine Persönlichkeit. Meine Liebe zu meiner Familie wächst. Das Gefühl der Liebe gibt mir große innere Ruhe und Gelassenheit. Ich weiß, aufgrund der universellen Macht meiner Psyche vermag ich alles. Große Kräfte der Liebe strömen von mir aus – auf meine Frau (auf meinen Mann, auf meine Kinder).«

Natürlich sollten sich beide Ehepartner der Bejahung der eigenen Liebesfähigkeit bedienen, um diese zu entfalten und sich gegenseitig noch glücklicher zu machen. Nehmen Sie sich die Zeit für Ihre Meditationsübung. Sie müssen in der Stille erst zu sich selbst kommen, um dem Partner dauerhafte Liebe geben zu können. Dazu brauchen Sie jeweils gerade nur fünfzehn bis zwanzig Minuten Zeit. Verzichten Sie darauf, so ähneln Sie jenem Mann, der sich einen Fuß abhackte, um schneller laufen zu können. Aus der Stille kommen Ihnen weitere Einfälle, wie Sie Ihre Ehe glücklicher gestalten können. Diese Anregungen kommen aus dem Urgrund Ihrer Psyche. Horchen Sie in sich hinein, so rät Ihr Inneres besser, als es so mancher Psychologe vermag. Sie müssen nur die Voraussetzung dafür schaffen und die Bereitschaft aufbringen, auf Ihre innere Stimme zu hören und sich von der Hektik des Alltags lösen.

5. Achten Sie die Persönlichkeit Ihres Partners

Ein großes Problem in der Familie ist die unbewußte Tyrannei, die oft von Kindern ausgeübt wird. Viele Kinder meinen, die Mutter habe nur für sie da zu sein. Anstatt selbständig zu werden und der Mutter Arbeit abzunehmen, fordern sie von ihr ständige Selbstverleugnung. Sind Mütter, die sich das gefallen ließen, schließlich alt geworden und die Kinder aus dem Haus, wissen sie meist nichts mehr mit sich anzufangen und begnügen sich mit der Rolle der Babysitter ihrer Enkel. Nun gibt es manche Frauen, die betonen, ihnen sei es nur wichtig, daß aus ihren Kindern etwas wird. Und dabei vernachlässigen sie sich völlig. Wenn sich aber die Mutter nicht entfalten kann, wird auch die Entwicklung der Kinder nicht optimal verlaufen. Manche Mutter, die meinte, nur für ihre Kinder da sein zu müssen, mußte diesen Irrtum später büßen. Solche Frauen erkennen dann leider zu spät, wohin es führt, jeden eigenen

Wunsch aufgegeben und nur die Wünsche anderer erfüllt zu haben. Hüten Sie sich also, sich ständig von Familienangehörigen nur wegen ihrer Bequemlichkeit manipulieren zu lassen. Seien Sie auch ehrlich gegenüber sich selbst. Macht es Ihnen vielleicht Spaß, andere in Abhängigkeit von sich zu wissen? Sie tun damit langfristig Ihrem Sohn oder Ihrer Tochter keinen Gefallen. Nur zu oft erwarten Ihre Kinder dann von anderen Menschen auch das Verhalten, das Sie ihnen gegenüber gezeigt haben. So manche Berufs- und Ehetragödie hat ihren Grund darin, daß Mütter oder Väter ihre Kinder verwöhnt haben.

Oft ist für die übertriebene Geltung der Kinder und deren Verwöhnung das schlechte Vorbild des Vaters verantwortlich. Für manchen Mann ist es immer noch fast selbstverständlich, daß die Frau auch ihm gegenüber auf eine Rolle der Selbstverleugnung und Selbstaufopferung herabgewürdigt ist. Ein dementsprechendes Verhalten der Kinder nimmt dann niemanden mehr wunder. Doch eine derartige Familiensituation ist ausgeschlossen, wenn die Ehepartner einander – der Mann die Frau und umgekehrt – in ihrer Persönlichkeit achten und richtig lieben. Nur auf dieser Basis vermögen beide Partner ihre Persönlichkeit zu entfalten und zu verwirklichen, und nur wenn dies möglich ist, werden sie auch ideale Mütter und Väter sein, zu denen die Kinder aufschauen und Vertrauen auf richtige Führung haben können. Nehmen Sie sich daher Mut und Zeit zur Verwirklichung auch Ihrer Wünsche. Die Hochachtung und die Liebe Ihrer Kinder wird Ihnen sicher sein. Nur wenn Sie sich selbst entfalten, vermögen Sie eine gute Mutter oder ein idealer Vater zu sein. Erst dann vermögen Sie aber auch Ihre Rollen als Ehepartner bestens zu erfüllen.

Verfallen Sie auch nicht in den Fehler, Ihren Partner völlig ummodeln zu wollen. Natürlich ist in der Ehe ein Mindestmaß an gemeinsamen Interessen nötig. Doch eine völlige Übereinstimmung wird es nie geben. Das ist auch gut so. Es hat sich sehr oft gezeigt, daß das restlose Eingehen des einen Partners auf die Interessen und Ansichten des anderen unbewußte Geringschätzung zur Folge hat. Passen Sie sich dem Partner zwar an, doch bewahren Sie Ihre eigene Persönlichkeit und bringen Sie diese zur Entfaltung. Fühlen Sie sich aber auch für den Ehepartner verantwortlich, damit dieser seinerseits zur Entfaltung kommt. So verbleibt Ihnen überdies mehr Zeit für sich selbst. Die gemeinsamen Interessen, denen Sie mit Ihrem Partner nachgehen, werden Ihnen beiden dann um so größere Freude bereiten.

6. Die richtige Einstellung gegenüber Ihren Kindern

Sie wissen, wie stark das Unterbewußtsein auf äußere Beeinflussung anspricht. Geben Sie also Ihren Kindern das Gefühl, daß sie ihre Ziele erreichen, wenn sie an sich glauben und regelmäßig arbeiten. Hüten Sie sich vor Äußerungen wie »Das erreichst du nie« oder »Aus dir wird nie etwas«. Mit solcher negativer Beeinflussung bereiten Sie bereits den Mißerfolg für Ihr Kind vor. Das Kind glaubt Ihnen schließlich, und so haben Sie in Unkenntnis der Wirkungsweise des Unterbewußtseins selbst genau das ausgelöst, was sie verhindern wollten. Nun ist es damit allein noch längst nicht getan. Sie müssen Ihrem Kind auch den richtigen Halt geben. Dazu gehört Liebe, Liebe und nochmals Liebe. Achten Sie sorgsam auf das Kind und seine Bedürfnisse, so gelingt es Ihnen auch leichter, Verständnis und Einfühlungsvermögen aufzubringen. Glauben Sie an die Kraft und die Möglichkeiten Ihres Kindes und verfallen Sie nicht sofort in ängstliche Panikmacherei, wenn vielleicht einmal eine Note in der Schule nicht so ausgefallen ist, wie Sie es sich wünschten. Ein langsamer und stetiger Fortschritt Ihres Kindes ist viel wichtiger, als daß es immer beste Noten hat. Ich konnte folgende Erfahrung machen: Oft waren die besten Grundschüler schlechte Gymnasialschüler. Auch ein sehr gutes Abitur ist keine Erfolgsgarantie. Es gibt nicht wenige Akademiker, die zehn oder zwanzig Jahre nach dem Studienabschluß eine geringere geistige Beweglichkeit als so mancher Nichtakademiker haben. Es ist also sehr wichtig, das Vertrauen des Kindes und sein Selbstbewußtsein aufzubauen und nicht kleingläubig bei einem Mißerfolg gleich zu verzweifeln. Denken Sie positiv!

Wie bei dem Versuch, andere Menschen zu überzeugen, so müssen Sie auch im Verhalten dem Kind gegenüber die Mitte zwischen Liebe, Verständnis und Festigkeit finden.

Ein junger Mann äußerte mir gegenüber einmal, er könne seinem Vater nicht verzeihen, daß er ihn nicht eindringlich genug darauf hingewiesen habe, wie notwendig eine bessere Schulbildung sei. »Ich war ja früher dumm«, waren seine Worte, »mein Vater hätte es aber doch besser wissen und sich mir gegenüber durchsetzen müssen.«

Eine vierundzwanzigjährige geschiedene Frau und Mutter eines Sohnes erzählte mir: »Meine Eltern haben mir in der Jugend jeden Wunsch erfüllt. Als ich später einen Freund hatte, der meinen Eltern nicht gefiel, wollten sie ihn mir ausreden. Da ich gewohnt war, jeden

Wunsch erfüllt zu erhalten, setzte ich mich mehr aus Dickköpfigkeit als aus Liebe gegen alle Widerstände meiner Eltern für den Mann ein und bestand darauf, ihn zu heiraten, obwohl wir gar nicht besonders zueinander paßten.«

Ein siebzehnjähriger Schüler äußerte: »Jedes Mal gibt mein Vater nach. Ich vermisse bei ihm die Festigkeit, die ich mir erhoffte.«

Natürlich könnte man genau so viele Beispiele anführen, die zeigen, daß Eltern aufgrund einer überbetonten Autorität die Persönlichkeit des Kindes zerbrechen. Jenen Eltern sei gesagt: Es gibt keinen Grund, auf solche »Erfolge« stolz zu sein. Ist es Ihnen gelungen, Ihr Kind restlos zu beherrschen, so wird es das unterwürfige Verhalten später auch anderen gegenüber an den Tag legen. Andere Menschen werden ein leichtes Spiel haben, Ihr Kind für sich auszunutzen. So wird Ihr Kind völlig lebensuntüchtig und unglücklich im Leben. Suchen Sie daher stets im richtigen Verhältnis, Liebe, Verständnis und Festigkeit gegenüber dem Kind zu bewahren. Verwechseln Sie Liebe aber nicht mit Nachgiebigkeit und Festigkeit nicht mit Herrschsucht. Nun ist es gewiß nicht leicht, die rechte Mitte zu finden und zu bewahren. Sie müssen sich schon Zeit nehmen, darüber nachzudenken. Dann werden Sie Signale aus der Tiefe Ihrer Psyche empfangen, die Ihnen helfen. Dazu ist – wohlgemerkt – das Abschalten vom Alltagstreiben so unbedingt wichtig. Nehmen Sie sich also die Zeit. Sie sind es Ihrer Familie und sich selbst schuldig. Ein deutliches Zeichen für eine ausgewogene Erziehung ist die Lebensfreude, mit der Ihr Kind erfüllt ist. Nur wenn Sie sich Ihrem Kind gegenüber richtig verhalten, wird es seine Lebensfreude und auch die Lust am Lernen nicht verlieren.

ZUSAMMENFASSUNG

1. Öffnen Sie sich dem Leben und dem Partner gegenüber und erstarren Sie nicht in Routine und Bequemlichkeit.

2. Die Ehe ist mehr als nur eine gegenseitige Versorgungseinrichtung.

3. Jeder sehnt sich in der Ehe nach Zärtlichkeit. Geben Sie dem Partner Liebe, so wird Ihre Zärtlichkeit die Gegenliebe vertiefen.

4. Bringen Sie Ihre Zuneigung dem anderen gegenüber in Worten und Gesten auch zum Ausdruck und lassen Sie ihr oder ihm die Anerkennung zukommen, die sie oder er verdient.

5. Sparen Sie sich Vorwürfe, böswillige Kritik und Nörgeleien, denn sie führen früher oder später zum Ende einer Ehe.

6. Denken Sie nach einer Meditationsübung über Ihre Ehe und Kinder nach. Überlegen Sie, wie Sie Ihre Liebe Ihrer Familie gegenüber noch besser zeigen könnten.

7. Wer meint, der Partner liebe ihn ja ohnehin und er könne daher die kleinen Liebenswürdigkeiten in der Ehe vernachlässigen, schafft damit oft die Grundlage für das spätere Scheitern der Beziehung.

8. Bringen Sie Ihrer Frau Blumen mit, interessieren Sie sich für ihre Kleider und beraten Sie Ihre Frau beim Einkauf der Garderobe.

9. Aussprachen in der Ehe sind wichtig. Sie müssen aber vom Geist gegenseitigen Verständnisses geführt werden. Auch hier gilt: Erst Komplimente, dann Kritik.

10. Verwechseln Sie eine behutsame Aussprache nicht mit ständigem Krach, der Ihnen mehr schadet als hilft.

11. Aus Liebe tut jeder für seinen Partner alles. Mit Druck und Vorwürfen erreichen Sie nur das Gegenteil. Entfalten Sie daher mehr Liebesfähigkeit.

12. Freundlichkeit und Zuvorkommenheit sind auch in der Ehe wichtig.

13. Ein glückliches Ehe- und Familienleben ist für eine Frau wichtiger als die Karriere eines Mannes, der dieser alles opfert.

14. Seien Sie ein Optimist und erheitern Sie den Partner, wenn er niedergeschlagen ist.

15. Nehmen Sie sich für die Liebe Zeit und beweisen Sie Phantasie.

16. Seien Sie zu Ihrer Familie zärtlich, aber treten Sie auch für sie ein.

17. Hören Sie Ihrer Frau oder Ihrem Mann und Ihren Kindern geduldig zu.

18. Bewahren Sie Ihre eigene Persönlichkeit und achten Sie auch die Persönlichkeit des Partners. Bemühen Sie sich auch darum, manches gemeinsam zu machen.

19. Achten Sie auf den Partner und registrieren Sie die versteckten Hinweise seiner Liebesbedürftigkeit.

20. Achten Sie auf Ihr Äußeres und pflegen Sie es.

21. Erfüllen Sie die geheimen Wünsche Ihrer Frau und beachten Sie das in Abschnitt 2 dieses Kapitels dargelegte Fünf-Punkte-Programm.

22. Erfüllen Sie die geheimen Wünsche Ihres Mannes und beachten Sie das in Abschnitt 3 des Kapitels dargelegte Neun-Punkte-Programm.

23. Je besser ein Mensch seine Persönlichkeit entfaltet, desto mehr Liebe vermag er seiner Familie zu geben. Machen Sie zur Steigerung Ihrer Liebesfähigkeit die empfohlene Selbstbejahungsübung.

24. Stärken Sie das Vertrauen und das Selbstbewußtsein Ihres Kindes. Suchen Sie dem Kind gegenüber stets die Mitte zwischen Liebe und Festigkeit.

25. Sie haben die Mitte nie verloren, wenn Ihr Kind von Lebensfreude erfüllt ist.

Schlußwort und Leserdienst

Sie haben das vorliegende Buch gelesen und wissen nun, wie wichtig es ist, andere Menschen überzeugen zu können, wenn Sie Ihre Ziele erreichen wollen. Zweierlei ist dabei unerläßlich: Sie müssen sich selbst ändern, und Sie müssen die Regeln der Kunst zu überzeugen anwenden. Es liegt auf der Hand, daß Ihnen nur die Praxis in Ihrem Alltag – im Umgang mit Ihrem Ehepartner, Ihren Kindern und Freunden, mit Ihren Geschäftspartnern, Berufskollegen, Kunden und sogar mit Ihren Gegnern – zur Beherrschung der Kunst zu überzeugen verhelfen kann.

Ich weiß aus Erfahrung, daß eine große Anzahl der Leser meiner Bücher daran interessiert ist, Techniken zu lernen und zu üben, um erfolgreicher zu werden und nach ihren Vorstellungen zu leben.

Diese Möglichkeiten bieten Ihnen Wochenendseminare, die im APU-Institut durchgeführt werden. Bei einem solchen Intensiv-Training lernen Sie, Ihre Ziele zu ereichen. So schaffen Sie das, was Sie wollen. Denn auch in Ihnen steckt ein Gewinner.

Seit nahezu 20 Jahren sind solche Wochenendseminare von vielen Menschen aus allen Bevölkerungsschichten besucht worden (übrigens werden auch Seminare in der Schweiz angeboten).

Viele Dankschreiben sprechen für den Erfolg der Seminare. Da die Hilfestellung immer auf der Person des Seminarteilnehmers und seiner individuellen Lebensumstände aufbaut, können die Arbeitstechniken besonders gut vermittelt werden.

In Verbindung mit einem Seminar helfen Ihnen ein persönliches Gespräch und eine individuelle Beratung ganz besonders. Der Wunsch ist verständlich, denn nicht jeder Teilnehmer wird, selbst in der besten Atmosphäre der Seminarrunde, all das sagen wollen, was ihn zutiefst bewegt. Das persönliche Gespräch trägt dazu bei, ein Problem zu lösen oder in einer wichtigen Angelegenheit die richtige Entscheidung zu treffen.

Unterlagen über die Seminare werden Ihnen gern kostenlos und unverbindlich zugesandt. Bitte schreiben Sie dazu an folgende An-schrift:

**APU – Institut für angewandte Psychologie und
Unternehmensberatung GmbH
Postfach 2104 · D-51574 Reichshof
Tel. (0 22 65) 92 32 · Fax (0 22 65) 93 54**

Literaturverzeichnis

BAPPERT, Liselotte: Der Knoten. Rowohlt Verlag, Reinbek bei Hamburg, 1979

BENESCH, Hellmuth, und SCHMANDT, Walther: Manipulation. Deutsche Verlags-Anstalt, Stuttgart, 1979.

EDDINGTON, Arthur: Das Weltbild der Physik. Vieweg Verlag, Braunschweig, 1931.

FROMM, Erich: Die Seele des Menschen. Deutscher TaschenbuchVerlag, München 1992

–: Psychoanalyse und Religion. Deutsche Verlags-Anstalt, Stuttgart 1992

GAEDEMANN, Claus: Ich habe immer Zeit. Zeitökologie: Zeit nutzen, Zeit sparen, Zeit haben. Hugendubel Verlag, Kreuzlingen/ München, 4. Aufl. 1997

HILL, Napoleon, und STONE, W. Clement: Erfolg durch positives Denken. Hugendubel Verlag, Kreuzlingen/München, 18. Aufl. 1996.

MEINHOLD, Werner J.: Das große Handbuch der Hypnose – Theorie und Praxis der Fremd- und Selbsthypnose. Hugendubel Verlag, Kreuzlingen/München, 6. Aufl. 1997

MURPHY, Joseph: Die Macht Ihres Unterbewußtseins. Hugendubel Verlag, Kreuzlingen/München, 60. Aufl. 1997.

–: Die unendliche Quelle Ihrer Kraft. Hugendubel Verlag, Kreuzlingen/München, 7. Aufl. 1992.

PACKARD, Vance: Pyramidenkletterer. Econ Verlag, Düsseldorf, Wien, 1963.

RYBORZ, Heinz: Die geheime Kraft Ihrer Wünsche. Oesch Verlag, Zürich 1990

–: Herausforderung Angst. mvg Verlag, München/Landsberg 1994.

–: Schnellkurs in Führung – Spielregeln für eine echte Partnerschaft. Walhalla Verlag, Regensburg 1998.

–: Wer ist dein Freund? Wer ist dein Feind? Praktische Menschen-
kenntnis. Oesch Verlag, Zürich 1990.

TAVRIS, Carol: The longest war: Sex differences in perspective.
Harcourt Brace Javanovich, New York, 1977.

Der Autor

Professor Dr. Heinz Ryborz studierte Naturwissenschaften, Psychologie und Betriebswirtschaft in Berlin und war in leitenden Positionen in der Industrie tätig. Heute trainiert er Führungskräfte.

Weitere Veröffentlichungen des Autors:

Herausforderung Angst, mvg Verlag, München, Landsberg 1998.

Training zum Erfolg, Walhalla Fachverlag, Regensburg, Düsseldorf, Berlin 2001.

Schnellkurs Führung, Walhalla Fachverlag, Regensburg, Düsseldorf, Berlin 2001.

Nie mehr sprachlos, Walhalla Fachverlag, Regensburg, Düsseldorf, Berlin 2001.

Erfolgreiche Selbstbehauptung, Walhalla Fachverlag, Regensburg, Düsseldorf, Berlin 2001.

Dr. Joseph Murphy

Die Macht Ihres Unterbewußtseins

288 Seiten, gebunden mit Schutzumschlag, ISBN 3-7205-1027-1

Die Macht des Unterbewußtseins von Dr. Joseph Murphy gehört mit
einer Millionenauflage zu den Büchern, die den Geist der Zeit entscheidend
mitgeprägt haben. Dr. Joseph Murphy, der Wegbereiter positiven Denkens,
hat das Gesetz ergründet, dass der Geist Berge versetzt, er hat den Weg
gefunden, wie jeder sein Unterbewußtsein so beeinflussen kann,
dass er alles erreicht, was er will: Reichtum, Gesundheit und Glück.

Das Standardwerk von Dr. Joseph Murphy liegt auch
als vollständiges Hörbuch vor.
Gesamtspielzeit 9 ½ Stunden. Audiobox mit 6 Kassetten,
ISBN 3-7205-1901-5.

Zur wirkungsvollen Ergänzung gibt es außerdem ein
Suggestions-Kassettenprogramm.
Gesamtspielzeit 3 ½ Stunden. Audiobox mit 4 Kassetten,
ISBN 3-7205-1673-3.

ARISTON

Napoleon Hill
Denke nach und werde reich
Die 13 Gesetze des Erfolgs
264 Seiten, gebunden, ISBN 3-7205-1935-X

Die Erfolgsphilosophie Napoleon Hills lehrt, mit gezielter Kraft
zu denken und legt offen, welches das größte und wichtigste aller
Erfolgsgeheimnisse ist: Selbstvertrauen. Erfolg und Wohlstand
sind nicht Zufall, sondern Ergebnis von Erfolgsgesetzen,
die Sie entdecken und für sich nutzen können, um das zu erreichen,
was Sie sich wünschen: Entfaltung Ihrer Persönlichkeit,
Erfolg im Beruf und im Privatleben, materiellen Wohlstand,
Ansehen und Zufriedenheit.

»Denke nach und werde reich« liegt auch als Hörbuch vor.
Gesamtspielzeit 9 ¾ Stunden, Audiobox mit 6 Kassetten,
ISBN 3-7205-1859-0

ARISTON

Spencer Johnson

Die Mäuse-Strategie für Manager

Veränderungen erfolgreich begegnen
104 Seiten, gebunden mit Schutzumschlag,
ISBN 3-7205-2122-2

»Was würdest Du tun, wenn Du keine Angst hättest?«

Die Dinge verändern sich – manchmal schneller als man denkt.
Wie wir ihnen mutig und gelassen begegnen und sogar als Sieger aus
scheinbar ausweglosen Situationen erfolgreich hervorgehen,
erzählt die Parabel von Mäusen und Menschen.

Wenn dir der Käse weggenommen wird – Tu was!

*»Johnsons humorvoll geschriebene Parabel ist in
vielen US-Unternehmen bereits Pflichtlektüre.«*
(Handelsblatt)

ARISTON